経理の基本と実務がわかる事典

公認会計士・税理士
武田 守 監修

最低限知っておきたい 経理の仕事の流れやポイントがつかめる！

帳簿作成から決算、給与計算などの
基幹業務まで1冊に集約。
予算管理、資金管理、
経営分析、信用管理などの
経営管理方法を解説。
法人税、消費税など
最新の税制改正に対応。
はじめて経理業務に
かかわる人必携の書。

●帳簿管理・簿記・給与計算・税務調査までコンパクトに整理

月次決算／会計帳簿／伝票／
総勘定元帳／補助簿／現金出
納業務／企業会計原則／売上
／仕入業務／給与計算／年末
調整／源泉徴収票／簿記／仕
訳／複式簿記／勘定科目／資
産／負債／純資産／収益／費
用／貸借対照表／損益計算書

決算整理／決算書／売掛金
／買掛金／経費／減価償却費
／耐用年数／未払金／法人税
／税務会計／企業会計／税務
調整／益金／損金／税額控除
／圧縮記帳／繰延資産／貸倒
損失／貸倒引当金／欠損金の
繰越控除／同族会社／消費税

／インボイス制度／簡易課税
制度／法人住民税／法人事業
税／損益分岐点／信用管理／
交際費／寄附金／予算管理／
資金繰り／原価計算／経営分
析／税務調査／修正申告／加
算税　など

【巻末】 一目でわかる！摘要／勘定科目の対応表

三修社

はじめに

　会社の望ましい姿とは、会社の中長期的な成長・発展であり、その中での社長や経営者の重要な役割は、売上や利益の持続的な向上という「攻めの経営」の側面なのかと思います。これに対して、会社の経理とは、「守りの経営」の側面であるといえると思います。つまり、経理の重要な役割は、会社の利益や業績に関する真の姿を正確に算定・把握して、株主などの利害関係者の意思決定に必要な情報を提供することや、会社のムダなコストを把握したり、収益性に問題がある事業の有無などを客観的な数値をもって社長や経営者に示し、次への経営戦略に有用な情報を提供することで、会社の成長・発展を裏で支えることなのではないかと思います。そのため経理では、会社の業績等を把握するためのルールである会計及び税務の知識や、会社の内部管理を行うための様々な手法を知っておく必要があります。

　本書は、会社の経理を行う上で最低限知っておいていただきたい経理業務の内容や、その業務を行うために必要な会計や税務の基本的な知識を説明した入門書です。具体的には、どの会社でも行われる一般的な経理の業務内容、給与・社会保険、会計・簿記、法人税・消費税・住民税などの税金の制度や税務調査の対応方法、そして会社の予算管理、資金管理、経営分析、取引先の信用管理などの経営管理方法を説明しています。また、本書で説明している各項目は１つの見出しにつき見開き２ページを中心に、その他も１〜４ページで短くコンパクトにまとめているため、すべての項目をコラム感覚で読めて、そして「事典」という性質から興味のあるところから読むことができます。

　本書をご活用いただき、皆様のお役に立てていただくことができれば監修者として幸いです。

監修者　公認会計士・税理士　武田　守

Contents

第3章　簿記・仕訳・決算書作成の基本

第4章　法人税・消費税など知っておきたい税務の知識

第5章　費用の管理やその他の基礎知識

第6章　税務調査の知識

第1章

経理の仕事と基本ルール

1 経理の仕事①

会社の経営状態を把握する仕事である

●経理の担う役割

　会社は営業活動を行い、そこから利益を生み出す組織です。会計期間という一定の期間を設定し、その会計期間内の様々な営業活動を、記録、計算、整理します。会計期間内の収益、費用を集計して、期間内の利益や経営・財政状態などを、会社の内部だけではなく株主などの外部にも報告する必要があります。このように一連の営業活動による取引を記録し、会社内部、外部の関係者に決算書を公開することが経理の仕事です。

　経理の大きな役割には、会社経営者などに対する内部報告用の会計資料の作成と、株主などに対する外部報告用の会計資料の作成があります。

　内部報告用の会計とは、管理会計と呼ばれ会社の経営者が適切に経営の舵取りができるよう、会社の経営状態を正確に詳しく資料化したものです。あらゆる角度から分析・集計した、多種多様な会計資料を作成することにより、経営者はその会計資料を基にして、現在の問題点を知ることができ、その後の経営戦略を練ることができます。経営の根幹に関わることにもなる大変重要な仕事だといえます。

　外部報告用の会計とは、財務会計と呼ばれ、貸借対照表や損益計算書など、定められたルールに基づき作成された財務諸表のことです。会社には、日頃の取引や現金の流れを正確に記録、計算、整理し、株主や債権者など、会社の利害関係者に対して会社の経営状態のわかる情報を公開する義務があります。会社の経営状態を透明化し、明確にすることにより、利害関係者に対しての信頼獲得だけでなく、社会的地位の向上にもつながります。

●経理はどんな業務をするのか

　経理の仕事の根幹は、会社のお金の出入りを管理することです。日々の取引を記録し、月ごとに帳簿をまとめ、会計期間末には決算業務を行います。

　経理業務については、多種類のパソコン用会計ソフトや、販売や生産・会計といった総合的な業務システムを兼ね備えたERPと呼ばれるソフトなどが浸透している状況にあり、記帳・転記・試算表や精算表作成といった業務は自動化されています。ただし、自らの業務の流れを把握する上では、複式簿記や記帳→転記→試算表や精算表作成の流れを理解することは重要だといえるでしょう。

　会社のお金の出入りの管理は、具体

的には、①毎日行う仕事、②月単位で行う仕事、③年単位で行う仕事、の3つに大きく分けられます。

① 毎日行う仕事

　金庫の中にある現金から社員の交通費や出張費を精算するといった現金の出入れ（出納）、伝票（現金の出入りや取引の内容を記載する書類）の記入（起票）や整理、総勘定元帳（伝票の内容をまとめて記載するための帳面）への伝票記載事項の転記、納品書や請求書の発行、小切手や手形の振出し、現金や預金の残高確認、その日の売上や受注など営業実績の集計、外部への経費の支払いなどがあります。現金・預金の管理はしっかりして、帳簿の残高と、実際の残高の一致を毎日確かめます。随時帳簿に記帳して、毎日の業務の流れを把握できるようにします。

② 月単位で行う仕事

　月ごとの決算書類である月次決算書の作成、給与計算と支給、社員（従業員）の税金及び社会保険料の徴収・支払い、取引先への請求書の作成や送付などがあります。月次決算（14ページ）も重要な仕事です。経営者に月次決算書を報告することにより、予算と比較した営業達成度や、以前のデータとの比較をすることによって、翌月からの経営戦略に活かすことができます。また、法人税額について、月ごとに見積処理を行うこともあります。

③ 年単位で行う仕事

　年間の決算作業、納税作業、株主総会のための資料作成作業、次年度の予算計画の策定作業、社会保険関連の事務作業などがあります。決算業務は経理にとって最も重要な仕事です。会計期間内の売上や利益を計算し、会社の経営状態を明確にし、会計期間内に上げた利益に対する法人税等の計算も行わなければなりません。

　このように、経理の仕事の中心は現金の管理ですが、会社の機密事項も取り扱う重要な仕事です。しっかりした管理体制を敷く必要があります。

経理業務の役割

経理の仕事

会社のお金を管理すること

 ◆内部報告用の会計（管理会計） ➡ 今後の経営戦略のため
会社の経営状態を正確に詳しく会計資料化したもの

 ◆外部報告用の会計（財務会計） ➡ ・利害関係者に対しての信頼の獲得
・社会的地位の向上
貸借対照表や損益計算書などの財務諸表

2 経理の仕事②

集計作業や合算作業の反復で正確性を身につける

● どんな業務を覚えたらよいのか

経理担当者が覚える主な業務について具体的に挙げて見ると下図のようになります。決算に関わる複雑な業務や予算の計画・編成といった業務は1年目からすぐに覚えるということではなく、最初は補助業務をしながら徐々に覚えていくことになります。

経理には、予算の策定と実績との照らし合わせといった役割もあります。

この業務は、適正な予算設定が必要となりますし、予算と実績の差の原因なども把握できなければなりません。ですから、会社のことを全体的に把握できるような中堅社員や責任者（管理者）が行うことが一般的です。

● 業務の流れをおさえる

一般的に会社の業務は、「開発」→「仕入」→「製造」→「在庫」→「売上」というサイクルになっています。

経理業務との関わりという点では、仕入段階での手形や買掛債務の管理業務、製造段階での原価の管理や固定資産の管理、原材料・経費・人件費の支払いなどについての資金繰り業務が重要です。また、在庫の段階では在庫の現物管理、売上段階では受注・出荷や売掛債権の管理業務が生じます。現金出納の管理や、資金・経費管理は段階にかかわらず、経理の日常業務になります。ただし、業種によってはこのサイクルも多少違ってきます。たとえば、卸売業では、「製造」部分がなく「購入」となり、「原価計算業務」などの経理業務も生じません。

また、自社の顧客や仕入先の名称や情報、商品名や特徴、強みなどを知る

経理業務の種類と内容

帳簿の作成事務	➡	出納帳や固定資産台帳などの帳簿や台帳の作成
請求関係事務	➡	請求書や手形・小切手の発行
現金・在庫等の各種管理事務	➡	現金残高、売掛金・買掛金、在庫の管理、支払及び入金の消込み
決算・納税関係事務	➡	月次・年次決算、法人税・消費税・源泉所得税等の税金事務、予算編成

ことは、経理処理の合理化や会計数値の分析などの際には、とても重要です。

●年間のスケジュールをおさえる

月単位、年単位で行う作業には、それぞれの期間中に行うべき仕事のタイミング、つまりスケジュールがあります。年単位で行う作業のスケジュールは、会社の決算期によって変わりますが、ここでは、最も多い3月期決算を例にします。

最も大切で忙しいのは決算作業です。月単位の作業で行ってきた月次決算をチェックし、月ごとの儲けや損失（損益）が法律で定められた計算手法（家計基準等）に従って計算されているかの検証や繰越金（次の年度に引き継ぐお金）の計算などを行います。

さらに、これらの計算から年間の会社全体のお金の動き（決算）をまとめます。同時に決算を基に納税の作業と株主総会開催のための資料（決算書や株主からの質問に対する想定問答集）作成なども行います。これら一連の作業は4～6月と9～11月に集中します。2～3月にかけては、予算計画の実際の策定を行う部署に対して計画の立案を指示したり、各部署との調整を行います。

さらに、6～7月には、締切期間までに労働保険料の届出・納付、社会保険料の届出を担当省庁にしなければなりません。これらを考えますと、経理担当は、年間を通して忙しく、多少、時間的に余裕があるのは、8月くらいしかないといえるかもしれません。

一般的な年間の経理事務のスケジュール（3月決算会社の場合）

	主 な 事 務
1月	月次・四半期決算作業、償却資産税の計算・納付、法定調書の作成
2月	月次決算作業、予算計画策定作業
3月	月次決算作業、予算計画策定作業、実地棚卸の確認
4月	月次・本決算作業
5月	月次・本決算作業、法人税等の計算・納付
6月	月次・本決算作業、夏季賞与支給に伴う事務作業
7月	月次・四半期決算作業、社会保険関連の事務作業（定時決定、年度更新等）
8月	月次決算作業
9月	月次決算作業
10月	月次・四半期決算作業
11月	月次決算作業、法人税等の中間申告・納付
12月	月次決算作業、冬季賞与支給・年末調整に伴う事務作業

※賞与支給は6月及び12月を前提

3 月次決算

予算計画の検証のための基本資料になる

●毎月の経理で行われる仕事の流れをつかむ

　月単位で行う経理の仕事のスケジュールは、会社の実情に合わせて月の前半、中頃、後半、経理部門以外の他部署や取引相手の都合などに合わせていくつかの時期に分かれます。また、月単位で行う仕事のスケジュールは、会社の決算期によって基本的な内容が変わるものではありません。

　月単位で行う経理の仕事で最も大切なのは、月次決算です。月次決算とは、月ごとの会社の決算のことです。前の月1か月の会社の業績やお金の動きをまとめる作業で、経理担当が毎月行わなければならない重要な仕事です。具体的には、月の前半に帳簿の締切、試算表の作成、月次決算書の作成、資金繰り表の作成などを行います。さらに、月の中頃には、作成した決算書をもとに予算計画と事業の実績を比べて分析した結果と一緒に経営陣に報告を行います。

　月次決算の他に、月の前半には社員の源泉所得税の納税（毎月10日まで）、後半には、給与計算及び支給、社会保険料の納付などの作業があります。また、取引先への請求書の作成及び送付もあります。これは、取引先の締め日に応じて行います。

●月次決算はなぜ大切なのか

　会社は、利益の追求、つまりお金儲けを目的にした組織です。経営陣は、この会社をどのように動かしていけば、より多くのお金を儲けられるかを考え、それに基づいて行動します。そして、この会社をどのように動かすかを考えることを「予算計画を策定する」といいます。

　予算計画は、新しい事業年度が始まる前の2か月程度前に策定作業を行います。ただ、策定した計画が実際に計画通りに進むという保証はどこにもありません。そこで、予算計画が策定した通りに進んでいるか、逆に進んでいなければどう修正すればよいのかを一定の期間ごとに検証する必要があります。月次決算は、この検証を行うための基本資料になります。経営陣は、月次決算の報告をもとに、毎月、予算計画の検証を行い、年度が終了した時には、予算計画が達成されるように経営の舵をとっているのです。

　また、月次決算では、予算計画の進捗の度合いについても報告することになります。売上、生産、利益は予定通りに進んでいるかを商品や事業部門別に分けて報告します。さらに、経費の支出面、商品在庫、生産コストに問題

はないかといった点もまとめておきます。「資金繰りは大丈夫か」といったことも報告できるようにしておかなければなりません。

さらに、月次決算を行うことで、四半期決算や年度末決算での業務の集中を防ぐことに役立ち、また年度決算に向けて、会計上検討が必要な事項を事前に洗い出すことができて、重要な問題を早期に発見することができます。

●月次決算の準備

月次決算の手順は、年度末の決算ととくに変わるわけではありません。しかし、月次決算を年度末決算と同じようにすべての取引について仕訳を起こして記帳をするとなると毎月の業務量が膨大となり、月次決算の迅速性の観点から望ましくありません。そこで、月次決算は、予算計画や予算達成の進捗状況の確認などの会社の経営目的が達成できる範囲内で極力簡便的に行うように工夫していく必要があります。たとえば、売上や経費の計上に関しては年度決算よりも締め日を早めに設けて、その日以降に請求書等が届いたものについては翌月の仕訳処理に回すなど、迅速に行うことが必要です。引当金などの見積り項目についても、月次決算では年間予算額を月割り計算し、四半期決算や年度末決算では精緻に計算するなど、どのような取引について毎月精緻に仕訳処理を行うか、簡便的に行うか、さらには状況によって処理を省略して年度末のみにするかなどを明確にしておく必要があります。

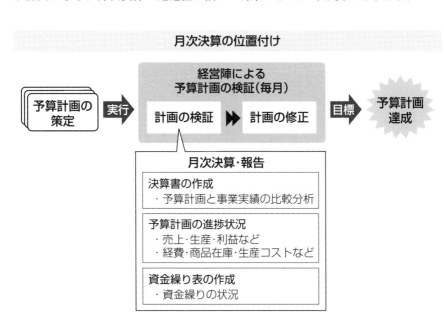

月次決算の位置付け

●月次決算の実施

月次決算は、通常の決算と同じように、まずは会計伝票の内容を仕訳帳に転記します。そして、転記が完了した仕訳帳の内容を、さらに総勘定元帳と補助簿へ転記（22、23ページ）します。さらに、総勘定元帳の内容を試算表に転記（82ページ）し、その上で試算表をもとに決算書を作成（82、83ページ）します。

補助簿はとくに作成が義務付けられているわけではありませんが、総勘定元帳の記載に漏れ落ちがないかを確認するために必要な存在です。補助簿の中で最も一般的に作成されているのが、得意先元帳です。得意先元帳には、日付、伝票No、商品名、数量、単価、売上、入金、差引金額の順で記載項目が並んでいます。経理担当は、その元帳の対象となる得意先に関して、取引ごとに記載を行います。

得意先元帳への記載が完了すると、次は取引に抜け漏れがないかを確認する作業に移ります。月末の差引残高は決算対象となる月の前月の繰越残高と決算対象となる月の売上を加えたものより、決算対象となる月の入金を引いたものとなります。

したがって、支払期日の来ていない売上部分が差引残高と同額であれば、取引の記載が正しいと証明されます。

一方、一致しなかった場合、注文書や請求書などを調べ直して抜け漏れを探します。伝票が起こされていない場合には、伝票を新しく起こし、抜け漏れを得意先元帳に記載します。これらの抜け漏れを修正する作業を、消し込み作業といいます。

試算表は、仕訳帳から総勘定元帳に正確に転記されているかを確認するために必要な帳簿です。試算表の各勘定項目に記載された金額をもとに、月末の財産の内容を記した貸借対照表と、1か月間の会社の損益を記した損益計算書を作ることができます。

●月次決算の報告

月次決算が完成した時点で、会社の経営陣に報告をすることになります。

経理担当として月次決算を行う際に、もっとも注意すべきことは「迅速性」です。経営陣は、報告をもとに次月以降の経営戦略を練り直します。そのため、経営判断の基礎となる月次決算の報告が迅速に作成されなければ、経営判断にも悪い影響が出てしまいます。

したがって、報告はできる限り早く行わなければなりません。具体的には、月末終了後、数日程度までの間には報告できるようにしておくのが理想です。なお、迅速性を優先するためには、月次決算の内容は「概算」でも構わず、その形式も問われないのが一般的です。

経理担当は、月末の2〜3日前には請求書を送ってもらえるように取引先へ依頼し、又は売上の締日を月末より

も早めてもらうなどといった工夫をしてみてもよいでしょう。

●月次決算後のフォローアップ

月次決算は、基本的には月次の決算書等を作成し、それを経営陣に報告することでその月の決算は終了することになります。しかし、月次決算は経営管理に役立つだけでなく、年度末決算を見据えての事前準備という位置づけでもあるため、月次決算によって判明した課題や問題点は、次の月次決算や年度末決算、あるいは経営管理として収益の向上や原価の削減に役立たせる必要があります。そこで、主に月次決算後では次のようなフォローアップを行う必要があります。

・月次の損益分析等のフォローアップ

月次決算を経営陣に報告する際には、通常は損益計算書を中心に月次実績と予算と比較、前月実績との比較、前年同月実績との比較など様々な分析が行われます。このような財務分析を行う

ことで、経営的な視点の問題点（例 新店舗の進出、あるいは店舗の撤退など）も顕在化することになるので、これらの問題点は月次決算後、部門をまたがって全社的に取り組む必要があります。

・年度決算に向けての会計上の検討事項の整理

上記のような分析を行うことで、新たな会計上の問題点を見るけることができます。たとえば、業績が悪い店舗などが判明し、使用している固定資産について今後キャッシュ・フローが見込まれない場合には、固定資産を損失処理（減損処理）する必要があります。実務上、減損処理は将来キャッシュ・フローの予測を行い、それを受けて判断を行う必要があるため、処理までに通常時間を要します。年度決算まで待たず、月次決算の段階で減損処理を行うための手順やスケジュールなどを事前に検討を行うことで、スムーズに会計処理を行うことが可能となります。

月次決算の手順

① 会計伝票の内容を仕訳帳に反映させる

② 仕訳帳の内容を総勘定元帳と補助簿に反映させる

③ 総勘定元帳の内容を試算表に反映させる

④ 試算表を基にして決算書を作成する

➡ 月次決算は経営判断のために迅速に行うことがポイント!

4 会計帳簿

総勘定元帳や補助元帳、現金出納帳、仕訳（日記）帳などがある

● 会計帳簿の種類

　取引を行う時には、内容や金額などを取引先へ通知したり、取引の事実を記録として残しておくために、書類を作成します。この書類のことを、会計帳票といいます。会計帳票のうち、1つの取引ごとに単票形式で作成したものを会計伝票、現金取引、手形取引など一定の取引のみを集めて、その履歴を時系列で記録したものを会計帳簿といいます。主な会計帳簿には、総勘定元帳、補助元帳、現金出納帳、仕訳（日記）帳、預金出納帳、手形帳、売掛帳、買掛帳などがあります。これらの他にも、会社の業務形態に応じて、様々な会計帳簿が存在します。

　これらの会計帳簿を経理で行われる作業に沿って説明しますと、まず経理では起票された会計伝票の正確性がチェックされます。仕訳帳に直接記帳される場合もあります。

　次に日次単位ないし月次単位で会計伝票や仕訳帳の仕訳を集計して総勘定元帳に集計金額が転記されます。これを今度は総勘定元帳ごとに再度集計して勘定ごとの一定期間におけるフロー総額と一定時点におけるストック結果を求めます。そのフロー（取引による増減金額の総額）とストック（最終的な残高）は合計残高試算表（T/B）の形にいったんまとめられます。さらにそこから各勘定科目の残高金額を表示用に組み替えて決算書が誘導的に作成されます。

　このような作業を手作業で行うと、記帳から決算書作成まで相当な事務負担が伴うように思えますが、現在では、中小企業でもパソコンによる記帳が主流です。業種、規模によって何通りも構成が考えられる帳簿組織ですが、会計の世界はコンピュータに元来よくなじむために、早くから高機能な経理用アプリケーションが多数存在しています。これから始める人でも、いきなりパソコンを使って複式簿記による記帳を行うことも比較的容易にできます。

　前述したような経理の手順を知らなくても、何がしかの取引や残高に関するデータをパソコンに入力すれば、正しいかどうかは別として必要帳票類、決算書類が出力されます。パソコンを使って会計事務所に頼まずに企業自らが記帳しても、手作業による集計転記の手間はかかりません。決算の精度は、ひとえに日々の取引データ入力の正確性と適時性によるところが大きいといえます。

5 取引記録の保存方法

ファイル化してしっかりと保存する

● なぜ管理しておく必要があるのか

日常の取引の中で、取引先との間で領収書や納品書などの取引の証拠となる書類（証憑書類）のやり取りが発生します。それらは記録として経理上重要な書類となります。証憑書類には注文書、納品書、物品受領書、請求書、領収書などがあります。

証憑書類には、経費処理や税務申告の正しさを税務署へ証明するための役割もあります。会社が作成し、受け取った証憑書類やそれらを整理した帳簿類については、税務調査を受けたり、後で調べるときなどのためにきちんと整理しておく必要があります。帳簿書類の備え付け、記録又は保存が法令に従って行われていない時は、青色申告が取り消されてしまう場合もあります。そうなると、特別償却など青色申告の様々な特典が適用されず、税務上不利な扱いとなりますので注意が必要です。

● 保存期間は法定されている

法人税に関する帳簿書類の保存期間は原則7年間です。ただし、青色申告書を提出している場合で、事業年度に欠損金がある場合には10年間になります。また、会社法では、帳簿の保存期間は10年となっていますので、結局のところ帳簿書類は10年間保存しなければなりません。

帳簿書類の保存方法は、紙による保存が原則ですので、電子計算機で作成した帳簿書類についても、原則として電子計算機からアウトプットした紙により保存する必要があります。ただし、一定の場合には電子データで保存することができます。

伝票や証憑書類の整理は、月別、日付順に通し番号をつけ、ノートなどに貼り付け、ファイル形式にして保存するのが一般的です。これ以外にも科目別に整理する方法があり、それぞれ日付順、内容別、相手先別に整理します。その他、業務上保存する必要がある書類については、別途規程を作るとよいでしょう。

なお、文書は、保管年限ごとに色別にファイルに綴じておくことで、その後の処理も非常に効率がよくなります。

このように伝票や証憑書類をきちんと整理するということは、会社のお金の流れを管理するという経理の基本的な仕事の他に、誰に対してもお金の流れが不正なく行われていることの証明にもなります。そして、いつでも証明できるようにしておくことも、経理としての大切な仕事のひとつだといえます。

伝票や証憑書類の扱い

伝票は簿記の仕訳に準じて記入し、振替伝票は摘要欄を活用する

● 伝票の種類

発生した取引は、その都度仕訳帳に記録する場合と、伝票によって1枚ずつ記録して、作業の分担と効率化を図る場合があります。仕訳帳も伝票も、総勘定元帳への転記の基となります。伝票会計制度は、何種類の伝票を使用するかにより1伝票制、3伝票制、5伝票制があります。伝票の種類としては、以下のものがあります。

① 仕訳伝票…仕訳帳の代わりに記録する個々の取引

② 入金伝票…現金の入金に関する取引

③ 出金伝票…現金の出金に関する取引

④ 振替伝票…現金に関係のない取引

⑤ 売上伝票…売上に関する取引

⑥ 仕入伝票…仕入に関する取引

● パソコン会計で伝票を処理する場合

以前は会計と言えば、伝票そのものを綴じこみ、帳簿への記載を不要とした伝票会計が多く用いられていました。現在では省力化や多くの企業でパソコンが導入されていることから、会計ソフトに必要なデータを入力するパソコン会計が主な会計方法となっています。独自のパソコン会計を使用している企業では、伝票も独自のものを使用する場合もあります。

パソコン会計に使用される伝票にも、通常の伝票会計と同様に入金伝票、出金伝票、振替伝票があります。入金伝票はお金が入ってきたときに使う伝票、出金伝票はお金が出ていったときに使う伝票、振替伝票はお金以外のものの取引の時に使う伝票、ということになります。

なお、パソコン会計では、振替伝票の入力で複数の仕訳を連続して作成することが可能になっています。

● 伝票の書き方

伝票とは、取引ごとに取引の日時、取引した物、取引した量、取引の金額を記した紙です。前述した各伝票には、いずれも、取引日、領収書や請求書など取引の証拠となる書類のNo、取引先の名前、勘定項目、取引金額、取引の内容（摘要）、消費税といった記入項目が並んでいます。会計担当者はそれらの項目に必要事項を記入していくわけです。これが「伝票を起こす」という作業です。伝票は、取引が発生したごとに毎日起こすことになります。それぞれの伝票は、簿記で決められている仕訳方法に準じて記入を行いますが、パソコン会計の振替伝票入力で入力者がわかるように摘要欄を上手に活用し

ましょう。

摘要欄を上手に活用するには、主に「取引の日」「取引を行った役職員名」「経費の目的や内容」「支払った取引先の会社名や担当者名等」「支払先の詳細やどこで費用が発生したのか」「単価など支払金額の詳細」の項目を記入しておきます。ただし、他の書類に記載のある事柄に関しては、二重に手間をかけることになりますのですべての伝票にこれらをこと細かく記入する必要はありません。

●領収書を受領できない場合の対応

日常の取引の中で、取引先との間に領収書や納品書などの取引の証拠となる書類（証憑書類）は記録として経理上重要な書類です。

ところで、慶弔金や公共交通機関での切符など、領収書が発行されないケースがあります。領収書を受け取ることができない場合には、取引の内容がわかる明細を記入した証明書類が必要となります。特定のフォームを作成し、必ず本人に書いてもらうようにします。

・慶弔金等の場合

招待状や会葬礼状など、出席や参列した証拠となる書類に金額を書いて保存します。

・電車やバスなどの交通費

交通費精算書などに利用した交通機関、経路、金額の明細を書いて保存します。

・その他の場合

支払証明書などに、支払先、金額、支払事由を書いて保存します。

●伝票・証憑書類の整理

伝票や証憑書類の整理は、月別、日付順に通し番号をつけ、領収書等はノートなどに貼り付けて保存するのが一般的です。これ以外にも科目別に整理する方法があり、それぞれ日付順、内容別、相手先別に整理します。また、証憑書類の種類によって整理の方法を使い分ける場合があり、たとえば重要な契約書については、領収書とは別のファイルなどに保管されることもあります。整理した書類については、法律で、定められた期間内は保存しなければなりません。

伝票制

1 伝票制	仕訳伝票
3 伝票制	入金伝票、出金伝票、振替伝票
5 伝票制	入金伝票、出金伝票、振替伝票、売上伝票、仕入伝票

7 総勘定元帳と補助簿
主要簿から決算書が作成される

● 総勘定元帳と補助簿の役割

　帳簿には、簿記の基礎となる主要簿と、その主要簿の記録を補う補助簿があります。総勘定元帳は、仕訳帳と共に重要な主要簿で、現金の動きや残高、増減した取引の内容が示されます。これらの主要簿を基にして決算書（貸借対照表・損益計算書）が作成されます。また、補助簿には、補助記入帳と補助元帳があり、主要簿作成の明細を示す補助的な役割を持っています。

① 総勘定元帳の作成

　総勘定元帳は、仕訳帳に書いた仕訳を勘定科目別に書き写して作成します。この作業を転記といいます。勘定科目とは、取引内容を分類するためにつけられた名称です。事業を行う際には、様々な取引がなされますが、その取引がどんなものであるのかがわからなければ、お金の流れを理解することができません。そのため、勘定科目を用い、取引内容を明確にするのです。

② 補助簿の種類

　補助簿には「補助記入帳」と「補助元帳」があります。補助記入帳は、特定の取引についての明細な記録を行う

補助簿の種類

補助記入帳	
現金出納帳	現金の入金・出金・残高の記録
当座預金出納帳	当座預金の預入れ・引出し・残高の記帳
小口現金出納帳	小口現金の収支の明細を記録
仕入帳	仕入れた商品・製品・材料と金額の記帳
売上帳	販売した商品・製品・サービスと金額を記帳
補助元帳	
商品有高帳	商品の出入りと残高を記録
仕入先元帳	仕入先ごとに仕入れた商品・製品・材料・金額内容を記帳／買掛金の支払いを記帳
得意先元帳	得意先ごとに販売した商品・製品・サービス・金額内容を記帳／売掛金の回収を記帳

帳簿をいい、補助元帳は、特定の勘定についての明細を記録する帳簿です。補助簿には多くの種類があり、各会社で必要に応じた補助簿を決定します。

●帳簿をつけるときの注意点

　帳簿を手書きで作成する場合には、誰でも読めるような文字で書くことです。また、マス目の幅全体の3分の2程度の大きさで上に余白を残すようにします。文字や数字の訂正が必要になったときには、その余白部分に丁寧に訂正を書き入れ、間違えの部分は2重線で消してその上に訂正印を押します。数字に関しては、3桁ごとにカンマ（,）を入れるようにします。さらに、

伝票や帳簿には、斜めの線や2重線が書かれている個所がありますが、これにも意味があります。斜めの線は、空欄などに引かれていますが、これは、後から文字や数字を勝手に入れられたりしないためのものです。また、2重線は仕切線などと呼ばれています。

●試算表の作成

　総勘定元帳と補助簿が完成後に、決算書を作成する前段階の最後の作業となる試算表を作成します。試算表には、合計試算表、残高試算表、合計残高試算表の3種類があります。これらの試算表を基に貸借対照表、損益計算書などの決算資料が作られます。

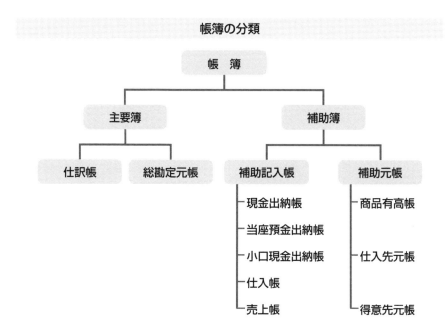

帳簿の分類

8 現金出納業務①

現金取扱者は現金業務のみに従事する

現金出納業務とは

　会社などで現金の収入や支出に関して責任を持ち、管理する業務が現金出納業務です。現金といっても硬貨や紙幣だけではなく、郵便為替の証書や小切手、配当金の領収書なども現金と同等の取扱いをしますので、現金出納業務に携わる人は幅広い知識が必要になります。毎日の現金の入金や出金には、以下のようなものがあります。

　・入金

　売上代金（現金の他、小切手や郵便為替なども含む）、預金の引出し、社員の出張旅費の仮払（旅費の前払い）を精算したことによって戻ってきたお金

　・出金

　預金の預入れ、社員の出張費や交通費の精算、打ち合わせなどの費用、仮払金

どんなことに注意すべきか

　現金収納担当者は、収納業務だけに従事するようにします。収納担当者が入金伝票を起こすことや支払業務などには、不正防止の観点から原則として従事しないようにします。

　また、極力取引先には銀行振込での支払いをお願いし、現金や小切手などでの受取りは少なくします。同時に、こちらから支払いをする場合も総合振込（27ページ）もしくは小切手での支払いをするようにし、現金での取引は控えます。

　支払いをする際には、伝票や証憑書類の取扱いにも注意が必要です。支払いが終わった出金伝票や証憑書類には二重の支払いを防ぐために必ず出納印を押印しましょう。

現金残高管理はとても大切

　現金残高管理業務では、必ず1日の終わりに現金の帳簿残高と実際に手許にある残高（在高）を一致させる突合作業を行わなければなりません。取引を始める前の現金の帳簿残高に、1日分の入金伝票と出金伝票の合計を加算減算した金額が、現金在高と一致している事が必要です。

　間違いがないことを確認するため、現金残高を計算する際によく使われるのが金種表です。紙幣、硬貨の種類ごとにその枚数と合計額を記載しておく資料です。

　基本を忠実に守って取引の記録を行えば現金残高が合わないということはありませんが、途中伝票を起こさないで入金や出金を行ってしまうと、不突合（現金残高が不一致となること）の原因になります。

現金の取扱いにも十分に注意をしなければなりません。現金の入っている手提げ金庫は常時出しておくのではなく、決められた時間にだけ保管庫から取り出すようにします。手提げ金庫を放置したまま席を離れるということがないようにしなければなりません。

ただ、それでも入金と出金の金額が合わない場合には、いったん、伝票には「現金過不足」という勘定科目で記録します。そして、金額が合わない理由がわかった時点で修正します。これは、緊急事態での対応法ですので、担当者が勝手に判断して勘定科目に入れるということがあってはいけません。必ず、上長と相談して許可を得た上で行います。

●仮払金の出金と精算の仕方

たとえば交通費や交際費など、経費分の概算金額を社員に前払いして、後から実費を精算する場合があります。このように、会社が事前に経費についてのお金を支払うことを仮払といいます。

仮払の際には、必ず仮払申請書と引き換えに現金を渡します。精算は、社員が出張から戻ってきた後は速やかに行うようにします。精算して仮払金では実際の出張費用が足りなかったという場合には、社員に不足分を払い、仮払金が実際の出張費用よりも多かった場合には、超過分を返してもらいます。精算後は、仮払申請書を保管し、出張費用として伝票を起こします。

してしまいがちなミスとしては、すでに仮払をしているにもかかわらず、社員が立て替えたものと誤って、精算してしまうケースです。社員に対して、仮払の時のお金と精算分のお金とを重複して渡してしまうことになりますので、超過分を返済してもらわなければなりません。

常に仮払金の残高チェックを行い、経費の伝票が回ってきた場合には、事前に仮払申請書が提出されているかどうか、必ず確認するようにしましょう。

一般的な現金出納帳サンプル

現 金 出 納 帳

月	年日	科 目	摘　　要	入　金	出　金	残　高
5	1		前月より繰越			1 0 0 0 0 0
	2	消耗品費	㈱○○より事務用品購入		7 0 0 0	9 3 0 0 0
	10	水道光熱費	○月分の水道代支払い		2 0 0 0 0	7 3 0 0 0
	11	租税公課	自動車税納付		5 1 0 0 0	2 2 0 0 0
	15	普通預金	○○銀行より引出し	8 0 0 0 0		1 0 2 0 0 0

9 現金出納業務②

小口現金の管理には、現金出納帳の運用が有効

●支店・事業所の出納業務

　支店、事業所といった、本社・本店以外でも小口現金の出入れはあります。これを事業所出納といいます。

　事業所出納の場合、一般的には本社の経理部門が1か月に必要と思われる現金を支店・事業所の預金口座に入金します。事業所出納の担当者は1週間といった一定の日数分を定期的に預金から下ろし、金庫に保管します。担当者は、毎日、決められた時間だけ金庫から手提げ金庫を出し、社員に交通費など小口の費用を渡したり、取引先への小口の経費の支払いなどをします。手提げ金庫の残高は毎日、金庫にしまう前に領収書や伝票と突き合わせてチェックをします。

　このようにして1か月が過ぎると、支店・事業所で独立した会計を行っている場合（支店会計といいます）を除いて、お金の入出金の際の伝票や領収書、請求書類を日付ごとに整理して本社の経理に送ります。

　これらの作業は、一見すると、一般家庭で行っている家計のやり繰りと同じような感じがする人もいるかもしれません。実際、会社の中には、事業所出納を経理経験のない人に任せている場合もあります。したがって、本社の

経理担当は、経理経験の浅い人に事業所出納を任せている場合には、事業所出納の手順を簡潔にし、伝票などもわかりやすいようなものにするなどの工夫をする必要があります。

●現金出納帳でリスク回避

　小口現金の管理には、現金出納帳の運用が有効です。現金出納帳とは、家計簿と考え方は同じで、その日の朝の小口現金残高に対して、その日に入出金があった項目と金額をそれぞれ記入し、朝の残高に対して加減算した金額を1日の終わりの残高として記入する、というものです。残高と金庫の現金有り高は一致しなければなりません。

　現金出納帳があれば、万が一現金の残高が合わない場合の追跡する材料となるのはもちろん、毎月のお金の出入りが実績として残りますので、お金が多めに出ていく週が1か月のうち、いつ頃なのかといった傾向をつかみやすくなります。傾向がわかれば、預金から小口用として引き出す金額もコントロールでき、過剰に手提げ金庫に現金を保管しておくリスクから回避できます。

　現金管理はリスクが必ずついて回りますので、リスク回避は大切です。

10 預金の種類や銀行振込

決済用の預金口座を開設する

預金の種類と特徴

普通預金は、お金をいつでも預入、引出ができる預金です。単純に預入、引出をするだけでなく、クレジットカードや公共料金、保険料等の引落し口座や、給与の入金先口座などに指定することもできます。また、普通預金は通常利息がつきますが、決済用普通預金という利息のつかない普通預金も存在します。また、当座預金は、小切手や手形の決済を行う口座です。普通預金や当座預金の口座では、総合振込といって、仕入先など複数の相手先へ一括して振り込むサービスが利用できます。活用すると、支払の事務手続きが軽減でき、非常に便利です。

定期預金は、1か月、1年、3年など一定の期間、自由に引き出せないことを条件により高い預金利息がもらえる預金です。

貯蓄預金とは、普通預金より預金利息が高いものの、決済用に使用することができない口座です。

当座預金とは

当座預金は、預金者が引出しや解約を依頼した場合にすぐに対応してもらえる形態の預金で、利息はつきません。もし、当座預金を開設している銀行が破たんをしても全額保護をしてもらえる決済用預金になります。企業の多くが当座預金を軸として、資金の預入れをしています。企業が当座預金を使う理由としては、①小切手や約束手形などの振出しができる、②会社の財務状態や経営成績などが優良であれば残高以上の決済（当座借越）ができる点、などです。当座借越契約をしておくことで、決済時に残高が不足していても限度額の範囲内で自動融資をしてもらえるため、企業にとって最も避けたい不渡りを防ぐことができます。

当座預金は銀行預金ですが、普通預金のような通帳がありません。資金の流れを知るために、随時銀行から当座勘定照合表を発行してもらい、出納帳などと突き合わせます。担当者は毎月末には、銀行残高調整表を作成し、もし突合で不突合があれば、理由などを記入しておきましょう。

銀行で当座預金を開設するには、企業の登記事項証明書や印鑑証明書を提出しなければなりません。提出後は、銀行で審査を受けてから口座開設となります。口座が開設されると、銀行との契約書ともいえる銀行取引約定書が取り交わされ、当座預金が利用できるようになります。

11 7つの一般原則

企業会計原則に記された会計上の基本ルール

●一般原則とは

企業会計原則には、「一般原則」として企業会計の基本となるルールが定められています。企業会計原則にある7つの一般原則の内容は次の通りです。

① 真実性の原則

企業会計は、企業の財政状態及び経営成績に関して、真実の報告を提供するものでなければならないというルールです。真実性には、真実はひとつであるとする絶対的真実と真実は相対的であるとする相対的真実とがありますが、真実性の原則でいう真実性は相対的真実を意味していると考えられています。それは、複数の会計処理が容認されている場合があり、その選択によって違いがでてくることがあるからです。

② 正規の簿記の原則

企業会計は、すべての取引につき、正確な会計帳簿を作成しなければならないというルールです。「正規の簿記の原則」は、一定の要件に従った正確な会計帳簿を作成すること、かつ、この正確な会計帳簿に基づき財務諸表を作成することの2つのことを要請していると考えられています。この一定の要件を備えた会計帳簿とは、一般に「複式簿記」による会計帳簿が該当す

ると考えられています。

③ 資本取引・損益取引区分の原則

資本取引と損益取引とを明瞭に区別し、特に資本剰余金と利益剰余金とを混同してはならないというルールです。企業会計原則注解では、その理由を「資本剰余金は資本取引から生じた剰余金であり、利益剰余金は損益取引から生じた剰余金、つまり利益の留保額であるから、両者が混同されると、企業の財政状態及び経営成績が適正に示されないことになる」と説明しています。

④ 明瞭性の原則

企業会計は、財務諸表によって、利害関係者に対し必要な会計事実を明瞭に表示し、企業の状況に関する判断を誤らせないようにしなければならないというルールです。投資家など企業の利害関係者は、財務諸表を意思決定の判断材料とするため、明瞭に開示、報告することを要請しています。

⑤ 継続性の原則

企業会計は、その処理の原則及び手続きを毎期継続して適用し、みだりにこれを変更してはならないというルールです。継続性が問題とされるのは、1つの会計事実について2つ以上の会計処理の原則又は手続きの選択適用が認められている場合です。企業がいっ

たん採用した会計処理の原則及び手続きは毎期継続して適用しないと、同一の会計事実について異なる利益額が算出されることになり、財務諸表の期間比較が困難となり、利害関係者の判断を誤らせることになってしまうからです。会計方針を変更するためには、「正当な理由」が必要となり、その要件や変更に関する表示について様々な基準が設けられています。

⑥　保守主義の原則

　企業の財政に不利な影響を及ぼす可能性がある場合には、これに備えて適当に健全な会計処理をしなければならないというルールです。利益はできるだけ慎重に計上し、予想される損失は、できるだけ早く漏らさず計上しておこうとするものです。このように、確実な収益のみを計上し、また費用を早めに計上し、利益をできるだけ控えめに計上しようとする保守的な会計処理は、企業の健全性を高める上で必要な会計処理です。

　ただし、利益を過小に表示するなど、過度に保守的な会計処理を行うようなことは、企業の財政状態及び経営成績の真実な報告をゆがめることになり、前述した「真実性の原則」に反し、認められないため、気をつけなければなりません。

⑦　単一性の原則

　株主総会への報告・承認や法定公告のため、融資を受けるために金融機関に提出するなど信用目的のため、租税目的のためなど、様々な目的のために異なる形式の財務諸表を作成する必要がある場合、それらの内容は、信頼できる会計記録に基づいて作成されたものであって、政策的な目的で事実の真実な表示をゆがめてはならないというルールです。利用目的に応じて異なった形式で作成される場合でも、内容は正規の簿記の原則に従って作成された会計記録に基づかなければならないとする原則です。

企業会計原則の７つの一般原則

一般原則		
真実性の原則	➡	真実の報告を提供
正規の簿記の原則	➡	正確な会計帳簿の作成
資本取引・損益取引区分の原則	➡	資本剰余金・利益剰余金の区分
明瞭性の原則	➡	会計事実を明瞭に表示
継続性の原則	➡	会計方針の継続適用
保守主義の原則	➡	健全な会計処理
単一性の原則	➡	単一の会計記録に基づいて作成

12 費用や売上の計上時期

「費用」は発生主義、「収益」は実現主義により計上する

● 費用の認識は発生主義による

収益と費用の計上する時期については、企業会計原則の中で「すべての費用及び収益はその支出及び収入に基づいて計上し、その発生した期間に正しく割り当てられるように処理しなければならない。ただし、未実現収益は、原則として、当期の損益計算に計上してはならない」と規定されています。

つまり、会計期間に発生した費用をその会計期間の費用として計上しなさいということです。この「発生」とは現金の支払いがあったかどうかにかかわらず、その支払対象となるモノの受渡しやサービス（役務）の提供を受けたことを意味します。このような費用の計上基準を発生主義といいます。

費用は現金の支払いの時期とモノの受渡しやサービスの提供を受ける時期とにズレが生じることがあります。たとえば、3月決算の会社が事務所を賃借していたとします。2月までの家賃を毎月現金で支払いましたが、3月分の家賃は3月末までに支払っていなかったとします。この場合、損益計算書に計上される支払家賃は11か月分の家賃だけでよいのでしょうか。

このように、現金を支払った時期を基準とする考え方は現金主義による計上基準です。発生主義に基づいた場合には、たとえ3月分の家賃は現金で支払っていなくても、賃借している（役務の提供を受けている）わけですから決算の時には、3月分の家賃も計上しなければなりません。

● 収益の認識は実現主義による

一方、収益は、原則として「未実現収益」を当期の損益計算に計上してはならないと規定しています。もし売上高などの収益を「発生主義」に基づいて計上した場合には、商品を販売する前に売上が計上されることがあります。これでは客観性のない金額で資金的裏付けのない売上が計上されることになりかねません。企業が裏付けのない収益を元に決算書を作成すれば、実際よりも高い利益を上げているかのように業績を偽ることになります。いわゆる粉飾決算です。そのため、収益の計上は、費用の計上基準である発生主義よりも厳しく定められていて、収益が実現した時点つまり、実際に商品や製品を販売した時点をもって計上するものとされています。このような収益の計上基準を実現主義といいます。

これにより未実現収益の計上がなされないことになります。収益の計上時

期となる「販売」がいつの時点で行われたことになるのか、という点については納品基準や検収基準などいくつかの基準があり、現金主義とは異なり、現金での支払いを受けたときだけとは限りません。しかし、いずれにしても収益の計上は、費用の計上よりも慎重に行うことが求められているといえるでしょう。

● 費用収益対応の原則とは

正しい期間損益を計算するためには、収益と費用を期間的に対応させて一会計期間の利益を計算することが要求されます。これを費用収益対応の原則と言っています。つまり、当期に実現した収益に対して、それを得るために要した発生費用を対応させて損益計算を行います。

費用と収益の対応形態には、次の2つのものがあります。1つは個別対応です。つまり収益を獲得するために要した費用を、その獲得した収益に完全に対応させる方法です。具体的には売上高とそれに対応する売上原価がこれにあたります。もう1つは期間対応です。売上原価については、収益と費用を対応させやすいため、個別対応が可能ですが、すべての費用について個別対応させることは困難です。個別対応のように売上高のような特定の収益に費用を対応させるのではなく、一会計期間に計上した収益に対し、同一会計期間に発生した費用を対応させる方法が期間対応です。減価償却費の計上などがこの対応形態です。

発生主義と実現主義

発生主義の原則(費用の計上基準)

実現主義(収益の計上基準)

収益の認識は販売が確実になった時点

実現主義の原則は、発生主義の原則より厳しい条件が付けられている

	発生主義	実現主義	現金主義
費用	○　費用の認識	×	×
収益	×	○　収益の認識	×

慎重な収益認識

13 領収書

どのように管理・保管するのかを知っておく

●領収書とは

領収書は、支払う側から見れば、自分が支払ったことの証明ができ、受け取る側から見れば、自分が受け取ったことを証明できます。金銭を支払った人から「領収書を発行して欲しい」と言われた場合には、それに応じなければなりません（民法486条）。

また、「領収書」という名称の書類だけではなく、取引明細書、受領書、領収等の書面でも債務の弁済を受けたことが明確に記されていれば領収書としての法的な意味を持ちます。この他、領収書には経理事務や税金申告の書類としての働きもあります。つまり、経費処理などの申告の正しさを税務署へ証明するための証拠書類となります。

なお、領収書などの証憑書類や帳簿は7～10年間の保存が義務付けられています。

●レシートも領収書の一種である

一般的に手書きのものを領収書、レジなどで印字されたものをレシートと呼んでいます。レシートも領収書の一種といえます。

そもそも領収書は税務申告に絶対に必要なものではありません。たとえば、領収書の出ない交通費や結婚式の祝儀などは、社内の支払記録や、招待状などに祝儀の金額を記入したものでも大丈夫です。支払った金額が証明できればよいのです。つまり、レシートでも十分領収書の代用となります。

しかし、レシートでは会社の経費として落とすことが認められないこともあります。その理由は、レシートの記載内容に不足があるからです。

領収書に最低限記載すべき事項としては、金額、日付、発行者（受領権者）の氏名、押印、宛名、領収した根拠（商品名、サービス名）などがあります（33、35ページ図参照）。

多くの場合、レシートには宛名が記載されていません。これらの記載事項をすべて満たしていればレシートでも問題ありません。また、印紙が必要になるような金額の場合や、長期間保存しておくとレシートの印字が見えなくなるような場合には、領収書を発行してもらった方がよいでしょう。

●領収書は番号をつけて管理する

領収書は金額、日付、発行者、宛名が記載されていれば問題ありませんが、さらに領収書に番号をつけることで、経理上管理しやすくなります。また、連番で管理すれば税務調査のとき

に不正を疑われることもありません。

　宛名は、金銭を支払った相手の氏名、名称を記載します。株式会社であれば（株）ではなく、「○○株式会社」「株式会社○○」と省略せずに書きます。

　「上様」でも領収書としては問題ありませんが、紛失したときに悪用されないためにも宛名をきちんと書くようにした方がよいでしょう。また、宛名が「上様」だと税務署に経費として認められない場合もあります。自分宛に書いてもらうときにも、会社名や個人名を書いてもらうようにしましょう。

　第三者が債務を弁済した場合の宛名には２通りあります。

　１つは、債務者の使者（本人の決定した意思表示を伝達する者）として第三者が弁済した場合で、宛名は債務者にします。もう１つは、債務者のために第三者が弁済した場合（たとえば、保証人が債務者に代わって弁済をする場合など）で、宛名は第三者にします。この場合、第三者が債務を負担していますので、第三者が債務者へ求償することができるように、但書に債務者を

記載して第三者として弁済したことを明確にしておく必要があります。

●日付について

　通常は受領と引き換えに領収書を発行しますので、領収書の日付と受領日は一致しますが、後日発行する場合などに領収書の日付と実際に受領した日が違っていた場合、受領した事実はあるので受取証書としての効力に変わりはありませんが受領した日を書くようにしましょう。

　領収書の日付にはその日に債務の弁済があったことを証明する働きもありますので、日付が返済日より後になっていると履行遅滞となって遅延利息を請求されてしまいます。逆に返済日より前になっていると遅延利息の請求をすることができません。

　また、領収書の日付が受領日と異なることを利用して、税金を逃れたりすると脱税になります。

　これらのことから、領収書の日付は発行日ではなく受領した日付を書かなければなりません。

領収書を受け取る場合に必ず確認する事項

日付	令和3年5月10日
宛名	川口産業株式会社
受領権者（発行者）	株式会社松山モーター
金額	￥500,000※
但書	但：自動車代金として

14 領収書の書き方

ルールをしっかり押さえて書く

● 領収書の金額の記載方法

法律に規定がありませんが、金額を容易に書き換えることができないように記載の際には注意が必要です。

具体的には、次のようにするとよいでしょう。

> ・「一」「二」「三」「十」については、「壱」「弐」「参」「拾」という漢数字（大字）を用いる。
> ・金額の頭部分に「金」又は「¥」を用い、最後に「円」「也」や「※」「−」など用いる。
> ・三桁ごとにコンマで区切る。

● 但書の記載には意味がある

領収書の但書は、何に対する支払いなのかということを明確にする意味があります。たとえば経費として処理したときに、但書に商品名が書かれていれば、その商品を購入したということが明確になりますので、経理の管理の効率化にもつながり、税務調査が入ったときでも安心です。

借金の返済の場合に、「元本の返済なのか」「利息の支払いなのか」「何回目の支払いなのか」などを明確に記載しておけば、後々問題になった場合に、重要な証拠になります。

このように但書を明確にしておけば、流用されたり悪用されたりする危険もなくなります。

● 領収書発行の手順

売上代金を受け取った際には、必ず領収書を発行し、相手に渡します。受け取った金額が5万円以上の場合は、印紙税という税金が課されるため、収入印紙を貼る必要があります。

通常、1枚の領収書は2枚重ねになっていて、1枚目に数字などを記入すると2枚目に写るようになっています。1枚を相手に渡し、もう1枚を自社で保管します。また、領収書用紙は綴りになっており、会社は1枚目の領収書用紙から順に番号をつけて管理します。したがって、書き損じがあったとしても、勝手に破り捨ててはいけません。その場合は、×印などをつけて次の領収書用紙に記入します。

● 消費税がかかる取引について

たとえば、受領金額が税抜きで48,000円だとします。この場合、10%の税込みだと52,800円となり、この金額を受領金額として記載すると印紙の貼付が必要なようにも思われます。

しかし、消費税額等が明らかとなる

場合には、その消費税額等は印紙税の記載金額に含めないことになっています。つまり、次のように記載することで印紙を貼る必要はなくなります。

「52,800円 但 うち消費税額等4,800円」

この場合、領収書の記載金額は48,000円として扱われることになります（下図参照）。税抜金額が5万円未満となるような場合には印紙代の節約にもなりますので、印紙を貼らなくてもすむように、消費税額を分けて記載するようにしましょう。

領収書サンプル①（収入印紙の貼付が必要な場合）

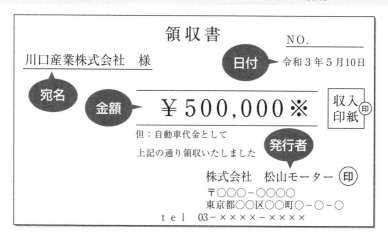

領収書サンプル②（収入印紙の貼付が不要な場合）

※記載金額は48,000円と扱われるため、金額欄の横に収入印紙を貼付しなくてよい（上図の領収書サンプル①と比較）

35

15 手形の取扱い

手形要件に不備があると有効な手形として扱われない

●手形とは

手形とは商取引における決裁手段であり、約束手形と為替手形の2種類があります。約束手形とは、手形の振出人が一定の期日に一定の金額を受取人に対して支払うことを約束した有価証券です。関わっているのは振出人と受取人の2者です。一方、為替手形とは、振出人が手形に記載されている金額の支払いを第三者（支払人）に委託し、受取人に対して支払ってもらうという有価証券です。為替手形には振出人、支払人、受取人の3者が関わっています。

手形には多くの利便性があります。たとえば、商品購入時の支払いの先延ばしが可能です。すぐに現金が用意できなくても商品の購入が可能となることで、商機を逃さずにすみます。また、手形の権利や義務は裏書譲渡によって流通させることができます。手形の受取人は満期になれば振出人・裏書人に支払いを請求することができますし、満期まで待たなくても銀行に手形を譲渡することによって現金を受け取ることができます（手形割引、87、210ページ）。ただし、残高不足などの理由で手形金の支払が滞ると、不渡りというペナルティがあります。

●どのような項目を記載するのか

手形に記載する事項には、必要的記載事項と有益的記載事項があります。必要的記載事項とは法律によって定められた「記載しなければいけない事項」であり、これを手形要件といいます。手形要件に不備があると手形が有効なものとはみなされません。約束手形の必要的記載事項には、以下のものがあります。

① 約束手形文句…当該証券が手形であることを示すもの

② 支払約束文句…満期日に手形金額が支払われることを示すもの

③ 手形金額…満期日に支払われる金額

④ 支払期日…満期日

⑤ 支払地…取引銀行の所在地域

⑥ 受取人…通称などでも可。特定できればよい

⑦ 振出日…振出人が手形を振り出した日

⑧ 振出地…振出人の住所

⑨ 振出人の署名…署名又は記名・押印

現実的には、支払期日、振出日や受取人などの記載がない手形も流通していますが、本来は記入の必要があります。

①～⑨のような9つの必要的記載事項の他に、有益的記載事項といって、記載しなくても手形の有効性には問題はないが記載しておくと法律上の効力

が認められる事項があります。有益的記載事項の記載は任意です。有益的記載事項には、裏書によって手形が譲渡されることを禁止する「指図禁止文句」「裏書禁止文句」などがあります。

なお、指図文句を抹消することなく指図禁止文句も記載されている場合には、指図禁止文句が優先されることになるので注意が必要です。

また、記載した場合に記載した部分の効力は認められないものの、手形の効力には影響を与えない無益的記載事項というものがあります。

一方、手形に記載しなければならないこと、記載すれば法的効力があることの他に、手形の意義を否定し、機能を損なうような「記載してはいけない

こと」（有害的記載事項）があります。有害的記載事項を記載してしまうと手形は無効になってしまいます。

たとえば、「支払いのため」といった振出しの原因の記載は無益的記載事項です。これに対して、「手形代金を分割で支払う」など手形の支払いに何かしらの条件をつける記載や「支払いの責任を負わない」という記載は有害的記載事項とされます。

なお、為替手形の記載要件は約束手形よりも多く、次の通りです。

ⓐ為替手形文句、ⓑ支払委託文句、ⓒ手形金額、ⓓ支払人の名称、ⓔ支払期日、ⓕ支払地、ⓖ受取人の名称、ⓗ振出地、ⓘ振出人の署名、ⓙ引受日、ⓚ引受人の住所と署名（記名・押印）

約束手形のサンプル

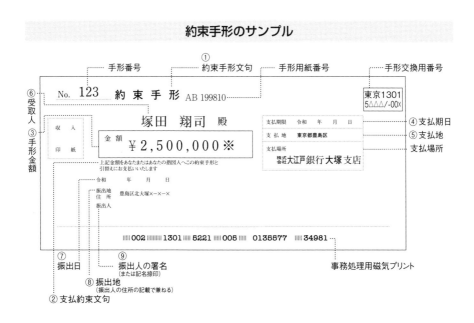

16 小切手の取扱い

8つの小切手要件を記入する

● 小切手とは

　小切手は、一定の金額の支払いを約束する有価証券です。小切手を受け取ると、受取人は記入された金額、振出人の会社名、代表者名、印鑑と振出日を確認してそれを銀行に呈示します。銀行（支払人）は、振出人名と金額を確認して、振出人の当座預金口座から現金を支払います。小切手は、手形と違い、小切手の所持人が銀行の営業時間内に持参すれば、いつでも支払ってもらえます。

　小切手は、現金を持ち運んだり金額を確認する労力を要しません。また、現金では盗難や紛失の心配をしなければなりませんが、小切手であれば盗難に遭ったり紛失しても銀行に連絡して支払いをストップさせることができます。

　小切手には角の部分などに二本の平行線が引いてあるものがありますが、これは盗難や紛失によるリスクを、より減らすようにしてある「線引小切手」というものです。線引小切手では、支払人である銀行は、自行の取引先と他の金融機関に対してだけ支払いを行います。

　小切手の第1の特徴は、短期の決済システムをとっているところです。受取人は、振出人から小切手を受け取っ

た後に、小切手に書かれている振出日の翌日から10日以内に銀行へ行って小切手を呈示し、銀行に現金の支払いを要求することになります。ただし、小切手に書かれている振出日にも支払呈示ができるため、実質は11日になります。これを支払呈示期間といいます。

　注意したいのは、銀行休業日も支払呈示期間（最終日が休業日の場合は次の営業日まで延長）に算入されてしまう点です。小切手を受け取ったら、支払銀行に呈示されるまでに必要な日数を念頭におき、取引銀行に持ち込むようにしなければなりません。

　小切手が短期決済の支払手段となり得る条件として、まず、小切手を使用する場合、支払いの資格を持つのは銀行などの金融機関のみに限定されています。次に、支払いが行われる期間も小切手の呈示があったときに限られます。さらに、振出人は少なくとも呈示期間内に支払銀行の当座預金口座に資金を用意しておかなければなりません。

● 8つの小切手要件がある

　銀行と当座勘定取引契約を結んで受け取った小切手帳の統一小切手用紙には、法律で決められた次の8つの事項（小切手要件）が記入されていなけ

れば効力を持ちません。具体的には①小切手であることを示す文字（小切手文句と呼ばれています）、②小切手金額、③「上記の金額をこの小切手と引き替えに持参人にお支払い下さい」などという支払委託文句、④支払地、⑤支払人の名称（支払人は銀行などの金融機関でなければなりません）、⑥振出日、⑦振出地、⑧振出人の署名（記名・押印）です。通常、小切手金額と振出日、振出人の署名以外の記載部分は印刷されています。手形と違い、小切手には受取人が表示されていません。これは、小切手が持参人に対して現金で支払われることを原則としているからです。ただし、「持参人にお支払い下さい」という支払委託文句の部分を記名式に変更して、小切手の支払先を記入しておくことができます。このような小切手は、手形の場合同様、裏書することで譲渡することもできます。

小切手を振り出すときは、支払金額と振出日を記入し、振出人の署名をして、受取人に渡すことになります。

金額欄に支払金額を記入する場合は、まず金額の前に「¥」を入れ、終わりには「★」又は「※」を記入します。金額の数字は、手書きのときは算用数字を避けて必ず漢数字で記入します。算用数字の場合はチェックライターを使用します。金額を書き損じたり、算用数字で手書きされた小切手は、銀行から支払いを拒否されてしまいます。振出日の記入については、実際に振り出した日を書くのが基本ですが、先の日付でも小切手としては有効です。また、空白にしていても、銀行では通常は支払ってもらえます。振出人の署名は、銀行に届け出ている名前と印鑑を使って行います。名前を記入するときにも銀行の印鑑照合のために押印しなければなりません。

小切手サンプル

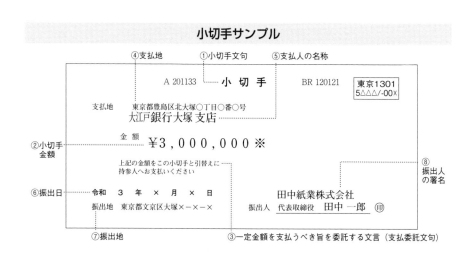

④支払地　①小切手文句　⑤支払人の名称

A 201133　　**小切手**　　BR 120121　　東京1301　5△△△/-00×

支払地　東京都豊島区北大塚○丁目○番○号
大江戸銀行大塚支店

②小切手金額　金額　¥3,000,000※

上記の金額をこの小切手と引替えに
持参人へお支払いください

⑥振出日　令和　3　年　×　月　×　日
振出地　東京都文京区大塚×-×-×

⑧振出人の署名

田中紙業株式会社
振出人　代表取締役　田中　一郎　㊞

⑦振出地　③一定金額を支払うべき旨を委託する文言（支払委託文句）

17 小切手の振出しから支払いまでの流れ

当座預金口座の残高確認など、取扱いに注意する

●振出しから支払までの流れ

　小切手を振り出そうとする場合は、まず銀行などの金融機関と当座勘定取引契約を結び、当座預金口座を開くことになります。問題がなければ、資金の預入れと支払いの委託に関する契約が結ばれることになります。そして、統一小切手用紙の綴られた小切手帳が交付されますが、このとき、小切手に使う印鑑を届け出なければなりません。小切手を振り出して受取人に渡すときは、小切手用紙の金額欄と振出日欄、振出人欄を記入します。小切手を受け取った受取人は、銀行に小切手を呈示します。

　統一小切手用紙に必要な事項を記入すれば小切手を振り出すことは可能で

す。しかし、そのためには振出人の支払銀行の当座預金口座に小切手の支払金額に相当する資金が残っていなければなりません。そこで、小切手を振り出す際には、振出人の当座預金口座の残高を確認する必要が出てきます。

　口座に残っている資金以上の金額を記入し、振り出したその日に受取人が小切手を銀行に呈示した場合には、銀行から資金が不足していることに対しての連絡が入ります。この時点で資金を入れないと、最終的には不渡りとなって銀行取引停止の処分が下ることもあります。日頃振り出すごとに必要事項を台帳に控えておくのと同時に、こうしたときのために当座借越契約という手段が用意されています。

小切手の振出しから換金までの流れ

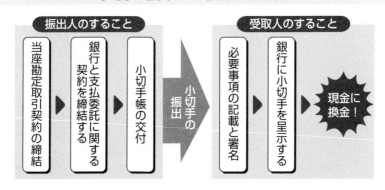

振出人のすること

当座勘定取引契約の締結 → 銀行と支払委託に関する契約を締結する → 小切手帳の交付

小切手の振出

受取人のすること

必要事項の記載と署名 → 銀行に小切手を呈示する → 現金に換金！

18 印紙税

不動産売買契約書など文書にかかる税金である

◉印紙税とは

印紙税とは文書にかかる税金です。収入印紙を貼付することで、印紙税を納めていることになります。

印紙税が発生する事例は、印紙税法で具体的に規定されています。主なものは、以下のようなケースです。

① 1万円以上の不動産の売買契約書等
② 10万円以上の約束手形又は為替手形
③ 5万円以上の売上代金の領収書や有価証券の受取書など

印紙税の課税対象となる文書を「課税文書」といいます。所定の収入印紙を貼らなかった場合には、その課税文書の作成者に対し、その貼るべき印紙税額とその2倍相当額の合計額が、過怠税という罰金的な税金の形で課されます。

一方、印紙税の必要のない文書に誤って印紙を貼ってしまった場合や印紙税の額を超える印紙を貼ってしまったというような場合は、還付を受けることができます。還付を受けるには、必要事項を「印紙税過誤納確認申請書」に記入して、納税地の税務署に提出しなければなりません。

◉印紙税を節約するには

契約書や領収書には当然金額を記載しますが、その際に消費税や地方消費税は区分して記載するようにします。なぜなら消費税込の総額で印紙税の金額が判断されてしまうからです。

たとえば、税抜49,000円（消費税及び地方消費税額4,900円）、税込53,900円という売上代金の領収書の場合には、税抜で消費税を区分して記載すれば、記載金額は49,000円と判断され、50,000円未満であるため印紙を貼付する必要はありません。

また、不動産売買契約書などの契約書は、同じものを2通以上作成して当事者が保管することになっていますが、2通作成すれば、それぞれの契約書に印紙税がかかります。しかし必要な分だけコピーを取った場合、コピーは契約書ではないので、印紙税はかかりません。実質1通でよい場合には、コピーで十分でしょう。ただし、このコピーに署名押印すると、契約書になりますから、印紙税がかかってしまいます。また、FAXやメールの場合も、それだけでは課税されません。うまく利用すれば、印紙税の節約になります。

19 印鑑の押し方のルール

捨印は安易に押してはいけない

●似ているようで使い方が違う

印鑑は、通常署名や記名の後ろに押しますが、議事録、領収書、契約書など、法律書式の作成では、「訂正印」「契印」「捨印」「消印」「割印」といった特殊な使い方をする場合もあります。

訂正印は、文書に書いた文字を書き直しするときに用います。書面が複数のページからできているような場合は、すべてが一体の書式であることを示すために、とじ目をまたいで当事者双方が押印をします。これが契印です。捨印は、後で文書の中の文字を訂正する必要が出てきたときに、文字を訂正してもよいという許可を前もって出しておく場合に使用されます。消印とは、書式に貼付された印紙と書面とにまたがってなされる押印のことです。書式の正本と副本を作るようなとき、又は同じ書式を2通以上作成して、複数人数でそれぞれ1通ずつ保管しておくような場合は、割印を用います。

印鑑の押し方

①契印と割印

契印

割印

②捨印

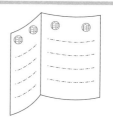

③訂正印

| 誤った文字の上に二本線を引き、上部に正しい文字を記入する場合 | 誤った文字の上に二本線を引き、上部に正しい文字を記入する。そして欄外に「削除2字」「加入1字」と記載する場合 | 訂正した文字をカッコでくくり、これに押印する場合 |

第2章

経理業務と
給与計算のしくみ

1 売上についての経理業務

販売活動に経理業務は欠かせない業務のひとつ

●販売活動の流れ

　企業の販売活動は、経理業務が迅速かつ確実に行われることで、スムーズに進んでいきます。企業の一般的な販売活動の流れは以下のようになります。

① 先方から注文を受けた段階で信用調査を行い、そこで問題がなければ正式に受注処理に入ります。在庫の有無を確認し、受注台帳に記入をします。

② 決められた納期に間に合うように出荷部門へ商品の出荷を依頼します。出荷部門は納品書と物品受領書を添え、出荷します。

③ 経理部門では、出荷部門から回されてきた出荷報告書を元に売上伝票を起こします。

④ 起こした売上伝票を基に、売上帳と総勘定元帳へ記帳を行います。

⑤ 月末や締日になると、売上高や売掛金などを締めます。これは、請求一覧表や業績評価の資料等を作るためです。

⑥ 取引先と取り決めた請求締日に合わせて、1か月分の請求書を作成します。

⑦ 取引先から請求書に基づいて順次入金されてきますので、請求金額と合っているか突合作業を行います。

入金金額に間違いがなければ、売掛金の消し込み（87ページ）を行います。

　手形で売掛金を回収した場合には、手形要件（36ページ）を確認した上で受領します。手形は受取手形帳に記入します。受取手形帳では取立、割引あるいは裏書など手形の顛末を記入します。

⑧ 入金されたものに関してそれぞれ会計仕訳用の伝票を起こします。

⑨ 入金された売掛金を総勘定元帳や得意先元帳に記帳をします。

　このように経理部門では売上処理や売上債権の回収処理や管理があります。

●売上原価の計上

　売上原価とは、販売する商品の仕入高のことです。商品がサービスの場合でも、そのサービスに必要な費用は売上原価です。売上原価は、商品やサービスが実際に売れたときに計上するというのが大原則です。

　たとえば、10個の商品があったとします。7個売れた場合、売上原価に計上できるのは、売れた7個分の仕入高だけです。まだ売れていない3個は、商品の勘定項目に入れます。

　経理上は事務処理の簡便化のために、

売上原価を商品が売れた都度計上せずに、1年間の売上原価を通常は以下のような形でまとめて処理します（下図参照）。

●売上の計上基準とは

売上の計上は一定のルール（計上基準）に沿って行われます。売上の計上基準とは、売上をどの時点で計上するかという基本ルールのことです。会社には、決算期があります。3月期決算であれば、前年の4月1日からその年の3月31日までの1年間で得たお金や支出したお金についてその結果をまとめなければなりません。したがって、特に期が終わる（決算期末）前後の取引については、取引のどの時点で売上を計上するかは、決算の金額に影響を与える重要なポイントになります。売上の計上は発生（実現）主義（30ページ）をとりますので、具体的には、商品を出荷したとき、商品を引き渡したとき、検収が終了したときなどのいずれかになります。

一般的にサービス業であれば、そのサービス提供が終わった段階、メーカーであれば、出荷あるいは、検収終了時のいずれかを採用するのが一般的です。出荷したときに売上を計上する方式を出荷基準、商品やサービスを引き渡したときに計上する方式を引渡基準、検収（86ページ）が終了したときに計上する方式を検収基準といいます。

これらのどの計上基準を採用するかは、会社の取引慣行等を考慮して合理的な方法を決定します。ただし、一度採用した計上基準は正当な理由がない限り変更できません。経理担当は、入社した会社の計上基準はどうなっているかを知っておく必要があります。

売上原価の算出方法

商　品　勘　定

期首商品棚卸高	売 上 原 価
当期商品仕入高	
	期末商品棚卸高

 1年間の売上原価＝前期末の棚卸資産（期首商品棚卸高）
＋当期商品仕入高－当期末の棚卸資産（期末商品棚卸高）

※棚卸資産とは、その期のうちに売れなかった商品、つまり在庫のこと

2 請求業務

代金が回収されるまで気を抜かない

●掛けによる取引が一般的

会社間の取引においては、現金による取引より掛けによる取引が一般的です。商品の料金を後払いや後日の受取りとすることを、掛けによる売買といいます。商品を出荷して、代金の回収がすんでいない場合は、売掛金になります。掛けの場合、現金取引のようにその場での現金のやりとりをするわけではなく、後日に代金の回収をします。そのため、代金の回収をしっかりと行わなければなりません。

また、取引先ごとに、売掛金がいくらあり、いつ回収できるのかを、把握することを忘れないようにしましょう。

●請求書の発行と入金の管理

取引先に商品などを出荷する場合、納品書を同封しますが、納品書と複写になっている受領書を送り返してもらいます。そのために、当社宛の返信用封筒を同封しておきます。受領書には、商品受取の証明となる受領印を押してもらいます。

受領書が取引先から郵送されてきたら、請求書の作成をします。会社には締め日があるので、締め日に応じて請求業務を行います。請求書と受領書の内容に相違がないかをしっかりと

チェックし、取引先へ郵送します。

また、請求書は発行する際に控えもとっておきます。発行する請求書には通し番号をつけ、取引先に送ったものと同じ内容の控えを、手元に保管するようにします。

ところで、代金の支払いには、現金だけでなく、小切手や手形、銀行振込などがあります。請求書を取引先へ送付した後は、取引先ごとに入金予定表を作成し、代金を期日までに回収できたかどうかを確認することが重要です。期日までに回収できない場合は、直接取引先に督促（催促）しなければなりません。

●領収書の発行

取引先にとっては、領収書（32ページ）は代金を支払ったことを証明する、大切な証拠書類になります。そのため、領収書の発行は、慎重に行わなければなりません。また、領収金額に応じて収入印紙の貼付が必要になる場合があります。

領収書の管理もしっかり行うようにしましょう。領収書は複写式で発行し、発行する領収書には通し番号をつけ、取引先に送ったものと同じ内容の控えを、手元に保管するようにします。

3 仕入業務①

商品が納入されたときには現物を必ず確認する

●仕入から代金支払いまでの流れ

　仕入業務の大まかな流れは、①発注（仕入先へ原材料を注文すること）→②仕入先が注文を受けた物を出荷→③資材・機材の納入（入庫）→④検収→請求書の受領→⑤代金の支払い、のようになります。

　仕入とは、商品や原材料を購入することです。また、仕入れる場合に発生した、引取運賃、運送保険料、手数料、関税や、仕入れた商品を販売するまでにかかった費用なども、この仕入原価に含まれることになります。

　商品を仕入れる場合は、まず取引先に見積書の作成を依頼します。そして、作成された見積書の内容や金額を検討し、注文書を作成し、正式に商品の発注を行います。取引先から商品が納入されたときは、納品書と注文書の内容に相違がないか、また、実際の商品を見て注文書の内容と相違がないか調べます。これを検収といいます。その後、受領書に商品受取の証明となる受領印を押して、取引先に送付します。検収が確認されると、仕入先から請求書が送られてきて、代金の支払いを行います。

●一覧表やファイルなどによる管理

　支払業務を行う場合、納品書や請求書の内容を確認し、支払額を確定します。請求書が届いたからと言って無条件に支払うわけではありません。たとえば商品の検収後に不具合が発生するなど、仕入先が対応するまで支払いを止めなければならない場合もあるため、確かに支払ってよいものであるかどうか、仕入担当者等へ確認を行います。

　支払方法としては、現金、銀行振込、小切手、手形などがあります。仕入先が複数の場合は、仕入先ごとに納品書と請求書をまとめ、支払金額と手数料の合計が、一目見てわかるように一覧表を作り、ファイルとして保管しておくことが必要です。

　また、仕入先ごとの買掛金の残高や、前月からの繰越残高などについても、漏れなく記録しておきます。残高については、会計帳簿や残高試算表上の残高とも一致しているかどうか、定期的にチェックをする必要があります。

　これらはやや煩雑で地道な作業ですが、取引先との信頼関係を維持するためでもあり、加えて、自社の資金を正確に把握する意味でもあります。円滑な取引を継続していくためには、日々の記録や請求書の確認業務を、しっかりと確実に行うことが重要です。

4 仕入業務②

計上基準や仕入割引などの判断基準をつかむ

●仕入の計上基準について

　仕入を行った際、いつの時点で経理上の仕入として計上すればよいのでしょうか。この計上基準には、大きく分けて以下のものがあります。

　仕入先が商品を出荷した時点で計上する出荷基準、その商品を受け取った時点で計上する入荷基準、商品の検収を行った時点で計上する検収基準などがあります。これらの基準の選択は、自社の事業の実情に合わせて行う必要があります。

　たとえば、検収基準は、不良品の有無など商品の品質を重視する必要のある事業に向いた基準といえます。また、出荷基準は、同じ相手との安定的、継続的な取引、あるいは自社グループとの取引が多い事業に向いています。

　税法ではどの基準を使用しても認められますが、大切なことは、一度決めた基準は、年度ごとの仕入額の比較が正確にできるように継続して使用することです。これは、会計の継続性の原則（28ページ）の要請で、財務諸表の信頼性が損なわれないようにするためです。もし計上基準を任意に変更することを認めてしまうと、たとえば通常は出荷基準で計上していた会社が、年度末の仕入のみ検収基準を採用し、少し計上時期をずらせて仕入金額を操作する、ということも可能になってしまいます。

●仕入割引とは何か

　現金は、なるべく早く手元にある方が、資金繰りにとって都合のよいものです。これは、見方を変えると、同じ金額であっても、入金の時期が早くなればなるほど、金銭的価値が高いことを意味します。

　この入金時期の差を利用して、実務で行われている契約に仕入割引があります。買掛金を早めに支払ったり、手形取引を現金取引に変えたりといった方法で早めに入金を行った際に、仕入の金額を割引するという契約です。

　仕入割引の利用を考える際は、銀行の金利との比較が有効です。手元のお金を銀行に預けた際に得られる利率と割引率（年利に引き直した利率）を比べ、割引率の方が高ければ、早めに支払った方が有利だと考えられます。もちろん、仕入割引を受けるか否かは、支払いを行ったことで資金繰りが悪化することがないよう、手元に十分な資金があるかどうかを考慮して決める必要があります。

5 社会保険・労働保険

会社は加入が義務づけられている

● 公的保険制度の概要

公的保険は労働保険と社会保険に分けることができます。労働保険は労災保険と雇用保険の2つの制度からなります。労働保険と区別して社会保険というときは健康保険、厚生年金保険、国民年金、国民健康保険、介護保険などのことを社会保険といいます。公的保険制度の概要は以下の通りです。

① 労働者災害補償保険（労災保険）

労働者が仕事中や通勤途中に発生した事故などによって負傷したり、病気にかかった場合に治療費などの必要な給付を受けることができます。また、障害などの後遺症が残った場合や死亡した場合などについても保険給付があります。

② 雇用保険

労働者（被保険者）が失業した場合や本人の加齢（年をとること）、家族の育児・介護などのために勤め続けることが困難になった場合に手当を支給

する制度です。また、再就職を円滑に進めていくための支援も行われます。

③ 健康保険

被保険者とその家族が病気やケガをした場合（仕事中と通勤途中を除く）に必要な医療費の補助を行う制度です。

出産した場合や死亡した場合にも一定の給付を行います。

④ 厚生年金保険

被保険者が高齢になり働けなくなったとき、体に障害が残ったとき、死亡したとき（遺族の所得保障）などに年金や一時金の支給を行います。

⑤ 介護保険

医療の進歩によって平均寿命が長くなり、自身の力で日常生活を継続することが難しくなるということが生じています。こういった場合に利用できるのが介護保険です。介護保険では、食事、排せつなどの日常生活上の介護を保険給付として行います。

公的保険のしくみ

```
労働保険 ─┬─ 労 災 保 険
          └─ 雇 用 保 険

社会保険 ─┬─ 健 康 保 険
（狭い意味）├─ 厚生年金保険
          └─ 介 護 保 険
```

➡ 雇用保険・労災保険なども含めて広い意味で「社会保険」という言葉を使うこともある

6 労働保険料の納付方法

労働保険料は概算で前払いする

● 年度更新とは

労働保険の保険料は、年度当初に1年分を概算で計算して申告・納付し、翌年度に確定申告する際に精算する方法をとっています。事業主は、前年度の確定保険料過不足と当年度の概算保険料をあわせて申告・納付することになります。この手続きを年度更新といいます。年度更新については、毎年6月1日から7月10日までの間に行うことになっています。

窓口は一元適用事業と二元適用事業で異なります。一元適用事業とは、労災保険と雇用保険の保険料の申告・納付等を両保険一本として行う事業です。二元適用事業とは、その事業の実態からして、労災保険と雇用保険の適用の仕方を区別する必要があるため、保険料の申告・納付等をそれぞれ別個に二元的に行う事業です。一般に、農林漁業・建設業等が二元適用事業で、それ以外の事業が一元適用事業となります。

一元適用事業の労働保険料（労災保険分と雇用保険分の保険料）の徴収事務については、都道府県労働局又は労働基準監督署が窓口となります。これに対して、二元適用事業は、労働保険料のうち労災保険分を労働基準監督署に、雇用保険分を都道府県労働局に申告・納付することになります。

● 労働保険料の分割納付

年度更新に際して一定の条件に該当する場合は、保険料を分割して納付することができます。

保険料を分割して納付することができるのは、①概算保険料額が40万円（労災保険又は雇用保険のどちらか一方の保険関係だけが成立している場合は20万円）以上の場合、又は②労働保険事務組合に労働保険事務の事務処理を委託している場合です。なお、労働保険事務組合とは、事業主の委託を受けて、労働保険の事務を代行する中小事業主などの団体のことです。

①又は②に該当する場合は、労働保険料を3回に分割して納付（延納）することができます。ただし、10月1日以降に成立した継続事業については、分割納付が認められていません。そのため、保険関係が成立した日から3月31日までの期間の保険料を一括して納付することになります。

一方、有期事業については、事業の全期間が6か月を超え、かつ概算保険料の額が75万円以上となる場合に分割納付が認められます。延納の場合の納付期限の原則は、第1期が7月10日、

第2期が10月31日、第3期が翌年1月31日です。

◉増加概算保険料の申告・納付

概算保険料申告書を提出した後に、年度の中途において、事業規模の拡大などによって労働者を大幅に増やし、それに伴って労働者に支払う賃金の総額が増加する場合があります。

このようなとき、増加が見込まれる賃金の総額によって、新たに増加した分の保険料（増加概算保険料）の申告・納付をしなければなりません。新たに申告・納付をすることになるのは、賃金総額の見込額が当初の申告の額の2倍を超えて増加し、かつ、その賃金総額によって算出された概算保険料の額が申告済の概算保険料よりも13万円

以上増加する場合です。

◉労働保険料の算出

労働保険料は、事業主が1年間に労働者に支払う賃金の総額（通勤手当を含む）に保険料率（労災保険料率と雇用保険料率をあわせた率）を掛けて算出した額になります。

たとえば、小売業の事業主が納付する保険料の計算方法を考えてみましょう。それぞれ労災保険料率3/1000、雇用保険料率9/1000となっています。年間の賃金総額が1,000万円だった場合、1,000×（3＋9）/1000＝12万円が納付する保険料ということになります。そのうち、被保険者が負担する雇用保険料（1,000×3/1000＝3万円）は毎月の給与から控除します。

労働保険料の延納の納期限

【原則】	第1期	7月10日
	第2期	10月31日（11月14日）
	第3期	翌年1月31日（翌年2月14日）
【保険年度の途中で保険関係が成立した場合】①4月1日〜5月31日に成立	第1期	保険関係が成立した日の翌日から50日以内
	第2期	10月31日（11月14日）
	第3期	翌年1月31日（翌年2月14日）
②6月1日〜9月30日に成立	第1期	保険関係が成立した日の翌日から50日以内
	第2期	翌年1月31日（翌年2月14日）
③10月1日〜翌年3月31日に成立		延納不可

※労働保険事務組合に委託している場合はカッコ内の日付となる

7 社会保険料の決定方法
資格取得時決定、定時決定、随時改定の３つがある

●保険料は労使折半で負担

　社会保険の保険料は、被保険者の報酬に保険料率を掛けて算出した保険料を、事業主と労働者で折半して負担します。被保険者の負担分は、事業主が毎月の給料や賞与から天引き（控除）して預かります。

　ただ、毎月の給料計算のたびに保険料を計算するとなると、事務負担が相当なものになるため、社会保険では、あらかじめ給料の額をいくつかの等級に分けて、被保険者の給料をその等級にあてはめることによって保険料を決定するというしくみを採用しています。

　一度決定した保険料は、原則としてその後１年間使用し、毎年改定が行われます。賞与にかかる社会保険料も、給料と基本的に同様で、標準賞与額に保険料率を掛けて求めた額になります。

　給料から控除する保険料の決め方には、資格取得時決定、定時決定、随時改定の３つのパターンがあります。

●資格取得時決定は初任給が基準

　会社などで新たに労働者を雇った場合、その労働者の給料（社会保険では「報酬」といいます）から控除する社会保険料を決定する必要があります。この場合に行われるのが資格取得時決

定です。控除される保険料は、初任給を、あらかじめ区分された報酬の等級にあてはめて算出します。

　このようにあてはめた仮の報酬のことを標準報酬といいます。ただ、報酬の支払形態にはいくつかあります。たとえば、月給、週給、日給、時給などです。これらの形態をすべて１か月間の報酬額（報酬月額）に換算し直す必要があります。

●定時決定は毎年７月１日に行われる

　定時決定とは、毎年７月１日現在において、その事業所に在籍する労働者の４、５、６月の報酬額を基準にして、新たな報酬月額を決定する手続きです。定時決定は被保険者全員を対象とするのが原則ですが、その年の６月１日以降に被保険者となった者とその年の７、８、９月のいずれかから随時改定によって標準報酬が改定される者は、対象外です。

　「○月分の報酬」とは、実際にその月（１日〜末日）に支払われた報酬のことです。たとえば、報酬が毎月末日締めの翌月15日払いの事業所では、３月分の報酬を４月15日に支払うことになりますが、これは定時決定の算定上は、３月分の報酬としてではなく、４月分

の報酬として取り扱うことになります。

また、4～6月のうち、報酬の支払の基礎となった日数が17日未満の月は除いて計算します。3か月のすべてが17日未満の場合は、原則として、従前の標準報酬月額を使用します。

新しい報酬月額は、「(4～6月に受けた通勤手当を含む報酬の額)÷3」という式によって求めた額を報酬月額表にあてはめて、年金事務所が決定します。新しく決定された(年金事務所から通知を受けた)標準報酬月額は、その年の9月1日から改定されます。

なお、社会保険料は当月分を翌月の報酬から控除する場合、10月1日以降に支給される報酬から新しい社会保険料を控除することになります。

●大幅な昇給・降給時に行う随時決定

標準報酬月額の改定は原則として1年に1回だけ行います。しかし、現実的には、定時昇給(一般的には4月)以外のときに大幅な報酬額の変更(昇給又は降給)が行われることもあります。そこで、以下の条件すべてに該当するときには、次の定時決定を待たずに標準報酬月額を変更することができます。これが随時改定です。

① 報酬の固定的部分(基本給、家族手当、通勤手当など)に変動があった
② 報酬の変動があった月とその月に続く3か月の報酬(残業手当などの変動する部分も含む)の合計額の平均が現在の標準報酬月額に比べて2等級以上上がった(下がった)
③ 3か月とも報酬支払基礎日数が17日以上ある

定時決定による標準報酬月額の求め方

〈例1〉3か月共に支払基礎日数が17日以上あるとき

月	支払基礎日数	支給額
4月	31日	305,000円
5月	30日	320,000円
6月	31日	314,000円

3か月間の合計　　　　　939,000円
平均額　939,000円÷3＝313,000円
標準報酬月額　　　　　320,000円

〈例2〉3か月のうち支払基礎日数が17日未満の月があるとき

月	支払基礎日数	支給額
4月	31日	312,000円
5月	16日	171,000円
6月	31日	294,000円

2か月間の合計　　　　　606,000円
平均額　606,000円÷2＝303,000円
標準報酬月額　　　　　300,000円

※支払基礎日数は暦日数ではなく、給与支払いの対象となった日数を記載する。たとえば、「20日締め25日支払い」の場合、4月25日に支払われる給与についての基礎日数は3月21～4月20日までの31日間となるため、4月の支払基礎日数は31日となる。5月25日支払われる給与については、4月21～5月20日までの30日間となるため、5月の支払基礎日数は30日となる。

8 所得税の源泉徴収事務

給与や賞与の支払いごとに所得税を差し引くことになる

● 所得税の源泉徴収とは何か

　労働者が会社などで働いて得たお金（給与所得）には税金が課されます。この税金が所得税です。

　給与所得については会社などの事業所が労働者に給与や賞与を支払うごとに所得税を徴収し、国に納付します（源泉徴収制度）。ただ、所得税は1年間（暦年、1月1日〜12月31日）に得た所得に対して課される税金ですから、給与や賞与の支払いの都度源泉徴収する所得税は、あくまでも概算額です。

　そこで、概算で徴収した所得税について、1年が終わってその年の給与所得が確定した時点で正確な所得税を計算し、精算する必要があります。この精算手続きのことを年末調整（59ページ）といいます。

● 扶養控除等（異動）申告書について

　給与や賞与から源泉徴収する金額は、給与所得の源泉徴収税額表を使って求めますが、「扶養親族等の数」によって、徴収する税額が異なってきます。

　そこで、まず給与などを支給する労働者の扶養親族の状況を確認する必要があります。そのために、労働者は主たる通勤先の会社に対して、「給与所得者の扶養控除等（異動）申告書」を提出する必要があります。複数の会社に勤務していても、主たる会社1社にしか申告書を提出できません。

　「給与所得者の扶養控除等（異動）申告書」は、その年の最初の給与（1月分の給与）支払いの前までに従業員に記入・提出してもらい、年の途中で扶養親族に異動があった場合は訂正手続きを行います。最終的にはその年の12月31日現在の状況が書かれている申告書を基に年末調整を行うことになります。年の途中で採用した労働者については、給与を計算する前に「扶養控除等（異動）申告書」を渡して書いてもらうようにします。

● 所得税の源泉徴収の仕方

　「給与所得者の扶養控除等（異動）申告書」によって、労働者の扶養親族数を確認すると、源泉徴収税額がわかります。まず労働者に支払う給与（勤務手当を含む）から、社会保険料（健康保険料、厚生年金保険料、介護保険料、雇用保険料など）と通勤費（非課税部分に限る）を差し引きます。こうして求めた額が所得税を源泉徴収する際に基準となる給与（課税対象額）になります。課税対象額の算定後、使用区分（次ページ図）を確認し、給与所

得の源泉徴収税額表の該当する金額の欄にあてはめて、所得税額を算出します。

●扶養親族等の数え方

扶養親族とは、配偶者、子、父母などその労働者が扶養している者のことです。ただ、労働者本人又はその扶養親族につき、一定の事由に該当する場合にはこれらの扶養親族の数にその事由ごとに人数を加算することになります。

まず、労働者本人が障害者（特別障害者を含みます）・ひとり親・寡婦・勤労学生のいずれかに該当するときは、扶養親族の数にこれらに該当するごとに1人を加えた数が扶養親族等の数になります。

また、労働者の扶養親族となっている者で障害者（特別障害者を含みます）・同居特別障害者に該当する者がいるときは、労働者本人の場合と同じように扶養親族等の数に1人を加えた数が扶養親族等の数になります。

●翌月10日までに納付する

事業主が労働者に給与や賞与を支払うときは、源泉所得税を控除して支払います。控除した源泉所得税は給与を支払った月の翌月10日までに所轄の税務署に納付することになります。本来の納付期限が土曜・日曜・祝日にあたる場合は翌営業日が納付期限です。

小規模な事業所（給与の支給人員が常時10人未満の事業所）については、源泉所得税の納付を年2回にまとめて行うこと（納期の特例）ができます。この特例を受けている事業者は1月1日から6月30日までの源泉所得税を7月10日まで、7月1日から12月31日までの源泉所得税を翌年1月20日までに納付することになります。

上記の所得税徴収高計算書（納期特例分）に所定の事項を記入し、納付税額を添えて納付します。

税額表の使用区分の確認表

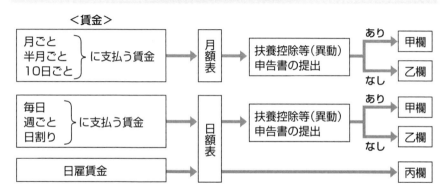

9 住民税の徴収方法

前年の所得を基準にして課税・徴収される

●特別徴収と普通徴収

住民税は、都道府県に納める道府県民税と市区町村に納める市町村民税の総称です。住民税は、前年の所得を基に税額を算出する「賦課課税方式」をとっています。会社などの事業所では、毎年1月31日までに前年1年間に支払った給与や賞与の額につき、支給人員ごとの「給与支払報告書」を作成します。そして、給与支払報告書は労働者の1月1日現在の住所地の市区町村役場に提出しますが、住民税は給与支払報告書を基にして計算し、徴収されます。この場合に住民税を徴収する方法として、①普通徴収と②特別徴収の2つの方法があります。

① 普通徴収

自営業者などが住民税を納める場合にとられる方法が普通徴収です。普通徴収の場合、納税者が直接市区町村に住民税を納付します。

納税通知書と納付書が納税者本人のところに送付されてきます。納付書を受け取った本人は、原則として年4回の納付期限までにそれぞれ指定された住民税額を納めることになります（市区町村によって扱いが異なる場合があります）。なお、給与所得者であっても、普通徴収の方法によって住民税を徴収することがあります。

② 特別徴収

会社員などの給与所得者の場合、一般的に特別徴収によって住民税が徴収されます。特別徴収とは、市区町村に代わって会社などの事業所が社員から住民税を徴収し、市区町村に納付する方法です。特別徴収の場合、事業所が社員の毎月の給与から住民税を天引きすることによって徴収します。

市区町村では、各事業所から提出された給与支払報告書に基づいて、毎年5月31日までに各事業所に特別徴収税額通知書を送付します。事業所では、特別徴収税額通知書に従って、各労働者から住民税を徴収します。特別徴収の場合、その年に支払うべき住民税の額を12回（毎年6月から翌年5月までの計12回）に分けて労働者から徴収します（端数は1回目の分で徴収）。

事業所で徴収した住民税は、翌月の10日までに納付しなければなりません。

なお、住民税が特別徴収されていた社員が退職したときは、一括徴収又は退職日後の期間分の住民税は本人が自分で納付するか次の勤め先に引き継ぎます。ただし退職日が1月1日から4月30日までの場合、本人が納付方法を選択できず、必ず一括徴収されます。

10 賞与の源泉徴収と社会保険料

計算方法に注意する

● 源泉徴収の計算方法

賞与は法律上、支給が義務付けられているものではありませんが、多くの事業所で支給されています。労働者としても賞与をあてにしてローンを組んだり、生活設計を立てているのが現実です。会社などの事業所で賞与を支給することとしている場合、賞与の支給額や支給額の算定基準について、就業規則や給与規程に定めを置いています。

賞与についても源泉徴収が行われますが、月々の給与とは源泉徴収の計算方法が少し違ってくるため、注意が必要です。ただし、賞与の源泉徴収税額の納付期限は給与と同じです。つまり、賞与を支払った月の、翌月の10日までに納付しなければなりません。

賞与の源泉徴収税額は、課税対象額（賞与の額－社会保険料）に算出率を掛けて算出します。この算出率を求めるには、まず該当する社員の前月分給与から社会保険料を引いた額を求めます。

次にこの額と扶養控除等（異動）申告書に基づいた扶養親族などの数を「賞与に対する源泉徴収税額の算出率の表」に照らし合わせて算出率を出すという方法をとります。

● 社会保険料の計算方法

月給とは別に、賞与からも社会保険料を徴収します。この場合は、標準賞与額（実際に支給された賞与額から1,000円未満を切り捨てた額）に各々の保険料率を掛けたものが社会保険料となります。標準賞与額は賞与が支給されるごとに決定されます。つまり、賞与の保険料は毎月の保険料と違って、賞与の支給額により保険料が変動します。保険料は、給与についての社会保険料と同様、事業主と被保険者が折半で負担します。保険料率については、給与についての保険料率と同様です。健康保険料率の被保険者負担率は、全国健康保険協会管掌健康保険の東京都の例では、標準賞与額に対して、1000分の49.20（介護保険第2号被保険者に該当する場合は1000分の58.20）を乗じて算定します（令和3年3月分から）。

また、厚生年金保険料率の被保険者負担率は、標準賞与額に対して1000分の91.5（一般の被保険者の場合）です。

なお、賞与支給月（月末以外）に退職をするような場合には、資格は退職月の前月までのため、賞与から社会保険料は控除されません。

11 退職金の税務

原則として2分の1を課税対象とする分離課税を適用する

● 退職所得とは

退職所得とは、退職手当、一時恩給（公務員の場合）その他の退職により一時的に受ける給与等に関する所得をいいます。退職所得の額は、原則として「（退職金－退職所得控除額）× 1/2」（令和4年以降では、勤続年数5年以下の者は300万円を超える額には1/2を乗じない）です。ただし、役員等勤続年数が5年以下の特定役員に対しては、「退職金－退職所得控除額」が退職所得の額となります。

● 退職所得控除額の計算方法

勤続年数に応じた一定の「退職所得控除額」を退職手当等の収入金額から差し引いて算出します。退職所得控除額は、勤続年数20年を区切りとして図のような算式により求めます。勤続期間に1年未満の端数があるときは、1

年に切り上げて勤続年数を計算します。

● 税負担が軽減されている

退職所得は、他の所得とは合算せず、分離課税（他の各種所得とは合算せずに分離して課税する方式のこと）して所得税を計算します。その理由は、長年働いてきた成果である退職金に対して、総合課税として他の所得と合算して超過累進税率により多額の所得税を課すのはあまりに酷だからです。

なお、退職金を受け取るときまでに「退職所得の受給に関する申告書」を提出していれば、所得税が源泉徴収されていますので確定申告は不要です。

一方、「退職所得の受給に関する申告書」の提出がなかった人の場合は、退職手当等の支払金額の20％が源泉徴収されますが、この税額の精算は受給者本人が確定申告をして精算します。

退職所得にかかる税金

退職所得 ＝（退職金の収入金額－退職所得控除額）× $\frac{1}{2}$

【退職所得控除額】

勤続年数20年以下	40万円×勤続年数（80万円に満たないときは80万円）
勤続年数20年超	800万円＋70万円×（勤続年数－20年）

※障害退職のときは、上記控除額＋100万円

12 年末調整①

1年間に納めるべき所得税額を計算する

●年末調整とは

10月〜12月の時期に給与の事務担当者が行うべきことで、もっとも大変な仕事は年末調整です。なぜ、年末調整が必要になるのでしょうか。会社などの事業所では、役員や労働者に対して報酬や給与（賞与を含む）を支払う際に所得税の源泉徴収を行っています。しかし、その年1年間に給与などから源泉徴収した所得税の合計額は、労働者などが1年間に納めるべき税額と必ずしも一致するわけではありません。

源泉徴収税額と実際の税額が一致しない理由としては、①税額表の源泉徴収の基準と実際の支給額が異なる、②扶養親族に増減があり源泉所得税額を変更することが必要になる、③給与からの源泉徴収税額に反映されない生命保険料控除や地震保険料控除のような所得控除を考慮する必要がある、といった理由があります。

そこで、1年間に源泉徴収した所得税の合計額と、本来役員や労働者が1年間に納めるべき所得税額とを一致させる必要があります。この一致させるための手続きが年末調整です。

●年末調整の対象となる給与

対象となる給与は、その年の1月1日から12月31日まで（年の途中の退職者などについては、退職時まで）の間に支払うことが確定した給与です。実際に支払ったかどうかに関係なく未払いの給与も年末調整の対象となります。逆に、前年に未払いになっていた給与を今年になって支払った場合、原則としてその分は含まれません。

また、通勤費、旅費、食事代などの特殊な給与で非課税扱いとならない部分についても年末調整の対象となります。

なお、年末調整の対象となる給与は、年末調整をする会社などの事業所が支払う給与だけではありません。たとえば、年の途中で就職した人が就職前に他の会社などで給与を受け取っていたケースがあります。このような場合は、前の会社などで「給与所得者の扶養控除等申告書」を提出していれば前の会社などの給与を含めて年末調整をすることになります。

前の会社などが支払った給与の支給金額や源泉徴収税額や社会保険料の額は、前の会社などが発行した源泉徴収票によって確認します。もし、源泉徴収票の提出がない場合は、年末調整ができませんので、すぐに労働者にその旨を伝えて提出してもらいましょう。

13 年末調整②

年末調整の対象とならない給与所得者もいる

●年末調整の手順を確認する

年末調整は、社員に1年間に支払う給与（賞与を含む）の額を合計して、次のような手順で計算を行います。

① 給与所得控除後の給与の額を求める

1年間に支払う給与の合計額から給与所得控除後の給与の額を求めます。給与所得控除後の給与の額は、「年末調整等のための給与所得控除後の給与等の金額の表」で求めます。

② 所得控除を差し引く

給与所得控除後の給与の額から扶養控除や生命保険料控除などの所得控除を差し引きます。

③ 税額を求める

②の所得控除を差し引いた金額に所得税の税率をあてはめて税額を求めます。

④ 税額控除をする

年末調整で住宅借入金等特別控除などの税額控除を行う場合には、求めた税額から控除額を差し引きます。差引後の税額が、その労働者が1年間に納めるべき所得税額になります。

⑤ 還付又は徴収をする

最後に、源泉徴収をした所得税の合計額が1年間に納めるべき所得税額より多い場合には、その差額をそれぞれの労働者に還付します。逆に、源泉徴収をした所得税の合計額が1年間に納めるべき所得税額より少ない場合には、その差額を労働者に支払うべき給与（又は賞与）から追加徴収します。

●年末調整の対象となる人

給与所得者であっても、年末調整の対象とならない人もいます。どのような場合に年末調整の対象から外れるのかを確認しておきましょう。

年末調整は、役員や労働者に対する毎月の給与や賞与から源泉徴収をした所得税の合計額と、その人が1年間に納めるべき所得税額との差額を調整するためのものです。年末調整の対象となる人は、年末調整を行う日までに「給与所得者の扶養控除等（異動）申告書」を提出している一定の人です。

年末調整の対象となる人は、12月に年末調整を行う場合と、年の途中で行う場合とで異なりますので、それぞれ分けて見ていきます。

まず、文字通り、年末である12月に行う年末調整の対象となる人は、会社などの事業所に12月の末日まで勤務している人です。正確にいうと、1年の最後の給与が支給されるときに行います。給与が支給された後に賞与が支給されることになっている場合は、賞与の支給後に年末調整を行うこともでき

ます。

　1年間勤務している人だけでなく、年の途中で就職した人や青色事業専従者（個人事業者の配偶者などで事業を手伝い、給与をもらっている者）も年末調整の対象となります。ただ、以下の①、②に該当する場合などの一定の場合には、年末調整の対象にはなりません。

①　1年間に受け取る給与の総額が2,000万円を超える人

②　災害減免法の規定により、その年の給与に対する所得税の源泉徴収について徴収猶予や還付を受けた人

　次に、年の途中で行う年末調整の対象となる人は、次の5つのいずれかにあてはまる人です。

①　1年以上の予定で海外の支店などに転勤した人

②　死亡によって退職した人

③　著しい心身の障害のために退職した人（退職した後に他から給与を受け取る見込みのある人は除きます）

④　12月に支給されるべき給与などの支払いを受けた後に退職した人

⑤　パートタイマーとして働いている人などが退職した場合で、本年中に支払いを受ける給与の総額が103万円以下である人（退職した後に他から給与を受け取る見込みのある人は除きます）

年末調整の事務手順

給与支払報告書の作成・提出

年末調整事務の終了後は、社員ごとの給与支払報告書を作成します。また、給与支払報告書などの提出の他、もう1つの仕事として、12月に預かった源泉所得税や年末調整をして預かった源泉所得税を税務署に納付する仕事があります。

給与支払報告書（源泉徴収票）は年末調整の結果、確定した税額その他について記載したもので、4枚のものと3枚のものがあります。いずれも1枚目と2枚目が給与支払報告書で、3枚目以降が源泉徴収票になっており、源泉徴収票のうちの1枚は社員本人に交付します。

翌年の1月31日までに給与支払報告書は各市区町村に、源泉徴収票は税務署に提出しなければなりません。

ただし、源泉徴収票については、提出不要のケースがあります。源泉徴収票を税務署に提出しなくてもよいのは、次のような場合です。

① 年末調整をした年分の給与金額が500万円以下のとき

② 給与所得者の扶養控除等（異動）申告書を提出したが、その年中に退職したために年末調整をしなかった人でその年分の給与金額が250万円以下（法人の役員の場合50万円以下）のとき

③ 弁護士、税理士などに給与などを支払い年末調整をした場合にその年分の給与金額が250万円以下のとき

④ 年末調整をした年分の報酬（給与）で法人の役員に対して支払った金額が150万円以下のとき

⑤ 扶養控除等申告書を提出しない人に支払った給与で、その年分の給与金額が50万円以下のとき

給与支払報告書と源泉徴収票の提出

給与支払報告書 ➡ 会社等が従業員の住所所在地の市区町村に提出する

源泉徴収票 ➡ 会社等が支払事務を管轄する税務署に提出する

※源泉徴収票については、所定の要件に該当しないものは税務署への提出が不要

第3章

簿記・仕訳・決算書
作成の基本

1 簿記と仕訳

経理の基本は簿記の理解にある

● 簿記とは何か

会社や商店では、毎日モノやお金の出入りがあります。仕入や販売によるモノの流れ、また売上や支払いによる金銭の収支など、数限りない種類の取引があります。それらを一定のルールに従って正確に記録・集計・整理して、最終的に決算書を作成するまでの一連の作業が簿記の一巡の手続きです。

企業は、原則として1年に1度、決算書を作成します。これは、企業の1年間の営みによっていくら儲け（又は損し）、財産がどう変化したかを明らかにするためです。決算書（82ページ）の主なものは貸借対照表と損益計算書です。貸借対照表は、企業の一定時点（主に決算日）における財政状態を表わすもので、損益計算書は、企業の一会計期間における経営成績を表わすものです。これらの決算書の完成が簿記の最終目的となります。

● 取引を帳簿に記入することが簿記

近年はパソコン会計が主流ですから、手作業で記帳することはないでしょう。しかし、簿記の知識が全くないという状況では、経理担当は務まりません。経理担当の仕事はすべて簿記が基本となるからです。

簿記では、取引を帳簿に記入する際、帳簿を左右に区別して記録します。取引の仕訳は、帳簿の左側を借方、右側を貸方とし、取引ごとに借方と貸方の両側に分けて記録します。

また、それぞれの取引には、内容別に名前をつけて仕訳をします。この名前を勘定科目といいます。1つの取引は2つ以上の勘定科目で構成され、借方と貸方の金額は必ず一致します。

● 単式簿記とは

簿記には、ルールの違いによって、単式簿記と複式簿記の2種類があります。

まず、単式簿記は、家計簿が代表的なものとして挙げられます。日付、項目、摘要項目、入金、出金、残高の順で記入欄があります。項目とは、お金が入ってきた原因（給与など）、お金が出ていった原因（食費、水道光熱費など）を、摘要項目とは、それらをさらに具体的に記入（「牛肉、○○スーパー」など）する欄です。家計簿では、お金が出入りした日付を記入し、適用項目を入れ、入って来たお金、出ていったお金の金額を書き込み、最後に残高を記入します。1か月間つければ、給料がいくら入って、どのようなことにお金を使い、月末にはいくらお金が

残ったか、あるいは、不足したかがわかります。これがわかれば、次の月は食費や水道光熱費などをいくらにすればよいかといった、支出面での計画を立てやすくなります。単式簿記とは、このように一定期間におけるお金の単純な出入りだけを時間の経過通りに記載する方法をいいます。

●単式簿記の欠点

わかりやすさという点ではメリットがある単式簿記ですが、単式簿記には、大きな欠点があります。お金の出し入れを行う主体（家計や企業など）の財産まで把握できないということです。

たとえば、ある家庭で家族旅行に10万円を支出したとします。一方、別の家庭では10万円で金を買ったとしましょう。家計簿（単式簿記）では、適用項目にそれぞれ「家族旅行費用」や「金の購入費用」と書かれますが、10万円に関しては共に出金項目に「10万円」と記載されるだけです。

家族旅行は、使ってなくなってしまったお金ですから当然、支出です。これに対して、金の購入は、10万円の代わりにそれと同じ価値のものを手に入れたわけですから、実質的に投資であり、10万円は家庭の財産として残っています。しかし、単式簿記では、お金が減ったこと以外の事実はわからないのです。このような単式簿記の欠点は、普通の生活状況とは違ったトラブルが起こったときに、適切な対応ができないという形で現れます。企業経営であればなおさらです。たとえば倒産の危機に陥ったときに、単式簿記では、対策を立てるのが困難なのです。

つまり、企業の経理担当者にとって「お金の出し入れを把握する」ということは、単に、限られた期間における単純なお金の出入りだけを理解すればよいということではなく、企業の持つすべての財産を、借金などの負の財産も含めて把握するということなのです。

単式簿記の例

	項目	適用項目	入金	出金	残高
4/1	前月繰越				10,000
4/5	売上	Ｘ商店　〇〇	10,000		20,000
4/10	水道光熱費	電気代３月分		2,000	18,000
4/15	消耗品費	Ｙ商店　文房具		1,500	16,500
4/20	売上	Ｚ株式会社　×××	5,000		21,500
4/30	仕入	株式会社Ａ　△△△		7,000	14,500

2 複式簿記
お金の出入りを「取引」として捉える

●単式簿記の欠点と複式簿記

　前述した単式簿記の欠点を克服するためにできたのが、複式簿記です。

　複式簿記は、日付、借方、貸方、金額、摘要の順に項目が設定されています。単式簿記との違いは、借方、貸方という項目があることです。

　最初に理解したいことは、複式簿記は、「財産の増減まで見えるように、モノやお金の出入り」を記載する方式だということです。

　お金は、突然湧いたり消えたりはしません。お金が入ってくる際には、働いたり、借金したりという理由があります。働いて得たのであれば、財産ですし、借金をして得たのであれば、負の財産です。一方、お金が出ていく際には、必ず代わりに何かが手に入るはずです。手に入ったものが車であれば、お金は財産に変わったわけですし、家族旅行であれば、消費、つまり、負の財産に変わったわけです。したがって、「財産の増減まで見えるように、モノやお金の出入りを把握する」には、お金が入ってきた際にはその理由を、出ていった際には、そのお金が何に変わったのかを明確にすることが必要です。

　複式簿記はこれを可能にした方法です。つまり複式簿記では、同じ入金で

も、借金で得たのか、働いて得たのかが明確にできます。出金の場合も同じです。家族旅行に行ったのか、車を購入したのかを明確にできます。

●取引を分けて記載するのが仕訳

　次に、複式簿記では、実際にどのような記載を行うかを説明します。

　複式簿記で記帳するということは、モノやお金の「取引」を記載することだといえます。「取引」とは、何らかの対価として、誰かが持っているお金を得たり、誰かにお金を払うことによって財産が増えたり減ったりすることです。そして、複式簿記の記帳項目の借方、貸方こそが、この「取引」を分けて記載する項目になるのです。

●借方・貸方というルールに慣れる

　借方と貸方は、取引による財産の変動を「原因と結果」の関係で表わすものです。借方と貸方のルールとして、まず、借方には財産の増加、貸方には財産の減少が入るということを覚えておくとよいでしょう。

　家族旅行で10万円を使った時には、「金額」の項目に10万円と記載し、借方に「家族旅行（サービス受領）」と書きます。さらに、貸方には「家族旅

行代金（現金）」と記載します。旅行ができる理由は、「私が旅行会社に現金10万円を支払った（旅行会社が現金10万円を受領した）」からです。10万円で車を買った場合も「金額」の項目に10万円、借方に「車」、貸方に「車の購入代金（現金）」と書きます。

お金が入ってきたときも同じです。売上で50万円を得た時は、借方に「売上受領（現金）」、貸方に「売上金受給（収入）」と記載します。借金で50万円得た場合は、借方に「現金受領（現金）」、貸方に「（○○銀行より）現金借入（借入）」と記載します。

このように、モノやお金の出入りを取引と見て、取引をする自分と相手方の両方をセットにしてお金の増減を同時に記載する作業が、複式簿記のルールです。複式簿記では、借方と貸方の

取引をお金の面から見ますと、金額は必ず同じになります。

●企業の簿記は複式簿記

仕訳のルールは、モノやお金の増減を自分と相手とのモノやお金の「取引」と見るということです。給与を例にとると会社が給与分の50万円を支払った結果、自分は50万円の給与がもらえたというように考えることによって、単式簿記の欠点の克服ができる、つまり、「50万円は借金ではない」ということを明確にできるのです。

そうしますと、企業の場合、簿記は、複式簿記を使用すべきということはもう、わかると思います。複式簿記によって、企業の財産まで含めたお金の動きを把握しなければ、企業の本当の姿はわからないからです。

複式簿記の例

● 現金10万円を使って家族旅行に行ったケースと、給料として現金50万円を受け取ったケースの記載例

借　　方		貸　　方	
家族旅行	100,000	現金	100,000
現金	500,000	給料受領（受取り）	500,000

財産の増加

財産の減少

借方と貸方の金額は同じになる

3 勘定科目

お金の出入りを誰でも一目でわかるようにできるためのテクニック

● 勘定科目とは

複式簿記の「財産の増減まで見えるようにモノやお金の出入り」を明確にするという目的を果たすためには「誰が見ても一目で取引がわかるようにする」ということが大切です。これを実現するのが、勘定科目ごとに取引をまとめるという作業です。勘定科目を理解すれば、取引を上手にまとめるテクニックが身につくのです。

勘定科目とは、出入りしたお金につけられた見出しのようなものです。会社のお金を管理する場合、いつ、誰が見ても、何に使ったお金なのか、又はどこから入ってきたお金なのかがわからなければなりません。お金の動き1つひとつに見出しを付けて整理することで、時間が経っても、別の人が見たとしても、内容が明らかになることが、勘定科目が果たす重要な役割といえます。

● 勘定科目ごとにお金の出入りをまとめる

勘定科目ごとにまとめるためには、具体的な取引をカテゴリー別に分ける必要があります。そして、それぞれのカテゴリーに沿うような勘定科目も設定しなければなりません。

取引がカテゴリー別にあてはまるように勘定科目を設定するのは、それほど困難ではありません。たとえば家計簿の場合、入金の場合の勘定科目は「収入」と「借入」、出金の場合の勘定科目は「食費」「光熱費」「家賃」「ローン」「娯楽費」などと設定すればよいでしょう。こうすれば、家族旅行による出費も、家族で映画を見にいったときの入場料も「娯楽費」という1つのカテゴリーに入れることができ、支出も一目でわかりやすくできます。

● 基本的に自由に会社側が設定できる

家庭には、子供がいる家庭、いない家庭、大家族、核家族など、その形によって、取引の仕方も変わりますので、勘定科目も変わります。会社も同じです。業種、業態によって、取引方法や内容が違いますので、勘定科目も変わります。ただ、会社の場合は、株主や債権者、取引先などの利害関係者が多いという、家庭とは大きな違いがあります。そのため会社の勘定科目は利害関係者の誰が見ても一目で取引がわかるように配慮する必要がありますが、厳格に決められているわけではありません。

● シンプルすぎず複雑すぎず

これらの勘定科目は、5つのカテゴ

リーに属します。それは「資産」「負債」「純資産」「収益」「費用」の5つです。資産とは「財産」、負債とは「借金」、純資産とは「資本金等」、収益とは「収入」、費用とは「収入を得るために使ったお金」のことです。会社の取引は、この5つのカテゴリーの中のどれかに必ず入ります。

ただ、この5つのカテゴリーだけに取引を分類してしまうと、今度は、あまりにシンプルになりすぎて、かえって実体が見えなくなってしまうからです。たとえば、資産といってもその中身は現金、手形、土地、在庫などいろいろあります。これらを一律的に「資産」として記載しても、会社の実際の姿はわかりません。

一方、5つのカテゴリーは、究極の簡素化を行った結果、生み出されたもので、非常に重要なものだといえます。たとえば、負債の金額が資産の金額よりも多ければ、その会社は「債務超過（借金が財産よりも多い状況）」とわかります。5つのカテゴリーに絞り込んだことで「一目で」判断できます。

そこで、実際の簿記では、これらの大きなカテゴリーの中にさらにいくつかの勘定科目を設定して記帳します。そうすることによって、ようやく、会社の実態を含めて「一目でわかる」ようになるのです。

●仕訳の積み上げが決算書

仕訳は簿記のスタートです。簿記は決算が最終目的であると前述しました。

決算書類の貸借対照表や損益計算書は、「資産」「負債」「純資産」「収益」「費用」の5つの要素によって構成されています。

貸借対照表は、「資産」「負債」「純資産」で構成され、損益計算書は、「収益」「費用」で構成されます。

すべての取引は、2つ以上の勘定科目を使って借方と貸方に仕訳しなければなりません。その勘定科目は、「資産」「負債」「純資産」「収益」「費用」の5つの要素のどれかに分類されます。その積み重ねた結果が貸借対照表と損益計算書を作り上げ、最終的な決算書に結びつくのです。

5つのカテゴリーに含まれる代表的な勘定科目

資　産	現金、当座預金、普通預金、受取手形、売掛金、建物、土地
負　債	支払手形、買掛金、預り金、借入金、未払金
純資産	資本金、資本剰余金、利益剰余金
費　用	仕入、給料、支払利息、地代家賃、旅費交通費、交際費
収　益	売上、受取利息、受取手数料

4 資産・負債・純資産
会社の支払能力や価値が明らかになる

●資産とは

　会社が保有する財産のことを資産といいます。一般的に財産と言えば、現金や預金の他、不動産や株式、絵画などというような、金銭的価値の高いものをイメージするかもしれませんが、資産にはこれらの他に、将来お金を受け取る「権利」のような目に見えない財産も含まれます。

　国際会計基準（IFRS）では、資産を将来キャッシュインフローの現在価値と定義しています。わかりやすくいうと、会社の将来の収益獲得能力（サービスポテンシャル）を有するものを現金的価値に換算し、可視化したものです。それにより、その会社の規模や支払能力、経済的体力などを明らかにしているというわけです。ちなみに一言で現金の価値に換算するといっても、その方法は幾通りも存在するのですが、一般的には資産を手に入れた時の価格を用います。ではどのようなものが資産となるのか、以下でもう少し掘り下げてみましょう。

　会社が資産を取得するのは、取引先から事業活動の過程において外部から受け取る場合と、会社が自ら購入、製作して取得する場合があります。

　事業活動の過程で受け取る場合とは、

たとえば商品を販売した得意先から受け取った代金です。現金で受けとる場合もありますが、頻繁に取引をする相手であれば、1か月分をまとめて請求して、支払いを受けるのが一般的です。請求後、お金を受け取るまでの間、得意先からお金を受け取る権利が発生します。この権利は売掛金という資産となります。このように、将来お金を受け取る権利のことを債権といいます。売掛金以外の債権としては、取引先などへの貸付金や、固定資産の売却に対する未収入金などがあります。

　会社が自ら取得する資産とは、たとえば事務所用のビルや機械、設備などです。これらを、購入した時は資産として記録されることになります。つまり、資産の内容を見れば、会社のお金の使い途も明らかになります。

　資産にはその性質によってすぐに換金できるものと、なかなか換金できないものとがあります。換金が容易であるということを、「流動性が高い」といいます。資産の内容は、一般的には流動性の高いものから順番に並べるのがルールとなっています。

●負債とは

　負債とは、わかりやすくいうと借金

のことです。銀行からの借入などのような借金の他に、たとえば請求書の支払いや、従業員への給与、税金の未払いなど、将来お金を払う義務のあるものすべてが負債となります。負債を1つのグループとしてまとめておくことで、会社が負っている経済的負担を総額で知ることができます。

　負債はほとんどの場合、お金を返すべき相手が存在します。つまり相手との約束が存在しているということなので、負債の金額には、たとえば「借用書」や「請求書」「契約書」などのような客観的な裏付けがあるのが特徴です。なお、このような将来相手にお金を返す義務のことを債務といいます。

　要するに、負債のほとんどは「債務」ということになりますが、例外もあります。それは、将来発生するかもしれない経済的負担に備えてあらかじめ引当金として負債を計上しておくという場合です。たとえば賞与や退職金を支払う場合ですが、これらは一般的に金額が大きく会社の経営に影響を及ぼす可能性があるため、賞与引当金や退職給付引当金などの引当金を計上します。他には負債として前受金などもあります。

　IFRSでは、負債を将来キャッシュアウトフローの現在価値と定義しています。つまり、将来流出する予定の現金の総額を、現在の価値に置き換えたものということです。

●純資産とは

　資産や負債とは異なり、純資産には実体がありません。そのため資産、負債と比べると少しイメージし難いかもしれません。純資産とは、わかりやすく言うと、資産から負債を差し引いた単なる差額です。

　ではなぜ差額を1つの分類とする必要があるのかというと、純資産は会社の価値を表わす1つの重要な要素であるためです。仮に会社の保有する資産をすべて換金して負債を清算したとして手元に残る金額、つまり会社自身で自由に処分できる正味の財産、それが純資産です。

　純資産は、大きく分けて主に2つの財源から成り立っています。会社を設立した時に株主から出資を受けた資本金と、事業によって儲けた利益です。

　まず資本金ですが、これは事業を始めるための準備資金として株主が会社に渡したモノやお金です。この資本金には返済義務はありません。また、会社が資本金を元手に行った事業で利益が出た場合、その利益は資本金と同じ純資産の一部として蓄積されることになります。つまり黒字経営が続くと、純資産も増加していくというわけです。

　株式会社の場合、会社が稼いだ利益の一部は、配当として株主にも分配されます。株主側が出資を行うメリットとしては、会社が大きく利益を出すと、配当収入が期待できるという面もあります。

5 収益・費用

会社の規模と成績が明らかになる

● 収益とは

収益とは、会社が事業から得た収入のことで、利益の源ともいえます。収益の中心的な存在は売上です。売上は、商品の販売やサービスを顧客へ提供することで稼いだお金です。売上をあげることは、その会社が本業として行っている事業活動そのものです。まずは活動のメインである本業で収益を増やしていくことが、会社にとって最も重要なことだといえます。

収益には、売上以外の経済活動から得た収入も含まれます。たとえばお金を貸した場合の利息や、設備などを売却した場合の売却収入、保険金収入などです。このように、会社の増益に貢献するものは、すべて収益に含まれます。

ところで収入はすべて収益になるの

かといいますと、実はそうではありません。収入とはお金が入ってくることをいいますが、お金が入ってくる場合には、他にも資産である「債権」が現金化した場合や、負債である借入による収入も考えられるからです。収入を分類する場合、まずはその内容が何であるかを確認する必要があります。

収入を収益とそれ以外のものに分類することにより、収益として取引した全体の金額が明らかになります。取引量が多いほど、収益の金額も大きくなりますので、収益の総量を金額で把握することにより、その会社の事業的規模を知ることができます。

● 費用とは

会社が事業活動を行っていくために

収益・費用・儲け

損益計算書

【収入を得るために使ったお金】
商品の仕入れ
従業員に支払う給料
借入金の利息
税金　など

| 費　用 | 収　益 |
| 儲　け（当期純利益（損失）） | |

【利益の源】
本業による売上（中心的な存在）
利息による収入
設備などの売却収入
保険金による収入　など

は、たとえば販売する商品の仕入や、従業員に支払う給料など、ある程度お金を使って環境を整える必要があります。このように収入を得るために使ったお金のことを費用といいます。

ではどのようなものが費用になるのか、具体的に見ていきましょう。たとえば商品の製造費用や仕入金額など本業のために使った金額や、電車代や電話代などのいわゆる経費です。また、事業に直接的に関係のないものでも、経営していく上で必要な支出であれば費用に含まれます。たとえば借入金の利息や税金、取引先との飲食代なども費用となります。

これらの費用を大きく1つの分類とすることで、収益から費用を差し引いた利益の額を計算することができます。また、収益と費用を比較することで、効率よく稼いでいるかどうかが明らかになります。基本的に、会社は利益を増やすために活動していると言っても

過言ではありません。収益に対する費用の割合が多ければ、利益があまり出ておらず、残念ながら使った経費の効果が結果に反映されていないということです。このように、収益と費用から、会社の経営成績が明らかになるというわけです。

なお、収入を得るために使ったお金は、実は他のカテゴリーに分類される場合もあります。それは資産です。資産と費用の違いは、使ったお金が形に残るものになるかどうかというところにあります。建物や機械など、形に残るものは資産です。たとえば仕入れた商品も、売れ残って倉庫に置かれている段階では、実は棚卸資産という資産になります。判断が難しいのは文房具などの少額の消耗品ですが、簡単に説明すると、金額が少額なものや短期間で消費してしまうものに関しては費用の取扱いになります。

棚卸資産とは

仕入先から購入した商品・自社で製造した製品など

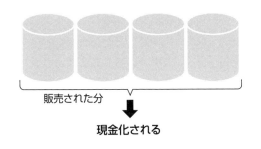

販売された分

現金化される

棚卸資産

これから販売される商品等会社内部に保管されている状態

6 貸借対照表の勘定科目

取引ごとに名称をつけてお金の使い途を明確にする

● 貸借対照表の全体像

貸借対照表は、企業が事業活動においてどれだけの資金を集め、その資金をどのような事業活動に投資し、運用しているのかを示す書類です。

貸借対照表は、左右に2列に分かれて表わされます。この貸借対照表の右側と左側の各々の合計金額は、必ず一致します。

左側にある資産とは資金の使い途を表わし、借方と呼ばれます。右側は調達した資金で、貸方と呼ばれます。右上が負債、右下が純資産となります。貸方のうち、負債は他人からお金を借りて作った資金で、将来返済の義務があるものや、前受金のように将来収益となるものなどがあります。一方、純資産は投資家が出資した資本金や事業活動の儲けなどで得た資金で、返済義務のないものです。

● 資産・負債・純資産の勘定科目

次に、資産・負債・純資産の3つの大きなカテゴリーの中に設定する勘定科目について見ていきましょう。勘定科目は、会社自身の事業形態に応じたものを自由につけることができます。しかしあまり細かく分けてしまうとわかりにくいので、一目でわかるような

シンプルな名称の方がよいでしょう。

資産・負債・純資産の主な小勘定科目には以下のものがあります。

・資産の「勘定科目」

主な勘定科目としては、現金や当座預金、普通預金などお金そのものを表わすものや、受取手形（一定の期間経過後に支払人を通じて代金を受け取れる約束をした書状）、売掛金などの売上債権、未収入金（本業のビジネス以外で発生した債権）、貸付金（貸しているお金）、商品（在庫）などがあります。また、事業のために購入した土地、建物、車両運搬具、備品なども資産となります。なお、出資金や有価証券などの、投資も資産となります。

・負債の「勘定科目」

主な負債の勘定科目としては、支払手形（一定の期間経過後に支払人を通じて代金を支払う約束をした書状）や買掛金（ビジネス取引によって発生した債務）のような仕入債務や借入金の他、未払金（本業のビジネス以外で発生した債務）、預り金（預っているが、後で支払うお金）などがあります。

・純資産の「勘定科目」

株主からの出資金額を表わす勘定科目として、資本金、資本剰余金などがあります。利益の蓄積は利益剰余金と

いう勘定科目で表わします。また、少し難しい話になりますが、会社の株式を自ら買い戻す場合があります。その場合、自己株式という勘定科目を用いて純資産の一部にマイナス表示することになっています。

資産・負債・純資産の勘定科目とその内容

資産の一般的な勘定科目	
現金	通貨、通貨代用証券
預金	預金、貯金（郵便局）
受取手形	通常の営業取引により受け入れた手形
売掛金	商品、製品、半製品などの未収の販売代金・請負工事の未収代金など
商品	販売目的で外部から仕入れた物品など
短期貸付金	得意先、仕入先、関係会社、従業員などに対する貸付金で、決算日後1年以内に回収予定のもの
未収入金	固定資産、有価証券などの売却代金の未収額
建物	事業用の店舗、倉庫、事務所等の建物
車両運搬具	営業用の鉄道車両、自動車その他の陸上運搬具
特許権	産業財産権（工業所有権）のひとつで産業上利用することができる新規の発明を独占的、排他的に利用できる権利
ソフトウエア	コンピュータシステムのソフトウエアの取得に要した金額
長期貸付金	得意先、従業員などに対する貸付金のうち、決算日後1年を超えて回収されるもの

負債の一般的な勘定科目	
支払手形	営業上の買掛債務の支払いのために振出した約束手形や引き受けた為替手形
買掛金	原材料や商品の購入により生じた仕入先に対する債務
前受金	商品・製品の販売代金についての前受けした金額のこと
短期借入金	銀行から借り入れた設備資金、運転資金、個人からの借入金、取引先、親会社からの借入金などで、決算日後1年以内に返済予定のもの
未払金	買掛金以外の債務で、固定資産の購入代金や有価証券の購入代金などの未払額
長期借入金	返済期限が決算日後1年超の借入金

純資産の一般的な勘定科目	
資本金	会社設立時の出資金や増資払込などのこと
資本準備金	資本取引から生じた株式払込剰余金などのこと
利益準備金	利益のうち、内部留保すべきものとして積み立てられたもの
自己株式	会社自ら取得した自社の株式（純資産から控除）

7 損益計算書の勘定科目

一般的には多くの会社が、共通した勘定科目を採用している

損益計算書とは

企業の財政状態を明らかにする書類が前述した貸借対照表です。一方、企業の経営成績を明らかにする書類が損益計算書です。

売上金のようなお金が入ってくる取引を「収益」といいます。また、家賃や従業員の給料などお金を払う取引を「費用」といいます。収益から費用を差し引いたものが「儲け」です。この儲けのことを当期純利益といいます。損益計算書では企業の活動結果として、どんな収益がどれだけあり、どんな費用がどれだけかかり、結果としてどれだけ儲かったのかを一覧できますので、企業の経営成績が一目瞭然になります。

損益計算書の勘定科目

損益計算書の主な勘定科目には以下のものがあります。

・収益の勘定項目

売上（本業のビジネスによる収入）、受取利息（銀行預金から発生する収入）、受取配当金（保有する株式から発生する収入）、雑収入（本業のビジネス以外で発生した収入）などが挙げられます。つまり、事業活動による収入の項目になります。

・費用の勘定科目

費用に該当する主な勘定科目としては、仕入、給料、通信費、交通費、水道光熱費、旅費交通費、租税公課、支払利息などが挙げられます。費用の勘定科目は特に種類が多く、会社の業態によってその内容は大きく異なります。

たとえば製造業の場合、原材料や燃料費などがありますし、サービス業の場合には仕入がありません。取引の発生に応じて、たとえば宣伝広告費、研究開発費、消耗品費、交際費というように任意で勘定科目を設定します。

旅費交通費は、社員が仕事で使った移動のためのすべての費用を指します。交通機関の違いは関係ありません。

広告宣伝費は、会社の広報のために使った費用です。媒体の違いは関係ありません。

会議費は、会社の中で行う会議の費用の他、取引先との商談で使用した費用も入ります。会場の確保の費用、飲食費用、会議に使用したプロジェクターの使用料、会議の資料の作成費用など、会議に必要な費用はすべて会議費に入ります。

租税公課は、税金のことです。会社にかかる税金は、基本的に租税公課ですが、法人税・住民税・事業税に関しては、法人税等として別の勘定科目で

設定されます。

地代・家賃は、土地や事務所などを借りる費用です。駐車場なども土地を借りるわけですから、地代の勘定項目に入ります。交際費は、取引先への接待や、贈り物といった費用です。

一般的には多くの会社が、共通した勘定科目を採用しているといえます。

なお、会社が購入した機械や車は資産ですが、実はこれらの資産は耐用年数に応じて一定期間で費用化していくルールになっています。そのときの費用は減価償却費という勘定科目で表示します。

損益計算書の主な勘定科目

収益の一般的な勘定科目	
売上	物品の販売やサービスの提供によって生じた利益
受取利息	金融機関の預貯金利息、国債、社債などの有価証券利息など
受取配当金	株式、出資、投資信託等に対する配当金の収入
雑収入	本業のビジネス以外で発生した収入

費用の一般的な勘定科目	
仕入	販売用の物品等の購入代金
役員報酬	取締役、監査役などの役員に対する報酬
従業員給与	従業員に対する給料、賃金、各種手当
法定福利費	従業員の労働保険や社会保険のうち、事業主が負担するもの
福利厚生費	従業員のための祝い金、健康診断費用、社内行事費用など
旅費交通費	通勤や業務遂行に必要な出張旅費など
接待交際費	取引先など事業に関係のある者に対する接待、慰安、贈答などのために支出される費用
会議費	会議用の茶菓、弁当、会場使用料
通信費	切手、はがき、電話、ファックス費用など
消耗品費	事務用品などの物品の消耗によって発生する費用
水道光熱費	水道料、ガス料、電気代など
保険料	設備、棚卸資産にかけた火災保険料、機械の運送保険料など
地代家賃	建物、事務所、土地の賃借に要する費用
租税公課	印紙税、登録免許税、不動産取得税、自動車税、固定資産税など
減価償却費	建物や車両運搬具など固定資産の取得価額を費用化したもの
雑費	上記以外の費用で、重要性がなく、特に独立科目を設ける必要がない費用を処理する科目
支払利息	金融機関からの借入金利息、他の会社からの借入金利息など

8 勘定科目を踏まえた仕訳

右側と左側の金額が対応することになる

●仕訳の考え方の重要性

ここでは具体的に、勘定科目を用いた仕訳について見ていきます。

会社によっては分業化が進み、同じ経理部門の中でも多くのパーツに分かれていることがあります。その場合、「仕訳を起こしている」という感覚はあまりないかもしれませんが、会社におけるお金の流れは、すべて複式簿記による仕訳につながっているのです。

たとえば請求書の発行や商品代金の管理を担当している部署であれば、預金への振込などの都度、その入金がどの商品の代金であるか確認する作業があるはずです。該当する商品番号等を探し、「入金済」の処理をするといった作業であれば、これは、入ったお金を売掛金に充当し、「(借方)預金／(貸方)売掛金」という仕訳を起こしているということになります。

自分の業務が全体のどの部分に位置するのかを知ることは大切です。前後の流れを理解することにより、突発的な事態に柔軟に対応できる場合もあるからです。

なお、比較的に規模の小さな会社の場合、少数で全社の経理事務を行っていることが多いため、全体を把握しやすいといえます。

●資産・負債・純資産に関わる仕訳

前項までで貸借対照表と損益計算書の主な勘定科目を見てきましたが(74〜77ページ参照)、勘定科目を踏まえて、仕訳をしてみましょう。

手持ちの現金100万円で商品を製造するための工作機械を購入したとします。その場合、仕訳は以下のようになります。

(借方)機械装置 1,000,000円／

(貸方)現金 1,000,000円

借方には、取引の際に自分が主体になった場合の出来事を記載します。「自分は工作機械を手に入れた」わけですから、借方には工作機械を含むカテゴリーである「機械装置」を入れます。どのように機械装置を手に入れたかを記載しますので、この場合だと現金で代金を支払ったのですから、資産(借方科目)である現金の減少となります。そのため、貸方に「現金」と記載します。

一方、同じ100万円の工作機械を借入金で購入した場合は以下のようになります。

(借方)現金 1,000,000円／

(貸方)借入金 1,000,000円

(借方)機械装置 1,000,000円／

(貸方)現金 1,000,000円

いったん、借方は現金で受け入れて、貸方には負債である借入金（貸方科目）の増加として借入金と記載します。そして、購入の際には受け入れた工作機械（機械装置）を借方に、出て行った現金を貸方に記載します。

ここで重要なことは、手持ちの現金で工作機械を購入した場合は、借方の「機械装置」も、貸方の「現金」も同じ「資産」のカテゴリーになります。

したがって、購入時点では勘定科目としての資産の金額に変化はありません。

しかし、借入金で工作機械を購入した場合は、借方の「機械装置」は資産ですが、貸方の「借入金」は負債になるのです。したがって、この場合、工作機械を購入した時点で、会社の資産は100万円増えた一方、負債も100万円増えたことになります。つまり借方に新たな資産が追加されるということは、別の資産と置き換えられるパターンと、負債又は純資産が増えるパターンがあるということです。

次に、「純資産の部」に関する仕訳について見ていきます。貸方に純資産の勘定科目がある仕訳の場合は純資産の増加、反対に借方にある仕訳の場合は減少を意味します。たとえば資本金の増額分として普通預金に100万円の入金があった場合、以下のような仕訳となります。

（借方）普通預金 1,000,000円／

（貸方）資本金 1,000,000円

貸方に「資本金」という純資産の部の勘定科目があるので、この仕訳によって純資産の部が100万円増加します。一方、借方の「普通預金」は資産の項目なので、同時に「資産の部」も100万円増加します。つまり純資産の部に追加の項目があるということは、一般的には資産も増加していることを意味します。

●収益・費用に関わる仕訳

収益と費用は損益計算書を構成する勘定科目ですので、会社の損益に影響します。たとえば得意先へ商品を販売した場合の仕訳、仕入先から商品を仕入れた場合の仕訳、経費の支払いを行った場合の仕訳などがこれに該当します。では具体例で見ていきましょう。収益項目が貸方に発生すると、収益の増加を意味します。

たとえば得意先へ、商品を販売して現金1万円を受け取った場合は、以下の仕訳となります。

（借方）現金 10,000円／

（貸方）売上 10,000円

また、費用項目は借方に発生します。たとえば従業員の給与20万円を現金で支払った場合、以下のような仕訳になります。

（借方）従業員給与 200,000円／

（貸方）現金 200,000円

9 決算整理

正しい決算書を作成するための調整作業である

決算整理をする

決算手続きでは、決算整理と呼ばれる作業により帳簿記録に必要な手続きを行い、会計の最終目的である報告の準備（財務諸表の作成）を行います。

決算整理の具体例としては、棚卸資産残高の確定に伴う売上原価の計算、貸倒引当金などの引当金の計上、収益や費用の見越し・繰延計上、減価償却費の計上などがあります。以下、主な作業について見ていきましょう。

・売上原価を計算する

当期に仕入を行った金額の中には、翌期に販売する予定の商品の分も混在していることがあります。要するに棚卸資産です。反対に、前期末まで残っていた棚卸資産については、当期中に販売されているものもあります。つまり帳簿上の仕入勘定には、翌期以降に販売予定の棚卸資産が混在している可能性があります。しかし、売り上げた分に対応した仕入金額が表示されていなければ、正確な利益は計算できません。そこで、前期末の棚卸資産の金額を当期の仕入に加え、当期末の棚卸資産の金額を仕入から除外する決算整理仕訳を行うことで、正確な仕入金額を計算します。

このように、決算整理によって当期の売上に対応する金額に修正された仕入金額のことを、売上原価といいます。

・引当金を計上する

取引先が倒産して、売掛金や受取手形などの債権が回収できなくなる場合があります。回収できなくなってしまった債権のことを貸倒損失といいます。

貸倒損失によるリスクに備え、損失となるかもしれない金額を予想して、あらかじめ計上しておく場合があります。このように、将来の費用や損失に備えて計上するものを引当金といいます。貸倒れに対する引当金ですので、「貸倒引当金」という勘定科目を決算修正仕訳で追加します。

また、引当金には貸倒引当金の他、賞与引当金、退職給付引当金、製品保証引当金など様々あります。翌期以降の支出であったとしても、当期に費用として発生していれば積極的に引当金として計上をする必要があります。

・収益や費用の繰延べ計上

収益や費用について当期の収益・費用として処理するか、あるいは翌期の収益・費用として処理するか、整理する必要があります。決算整理仕訳により、翌期の収益や費用に計上しなおすことを繰延べ計上といいます。

収益の繰延べ計上は前受収益です。

たとえば、期中に1年分の保守サービス料金の前入金を受けた場合には、そのうち当期の期間に対応するものは当期の収益として、翌期以降の期間に対応するものは前受収益（前受保守料）として、入金額を月割りあるは日割りなどで期間按分します。

費用の繰延べ計上は前払費用です。

たとえば、期中に1年分の損害保険料の前払いを行った場合には、そのうち当期の期間に対応するものは当期の費用として、翌期以降の期間に対応するものは前払費用（前払保険料）として、支払額を月割りあるは日割りなどで期間按分します。

・収益や費用の見越し計上

当期の収益や費用でも、まだ収入や支払いがされていないものについては計上されていない場合があります。このような収益や費用も決算整理仕訳で計上する必要があります。これを見越し計上といいます。

収益の見越し計上は未収収益です。たとえば、期中に返済期間を1年、利息を1年後の返済時に受け取る貸付け

を行った場合には、受取利息を貸付け時から決算期末日までに到来した期間分は当期の収益として計上するために未収収益（未収利息）を計上します。

費用の見越しは未払費用です。たとえば、期中に返済期間を1年、利息を1年後の返済時に支払う借入れを行った場合には、支払利息を借入れ時から決算期末日までに到来した期間分は当期の費用として計上するために未払費用（未払利息）を計上します。

・減価償却費を計上する

減価償却（96〜101ページ）の仕訳には、直接法と間接法の2つの方法があります。直接法と間接法の違いは、貸借対照表上の償却資産（減価償却される資産）の価額表示です。

・税金（未払消費税、未払法人税等）を計上する

1年の会計期間の締めくくりとして、預かった消費税と支払った消費税を相殺して納めるべき未払消費税の計上や、1年間で獲得した利益に基づき法人税、住民税、事業税の計算をし、翌期に納める額を未払法人税等として計上します。

決算整理で行う主な作業

- ◎ 売上原価の計算
- ◎ 引当金の計上
- ◎ 収益や費用の見越し・繰延べ計上
- ◎ 減価償却費の計算
- ◎ 税金（未払消費税や未払法人税等）の計上

正確な当期の損益

10 決算書の作成

すべての仕訳が決算書に集約される

● 決算と経理の関係

　決算とは、一定期間に会社が行った取引を整理し、会社の経営成績及び財政状態を明らかにするための手続きのことです。決算を行うためには、経理業務が必要になります。

　経理とは、会社の行った取引を記録することです。経理の目的は、会社の儲けや財政状態などを把握することにあります。このことで、会社内部の経営者や管理者は会社の経営状態を知り、今後の経営戦略を決定します。また、経理が作成した情報は外部に報告する必要があります。この報告書が決算書です。

● 試算表を作成する

　決算書類の貸借対照表や損益計算書は、「資産」「負債」「純資産」「収益」「費用」の5つの要素によって構成されています。すべての取引は、2つ以上の勘定科目を使って借方と貸方に仕訳しなければなりません。勘定科目は、「資産」「負債」「純資産」「収益」「費用」の5つの要素のどれかに仕訳されます（代表的な勘定科目については69ページ図参照）。

　決算書作成の前段階として、すべての仕訳を勘定科目別に集計し試算表を作成します。経理担当者が地道に行ってきた仕訳作業の最終チェックに用いるのが試算表です。そして試算表に集計された数字を一定の型式にあてはめたものが決算書です。つまり試算表は、決算書を形作っていくためのたたき台ということになります。たとえば、試算表上「現金」の金額として計算された数字がそのまま貸借対照表上の「現金」欄に転記されるというわけです。試算表には、合計試算表、残高試算表、合計残高試算表の3種類があります。外部に公表する書類ではありませんが、1か月、半年、1年など必要に応じて随時作成されます。合計試算表は、勘定科目ごとの借方、貸方それぞれに発生した累計金額が表示されます。残高試算表は、勘定科目ごとの一定時点の残高のみが表示されます。合計残高試算表は、合計試算表と残高試算表が合体したような形式で、科目ごとの借方、貸方それぞれの累計金額と差引残高の両方が表示されています。

● 決算書を作成する

　決算整理後の残高試算表の数字を基に、報告用の書類としての体裁を整えていく作業となります。

　まず、作業の流れとしては、試算表

で集計された決算整理後の各勘定科目の金額を貸借対照表と損益計算書に転記し、次に貸借対照表の「繰越利益剰余金」の金額を計算して貸借対照表を完成させます。

転記作業に関して、決算書と残高試算表では勘定科目名の表示が変わる場合がありますので注意が必要です。たとえば「繰越商品」は貸借対照表には「商品」と表示されます。「仕入」は損益計算書には「当期商品仕入高」と表示させた上で、期首と期末の商品棚卸高を加減算して、当期の「売上原価」の金額を計算します。転記を済ませた段階で、損益計算書はおおむね完成です。

しかし、貸借対照表の場合は、転記をした段階では左の借方と右の貸方の数値が一致しません。「当期純利益」の金額を「純資産の部」の「繰越利益剰余金」に加算することにより、左右が一致していることを確認します。

最後に、貸借対照表と損益計算書以外の必要書類があれば、この時に作成します。たとえば株主資本等変動計算書やキャッシュ・フロー計算書です。これらの書類も、決算整理後の残高試算表などを基に作成します。また、決算書には「注記事項」といって、内容に関する重要な情報について欄外にコメントを付したり、注記表という補足的な書類を作成する場合もあります。このような補足的な作業を終えて、決算書は完成です。完成した決算書については、表示金額、名称など誤りがないかしっかりチェックしましょう。

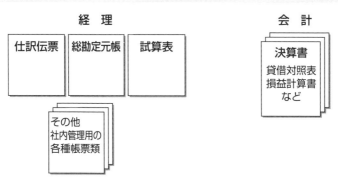

経理と会計の違い

経 理		
仕訳伝票	総勘定元帳	試算表

その他 社内管理用の 各種帳票類

会 計
決算書 貸借対照表 損益計算書 など

会社内部で管理するために作成 ⬌ **外部に公表するために作成**

※上図は、お金の動きを伝票や帳簿類に記録・整理することを「経理」とし、経理により整理された会社の状況を会社外部の人が見てもわかるような形にするための一定のルールを「会計」として扱っている

11 伝票の種類と仕訳の仕方

複式簿記のルールに沿って記入する

● 入金伝票と出金伝票の仕訳

　伝票には取引の違いによって入金伝票、出金伝票、振替伝票といった種類があります（20ページ）。しかし、伝票といっても、ただ項目に必要事項を書き込めばよいというわけでなく、複式簿記の原則に従って記入します。つまり、仕訳作業が必要なのです。

　入金伝票と出金伝票の仕訳ですが、まず、重要なことは、勘定科目の項目が1つしか立てられていない点です。複式簿記であれば、借方と貸方の2つの勘定科目があるのが当然なはずです。しかし、入金伝票は、現金が会社に入ってくる取引を記録する伝票で、出金伝票は会社からお金が出ていく取引を記録する伝票です。したがって、入金伝票の借方は現金、出金伝票の貸方は現金と初めからわかっていることになります。そこで、わかっていることまでわざわざ書くことはないため、「現金」の勘定項目を省いているのです。

　入金伝票の場合の記載例としては、売上があった場合の取引であれば以下のように処理します。

（借方）現金 10,000円／

　　　　　　（貸方）売上 10,000円

　出金伝票の場合の記載例としては、小口の文具購入があった場合の取引であれば以下のように処理します。

（借方）文具購入費 500円／

　　　　　　（貸方）現金 500円

● 振替伝票の仕訳

　振替伝票は、現金取引以外の取引に関して記載する伝票です。たとえば、売掛金10万円が銀行口座に振り込まれたような場合は、以下のように処理すればよいわけです。

（借方）預金 100,000円／

　　　　　　（貸方）売掛金 100,000円

　しかし、実務では、これですみません。入金伝票や出金伝票は、物やサービスの取引と同時にその代金も取引されますが、振替伝票の場合は違います。物やサービスの取引と代金の取引とに時間差があるからです。たとえば、ある商品を相手に売り、引き渡します。ただ、その代金は後日、銀行振込で支払われるといったケースです。この場合、時間差があるわけですから、取引も①商品を引き渡した、②代金を受け取った、という2つの取引が行われたと考えます。この場合、複式簿記では①の段階で、商品を引き渡したのですから売上があったことになり、同時に代金を受け取る権利（売掛金）を得たことにな

ります。したがって、まず、①の取引の仕訳は以下のようになります。

（借方）**売掛金** 100,000円／

（貸方）**売上** 100,000円

　続いて②の段階では、売掛金が現金になったのですから、②の取引の仕訳は以下のようになります。

（借方）**現金** 100,000円／

（貸方）**売掛金** 100,000円

　見た目では商品の売買という１つの取引を、時間差があるため２つの取引として考えるのが、複式簿記のミソです。

　このような考え方を発生主義といいます（30ページ）。つまり、お金が実際に動いていなくても、動く理由が発生したときに売上の計上を行うという考え方です。発生主義を理解する上で重要なのは、複式簿記では時間の流れも考慮に入れて、取引が完結するのに時差がある場合は、物事が起こったときごとに取引を区切って考えるのが根本ルールだということです。基本中の基本ですので、忘れないようにしましょう。

入金伝票・出金伝票・振替伝票

入金伝票

入金伝票	承認		担当者	

令和○年○月○日

| No. | | 入金先　X商店　　様 | |

勘定科目	摘　要	金　額
売上	○○	10,000
合　計		10,000

出金伝票

出金伝票	承認		担当者	

令和○年○月○日

| No. | | 出金先　Y商店　　様 | |

勘定科目	摘　要	金　額
消耗品費	文房具	1,500
合　計		1,500

振替伝票

振替伝票	No.		承認		担当者	

令和○年○月○日

金額	借方科目	摘　要	貸方科目	金額
2,000	水道光熱費	3月電気代	未払金	2,000
2,000	合　　計			2,000

12 売掛金の計上と仕訳の仕方
請求書の発行時に振替伝票に記載する

● 売掛金・買掛金とは

　商取引の流れは、注文→商品の受け渡し→商品代金の回収となっています。一般的には、商品と引き換えにその場で現金を支払うケースは少なく、先に商品を受け渡してから後日商品代金を回収します。このように、後から支払いを受ける形態の取引（信用取引）の場合、商品を受け渡してから代金を回収するまで空白期間があります。このときのまだ回収していない代金のことを会計上売掛金といいます。反対に商品を仕入れた場合の未払いの商品代金を買掛金といいます。

● 商品の販売から入金までの流れ

　商品やサービスを販売し、お金が入金されるまでの一連の流れは以下のようになります。

> 受注（注文を受ける）→商品を発送（※出荷）する→買主に商品を引き渡す（※引渡し）→買主が商品に欠陥や数量のミスがないかなどをチェックする（※検収）→買主に請求書を渡す→買主から代金を受け取る
> ※主な収益の認識基準（45ページ参照）

　この一連の流れの中で、注意しなければならない点をいくつか説明します。まず、商品の引渡しのときです。商品の引渡しとは、買主に商品を渡すことですが、その際には、商品の中身などを記載した「納品書」を買主に渡します。納品書は通常2枚で1セットとなっており、買主と売り手とが1枚ずつを持ちます。このうち、売り手側の持つ納品書を納品書の控えあるいは「物品受領書」とも呼びます。納品書の控えには、買い手が確かに商品を受け取ったことを証明するためのサインや押印をしてもらいます。

　次の注意点は、買主に請求書を渡すときです。出荷と同時に請求書を渡す場合もあれば、月単位で請求書を渡す場合もあります。月単位で請求書を渡す場合は、あらかじめ、月の何日を請求書の送付する日にするかを買い手との間で決めておきます。これを締め日といいます。経理担当は、前の月の締め日の翌日から今の月の締め日までの1か月に売った商品の代金を集計して請求書を発行することになります。

　また、売掛金が発生するのは、実務上は請求書の発行時になります。振替伝票で売上と売掛金を計上します。ただし、会計上収益の発生は売上が実現

した時（左段の枠内、「※」記載の「収益の認識基準」による）になります。

3番目の注意点は、買主から代金を受け取ったときです。売掛金の支払いを受けることを回収といいます。回収が終わると、お得意様ごとの取引を記載する得意先元帳（16ページ）に入金があったことを記載します。これを「売掛金を消し込む」といいます。

●売掛金の発生又は消し込みの仕訳

商品1万円を販売し、代金は売掛金として後で請求する場合、仕訳は以下のようになります。

（借方）売掛金 10,000円／

（貸方）売上 10,000円

この仕訳により、貸借対照表の資産には「売掛金」が、損益計算書の収益には「売上」が、それぞれ1万円計上されます。

次に、この売掛金1万円が現金で入金した場合の仕訳は、以下の通りです。

（借方）現金 10,000円／

（貸方）売掛金 10,000円

ここで売掛金1万円は減少し、代わりに現金が1万円増加します。

●手形割引の仕訳

売掛金債権の対価など、手形を受け取り、その手形を現金化する場合、手形割引（210ページ）についての処理が必要です。手形割引の際に割り引かれる金額とは、具体的には以下のように計算します。

手形割引料＝手形金額×金利×割引日から満期日までの日数÷365

受取額＝手形金額−手形割引料

たとえば、手形金額100万円の手形を満期日前50日に譲渡すれば、金利10％の場合、以下のようになります。

手形割引料＝100万円×0.1×50÷365 ＝1万3,698円

受取額＝100万円−1万3,698円＝98万6,302円

なお、手形割引料の仕訳は手形売却損という勘定科目で処理し、上記のケースでの仕訳は以下のようになります。

（借方）当座預金 986,302円／

手形売却損 13,698円

（貸方）受取手形 1,000,000円

手形の割引が銀行融資であれば返済義務が生じます。割り引いた手形の期日が到来し、無事決済されれば返済は完了です。しかし、もし手形の振出人が倒産してしまい決済されない場合には、自社が手形の額面分の金額を負担し、銀行に返済しなければなりません。

このように、不測の出来事があった場合に当社の債務となる可能性があるもののことを「偶発債務」といいます。

偶発債務は会社の財政状態を知りたい利害関係者や株主等に対して大切な情報となるので、貸借対照表上の注記事項として「受取手形割引高」として割り引いた手形の金額を記載します。

13 買掛金の計上と仕訳の仕方

売り手と買い手の立場が変わるだけで流れは売掛金の場合と同じ

●注文から代金を支払うまでの流れ

買掛金の場合、伝票を起こして仕訳を行うのは、原材料の購入先から請求書を受領したときです（仕入業務の流れについては47ページ参照）。発注時点では仕訳は生じません。ただし、費用の発生は仕入が発生した時（費用の計上基準による）になります。

発注した原材料が入庫した時は、売り買いの立場が変わるだけで、売掛金の際の商品の引渡しと同じことが行われます。つまり、購入先から納品書を受け取り、商品を受領した証明として物品受領書にサイン又は捺印して、購入先に渡します。検収も立場が変わるだけで売掛金のときと中身は同じです。検品が終了した後、仕入先別に仕入の取引を記載する「仕入帳」に、購入した原材料の内容、数などを記載します。請求書についても立場が変わるだけで、売掛金の場合と同じです。事前に取引先と決めた締め日までの期間中に購入した原材料の代金の請求書を送ってもらいます。経理担当は、仕入帳の内容と請求内容に間違いがなければ伝票を起こし、仕入と買掛金を計上します。このときに用いる伝票を仕入伝票といいます。記載のルールは、振替伝票（84ページ）と同じで、仕入のとき

専門に使う伝票です。

代金の支払いは、一般的に請求のときと同様、月1回、決まった日に行われます。銀行振込が主流ですが、手形（36ページ）や小切手（38ページ）などで支払われることもあります。また、購入先からの売掛金がある場合は、それと相殺（お互いの債権を対当額の範囲で消滅させること）するケースもあります。支払いが終了すると、仕入先ごとの取引を記載する仕入先元帳に買掛金の消し込みを行います。

●買掛金の発生と支払による消滅の仕訳

まず、商品の仕入代金5万円の請求があった場合、以下の仕訳になります。

（借方）仕入 50,000円／

（貸方）買掛金 50,000円

これにより損益計算書では費用が5万円、貸借対照表では負債が5万円、それぞれ増加します。次に、この買掛金を普通預金の口座から仕入先に振り込んだ場合、以下の仕訳になります。

（借方）買掛金 50,000円／

（貸方）普通預金 50,000円

これにより買掛金5万円は消滅します。また、貸方については「現金」「支払手形」など支払手段に応じて勘定科目が変わります。

14 経費の計上と仕訳の仕方

売上に対応しない経費は期間費用という形で計上する

● 経費とは

経費とは、会社が事業を行う上で必要な物やサービスを購入したときのその購入代金のことです。会社の経営実態を表わす「企業会計」と、税金計算のための「税務会計」とでは、経費の範囲は一部に違いがあります。大まかにいうと、税務会計は経費の範囲が狭いのですが、本書は会社経理実務の基本理解が目的です。経費の概念は上記のように覚えておけば大丈夫です。

経費の支払方法は、①購入したごとに現金や振込で支払う、②買掛金のように毎月決められた日に振込や手形、小切手などでまとめて支払う、③銀行口座からの引き落としで支払う、の3種類があります。ただ、買掛金のように毎月決められた日にまとめて支払いをする場合（定時払いの経費）は、取引先ごとにどの程度の未払金があり、何日に支払うのかについてしっかりと把握しておく必要があります。

● どのように計上するか

商品やサービスの購入費（売上原価）も、事務をするために必要な文房具の購入費といった売上原価以外の費用（販売管理費及び一般管理費）も経費、つまり費用となります。

費用の計上時期については、発生主義（現金主義で計上するのではなく、発生した期間に正しく割り当てる会計処理）で処理します（30ページ参照）。たとえば家賃など、来月分を今月のうちに支払うような経費の場合は、「今月分は費用の前払いを行って、月が変わった時点でその月の家賃となった」というように時系列的に考えて計上します。具体的には、2月分の家賃を1月末に支払った場合の仕訳は以下のようになります。

【1月】

（借方）前払費用 80,000円／

（貸方）現金 80,000円

【2月】

（借方）家賃 80,000円／

（貸方）前払費用 80,000円

このように費用として計上するタイミングを発生した期間に正しく割り当てた費用のことを期間費用といいます。

「企業会計」では収益と費用を計上する期間を一致させることを大原則としています。今回の家賃も、2月に費用として計上することで、2月の営業活動から得た収益と期間を一致させることができます。費用の計上時期は、売上をはじめとした収益の存在を意識することも大変重要です。

15 利息や配当金の計上と仕訳の仕方
税金も仕訳に入れる

●受取利息とは

受取利息とは、銀行預金や貸付金から得られる利息です。会計上は、会社の本業で儲けたお金（営業利益）と区別して営業外収益といいます。

受取利息は、受取利息の勘定項目に入れればよいわけですが、それだけで仕訳が終わるわけではありません。受取利息は、税金が引かれているからです。受取利息には、法人の場合は国税（所得税と復興特別所得税）の15.315％、個人の場合は国税にさらに地方税（住民税利子割額）の5％をあわせて20.315％の税金がかかります。経理で受取利息の仕訳をするときには、これらの税金に関しても記載する必要があります。

なお、税金の勘定項目は「法人税、住民税及び事業税」を使用するのが一般的ですが、会社によっては、法人税等の中間納付を行う場合には仮払金で処理することもあります。

●どのように仕訳するのか

仕訳の方法は、特に難しくはありません。受取利息として入って来たお金と税金で引かれたお金の両方を別々に記載すればよいわけです。

ただし、ここで入金額から逆算して

引かれている税額を算出するのですが、その法人の場合の計算方法は以下の計算式のようになります。

① 所得税と復興特別所得税の計算

入金額 ÷ 0.84685 × 0.15315 ＝ A
（1円未満切捨）

② 復興特別所得税の計算

A ÷ 102.1 × 2.1 ＝ B
（50銭以下切捨、50銭超切上）

③ 所得税の計算

A － B

たとえば、8,469円の普通預金利息が入金されているとします（税引前の利息金額は1万円）。

① 所得税と復興特別所得税の計算

8,469 ÷ 0.84685 × 0.15315 ＝
1,531.59‥ ＝ 1,531

② 復興特別所得税の計算

1,531 ÷ 102.1 × 2.1 ＝ 31.4897‥
＝ 31

③ 所得税の計算

1,531 － 31 ＝ 1,500
したがって仕訳は次の通りです。

（借方） 普通預金　8,469円 ／
　　　　法人税等　1,531円
　　　　（貸方）受取利息10,000円

なお、もし個人として入金を受ける場合には、①は入金額÷0.79685×

0.15315＝Ａとなり、また②③の他に④として地方税の計算（入金額÷0.79685×0.05）が必要となります。

●受取配当金とは

受取配当金とは、会社が保有する株式から受け取る配当金です。会社は、自分の会社の株式の所有者に対して、会社の利益の一部を配ります。これを配当といいます。配当によって配られるお金が配当金です。株式は、会社の所有権を証明するものですから、その会社の利益を所有者に分配するのは、当然のことです。

受取配当金も基本的には本業で儲けたお金ではありませんから、会計上は受取利息と同様、営業外収益に位置付けられます。

●どのように仕訳するのか

受取配当金の仕訳も、受取利息と同じです。配当金にも税金がかかりますので、受取配当金とその税金分に関して、別々に仕訳を行えばよいわけです。

なお、受取配当金の税金は上場株式の場合は15.315％の税率で、非上場株式の場合は20.42％の税率で計算します。また、配当金は、銀行口座に振り込まれるのが一般的です。引かれている税金の仕訳は受取利息と同じです。

たとえば、ある上場株式に対する受取配当金8,469円（税引前10,000円）が入金されているとすれば、仕訳は次の通りになります。

（借方）　普通預金　8,469円 ／
　　　　　法人税等　1,531円
　　（貸方）受取配当金10,000円

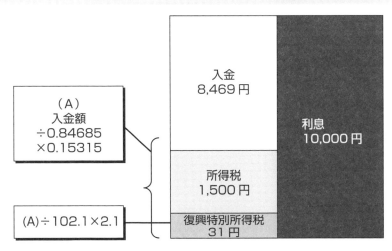

受取利息10,000円の内訳（法人の場合）

（Ａ）
入金額
÷0.84685
×0.15315

(A)÷102.1×2.1

入金
8,469円

利息
10,000円

所得税
1,500円

復興特別所得税
31円

16 借入金の計上・債務の保証と仕訳の仕方

場合によっては債務保証損失引当金を計上する

● どのように仕訳すればよいのか

借入金とは文字通り、借金のことです。注意点は、会計上、同じ借金でも、返済までの期間によって勘定項目を変えるのが原則だということです。具体的には、返済までの期間が１年以内のものを短期借入金、それ以上のものを長期借入金といい、それぞれの勘定項目を設定します。長期借入金のうち、翌期に返済期日の来る元本部分を「１年以内返済長期借入金」という勘定項目に入れます。

会社は１年単位で事業の成果をまとめます。したがって、借入金も１年以内に返済を終えなければならないものなのか、それとも、まだ返済し終える必要がないのか、ということは会社の利害関係者にとっては重要な事項です。そこで、同じ借入金でも返済までの期間ごとに勘定項目を変えるのです。会計上、ワンイヤールール（１年ルール）といいます。仕訳は、借入金の元本と利息を分けて記載をします。銀行借入の場合は、元本と利息が一緒に引き落とされますが、銀行から送られてくる返済明細書には元本と利息が分けて記載されています。それを基に仕訳をすればよいのです。

銀行から借りた50万円の短期借入金

を返済、利息は5,000円だったとします。普通預金から505,000円が引き落とされたことになります。その場合の仕訳は以下のようになります。

（借方）　短期借入金 500,000円／
　　　　　支払利息 5,000円
（貸方）　普通預金 505,000円

● 債務の保証とは

金融機関から資金を借り入れる場合、返済が完了するまでの保証として、第三者に（連帯）保証人になってもらう場合があります。この借入の保証人になることを債務の保証といいます。保証には、債権者がまず債務者に請求しなければならない単純保証と、債務者への請求の有無や資産にかかわらず保証人に請求できる連帯保証があります。実務上は保証といえば連帯保証を結ぶのが通常です。（連帯）保証人には、借入を行った債務者が返済不可能な状態になってしまったときには、代わりに返済する義務が生じます。

● 貸借対照表上の表示の仕方

債務の保証を行った場合の影響については債務ですから、貸借対照表の「負債の部」に表示する印象があるかもしれませんが、実は負債にはなり

ません。たとえば取引先の債務の保証人になっている場合、その取引先が倒産すると当社に返済義務が生じますが、滞りなく返済されている限り何も負担する必要はないからです。

このような、倒産などの偶発的な出来事によって発生する債務のことを偶発債務といいます。しかし、たとえ偶発的でも将来のリスクには違いありません。債権者や株主など会社の利害関係者にとっては、知っておくべき重要な情報です。

会社の決算書の作成方法を定めた会社計算規則によると、債務の保証額は注記事項として、注記表に貸借対照表の注記として記載することになっています。

表示方法は、「保証債務 ○○円」というように、原則としてすべての債務保証について、保証先ごとの債務保証額を総額表示します。この債務保証には、保証予約や経営指導念書の差入れなど、保証類似行為を行った場合も含まれます。保証予約とは、将来において一定要件を満たした場合に、保証契約が成立するというものです。経営指導念書とは、子会社等が金融機関から借入を行う際に、親会社が監督責任を負って経営指導を行うということを約束する文書です。

また、複数の保証人が存在する連帯保証の場合は、通常通り総額表示を行った上で、保証総額のうち当社が保証すべき限度額についても併せて記載します。保証の中には、「根保証」といって、継続的な取引を保証するため、一定限度額までの債務（保証極度額）を繰り返し保証するというものもありますが、この場合、現在の債務金額と保証極度額を比較して少ない方の金額を記載します。

ちなみに、債務者からの担保として資産を確保している場合には、その価額も併せて記載します。

なお、債務の保証額を当社が実際に負担する可能性が高い場合には、「債務保証損失引当金」を計上し、リスクの存在を決算書に反映させます。引当金（80ページ）とは、将来の費用や損失を前倒しで計上したものをいいます。たとえば、債務保証のリスクに備えて債務保証損失引当金を50万円計上した場合、仕訳は以下のようになります。

（借方）債務保証損失引当金繰入額
500,000円／
（貸方）債務保証損失引当金 500,000円

この仕訳により、貸借対照表の負債の部には「債務保証損失引当金」50万円と、損益計算書の特別損失には「債務保証損失引当金繰入額」50万円が表示されます。

17 在庫の計上と仕訳の仕方
決算を作るために必要な棚卸について理解する

● 棚卸資産とは

棚卸資産とは、事業に使うために保管してある物品で、在庫ともいいます。まだ売れていない商品をはじめ、製造途中の製品（仕掛）や、製品を作るための原材料、貯蔵品も棚卸資産に入ります。貯蔵品とは、販売に必要な物品で一時的に保管してあるものです。切手、収入印紙、事務用品、宣伝用の品などがあります。

税法では、棚卸資産の評価方法を「原価法」と「低価法」に大別し、さらに「原価法」を図（次ページ）のように6つに区分しています。

● 期末に残った商品の確認

会社は、1年が終わる期末に事業の成績をすべてまとめなければなりません。期末には、売上や利益を確定させます。

しかし、会社には、期末でも売れ残った商品があります。これら商品は翌期以降の売上に貢献することが予想されますが、期末時点では売上に貢献していないので、これらの仕入にかかった経費は売上原価に入れることはできません。

そこで棚卸という、売れ残った商品をすべてチェックし、期末に存在する

商品の取得原価を算出する必要があります。実際には、在庫管理の担当者が在庫を確認し、「商品在庫一覧表」という表にまとめます。この表には、売れ残った商品の商品名、前期の売れ残り数、1年間に新たに作られた数、1年間に売れた数、売れ残っている数、現在売れ残りの商品の原材料価格の合計を記載します。

棚卸をすると、その期の売上原価をはじき出すことができます。計算式は次の通りです。

売上原価＝前期末の棚卸資産に対する仕入高＋その期の仕入－その期末の棚卸資産に対する仕入高

この場合の棚卸資産は、あくまで、売れ残った商品及び仕掛品と、商品を作るための原材料費の未使用分を指していることに注意して下さい。事務用品の買い置きなどの貯蔵品は対象になっていません。

● 商品の仕訳

棚卸は、期末決算に向けての重要な作業ですが、経理は月次決算においても棚卸資産の仕訳をする必要があります。月ごとでも決算は決算だからです。その場合、勘定項目に用いるのは、期首商品棚卸高、期末商品棚卸高という

項目です。

　期首商品棚卸高とは、会社の年度の初め（３月決算であれば、４月１日）の棚卸資産の価格、期末商品棚卸資産とは、会社の年度の終わり（３月決算であれば３月31日）又は、月末の棚卸資産の価格をいいます。期末商品棚卸高は、各月末の棚卸残高を示すものとして毎月、使用します。

　たとえば、３月末の棚卸で、商品在庫が100万円、４月末の棚卸では、商品在庫は80万円、５月末の棚卸では60万円だったとします。その場合の仕訳は以下のようになります。

【４月】
（借方）期首商品棚卸高 1,000,000円／
　　　　（貸方）商品 1,000,000円
（借方）商品 800,000円／
　　　　（貸方）期末商品棚卸高 800,000円

【５月】
（借方）期末商品棚卸高 800,000円／
　　　　（貸方）商品 800,000円
（借方）商品 600,000円／
　　　　（貸方）期末商品棚卸高 600,000円

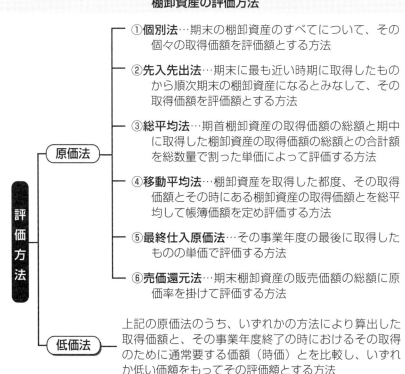

棚卸資産の評価方法

評価方法

原価法
- ①**個別法**…期末の棚卸資産のすべてについて、その個々の取得価額を評価額とする方法
- ②**先入先出法**…期末に最も近い時期に取得したものから順次期末の棚卸資産になるとみなして、その取得価額を評価額とする方法
- ③**総平均法**…期首棚卸資産の取得価額の総額と期中に取得した棚卸資産の取得価額の総額との合計額を総数量で割った単価によって評価する方法
- ④**移動平均法**…棚卸資産を取得した都度、その取得価額とその時にある棚卸資産の取得価額とを総平均して帳簿価額を定め評価する方法
- ⑤**最終仕入原価法**…その事業年度の最後に取得したものの単価で評価する方法
- ⑥**売価還元法**…期末棚卸資産の販売価額の総額に原価率を掛けて評価する方法

低価法
上記の原価法のうち、いずれかの方法により算出した取得価額と、その事業年度終了の時におけるその取得のために通常要する価額（時価）とを比較し、いずれか低い価額をもってその評価額とする方法

18 減価償却費の計上

固定資産の価値減少相当を費用化する

●固定資産とは

　固定資産とは、会社が長期にわたって所有し、事業を行うために使用するものです。経理上の固定資産とは、目に見える物だけではありません。

　固定資産は、有形固定資産、無形固定資産、投資その他の資産に分かれます。有形固定資産とは、事務所や工場などの建物、生産用の機械設備など、いわゆる「物」です。無形固定資産とは、「もの」ではありますが、ソフトウェアのように形のないものです。特許権や借地権などの経済的な権利も含まれます。そして、投資その他の資産は、投資した株式や債券などの有価証券の他、回収期間が長期にわたる貸付金などを指します。

●減価償却の対象

　減価償却とは、会社の持つ資産が、時間が経つにつれてその価値が減っていくという考え方です。たとえば機械設備は、使っているうちに古くなり、性能も落ちてきます。したがって、それに伴って機械設備そのものの価値も減っていくと考えます。100万円で買った機械設備は買った当初は100万円の価値がありますが、長い間使っていくうちに徐々に価値が減り、最後には、資産としての価値がなくなります。

　減価償却とは、このように時間の経過に伴う資産価値の目減り分を、資産の購入価格から引いていくことです。引いていく価格を減価償却費と呼びます。したがって、同じ固定資産でも、土地や返済期間が長期にわたる貸付金

減価償却とは

機械や建物などの価値は、使用又は期間の経過により減少する

取得価額を購入時に費用化するのではなく、耐用年数にわたって費用化する

会計期間Ⅰ	会計期間Ⅱ	会計期間Ⅲ	会計期間Ⅳ

減価償却

機械等の取得価額

といった、時間が経過しても価値が減らないものには適用されません。また、税務上は1年未満しか使えないものや、10万円未満の資産に関しても適用されません。短期の使用や価格の安い資産まで減価償却の対象にすると経理の手続きが煩雑になってしまうからです。

●減価償却の方法

　減価償却の仕方には、主に定額法と定率法の2つがあります。定額法は毎年一定の金額を費用計上する方法です。定率法は、毎年の資産の価値に一定の割合を掛けて費用を計上する方法です。費用計上を続けてその資産の価値がゼロになるまでの期間を耐用年数といいます。耐用年数は、税法などの国の法律で資産の種類によって具体的に細かく決められています。したがって、経理の実務では、法律に従って耐用年数を確認した上で、その期間中に定率法

か定額法で減価償却を行います。

　たとえば、100万円で購入した物の耐用年数が10年だった場合、定額法では、毎年、資産を購入したときの価格の10%、つまり、10万円ずつを減価償却します。

　定率法では、取得価額から前年までに償却した累計額を引いた残額に20%（平成24年4月1日以降取得の場合）を掛けた金額を減価償却費とします。

　減価償却費を算出する際に使う掛け率（上記の場合、定額法であれば10%、定率法であれば20%）も耐用年数ごとに法律で決まっていますので、計算の際には、確認する必要があります。

　決算では、損益計算書に減価償却費と貸借対照表に減価償却をした後の資産の価格を耐用年数が終わるまで記載していきます。この資産の価格を帳簿価格といいます。また、毎年の減価償却費を合計した金額を減価償却累計額

減価償却の方法

償却方法	償却限度額の算式	
定額法	取得価額 × 耐用年数に応じた定額法の償却率　※平成19年4月1日以降取得分	
定率法	（取得価額－既償却額）× 耐用年数に応じた定率法の償却率	
生産高比例法	$\dfrac{取得価額－残存価額}{耐用年数と採掘予定年数のうち短い方の期間内の採掘予定数量（見積総生産高）}$ ×	採堀数量（当期実際生産量）
リース期間定額法	リース資産の取得価額 ×	$\dfrac{当該事業年度のリース期間の月数}{リース期間の月数}$

といいます。

なお、税法上は平成10年4月1日以降に取得した建物、及び平成28年4月1日以降に取得した建物付属設備及び構築物については、定額法を適用することになっています。

● 少額の減価償却資産

取得価額が10万円未満の資産や、1年未満で消耗するような資産については、税務上少額減価償却資産として、事業に使った年度の費用として全額損金の額に算入させることができます。

● 一括償却資産

一括償却とは、取得価額が20万円未満の事業用資産をすべて合算して、償却期間36か月で損金に算入していくことをいいます。要するに、取得価額総額の3分の1ずつを毎年均等に費用化していくということです。一括償却の対象となる資産を一括償却資産といいます。一括償却は、青色申告書を提出していない場合にも適用できますが、後述の中小企業者の特例の少額減価償却を適用していないことが条件になります。

● 税務上の特別な償却方法

法人税法上では、会計の考え方に基づいた償却方法の他に、経済対策など政策上の理由から、通常よりも割り増した金額を特別に損金算入できる場合があります。

● 資本的支出と修繕費はどう違うのか

建物・車両運搬具・工具器具備品等は、使用していると故障や破損することがあります。これらの症状をなるべく少なくするためには、定期的な管理あるいは改良などが必要になってきます。

修繕費とは、今までと同様に使用するために支出する、修理・維持管理・原状回復費用等をいいます。

資本的支出とは、その資産の使用可能期間を延長させたり、又はその資産の価値を増加させたりするための支出をいいます。つまり、これは修理というより改良・改装等という言葉が合うものと考えて下さい。修繕費は、各事業年度において、その支出した全額を損金の額に算入します。

資本的支出は、その支出する日の属する事業年度の所得金額の計算上、損金の額に算入することはできません。ただし、その資本的支出の金額は、減価償却資産の減価償却費として損金経理をした場合には、その部分を通常の減価償却費と同様に損金の額に算入できます。

● 中小企業者の特例

中小企業者には、減価償却に関する特例が設けられています。取得価格が30万円未満の減価償却が必要な資産を令和4年3月31日までに取得した場合には、取得価額の全額を経費として扱うことができます。これを少額減価償

却資産といいます。ただし、経費扱いできる合計金額には上限があり、300万円までです（当期が1年未満の場合は「300万円×事業年度の月数／12」の金額となります）。

特例の対象となる中小企業者とは、青色申告書を提出する資本金1億円以下の法人で、資本金1億円超の大規模法人に発行済株式（自己株式を除く）の50％以上保有されていないなど、一定要件を満たす法人をいいます。

◉ 資本的支出と修繕費をどうやって区別するのか

税務上、その使用可能期間の延長分や資産の価値増加部分を判断することは困難な場合が多いため、次の判断基準が設けられています。

① **少額又は周期の短い費用の損金算入**

1つの修理、改良等が以下のどちらかに該当する場合には、その修理、改良等のために要した費用の額は、修繕費として損金経理をすることができます。

・1つの修理、改良等の費用で20万円に満たない場合

・その修理、改良等がおおむね3年以内の期間を周期として行われることが明らかである場合

② **形式基準による修繕費の判定**

1つの修理、改良等のために要した費用の額のうちに資本的支出か修繕費かが明らかでない金額がある場合において、その金額が次のどちらかに該当するときは、修繕費として損金経理をすることができます。

・その金額が60万円に満たない場合

・その金額がその修理、改良等に関する固定資産の前期末における取得価額のおおむね10％相当額以下である場合

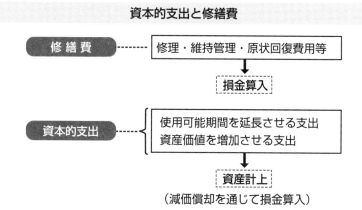

資本的支出と修繕費

| 修繕費 | ┄┄┄ | 修理・維持管理・原状回復費用等 |

↓

損金算入

| 資本的支出 | ┄┄┄ | 使用可能期間を延長させる支出
資産価値を増加させる支出 |

↓

資産計上

（減価償却を通じて損金算入）

19 減価償却費の仕訳の仕方

直接償却と間接償却がある

● 減価償却費仕訳の仕方

　減価償却費の仕訳には、直接償却と間接償却の２つの方法があります。

　直接償却とは、貸方に資産を記載して減価償却費を借方に記載する方法です。つまり、資産から、減価償却費を直接引くという形で仕訳を行う方法です。ある機械設備の減価償却費が10万円であれば、次のようになります。

（借方）減価償却費 100,000円／

　　　　（貸方）機械設備 100,000円

　間接償却とは、借方に減価償却費を記載するのは直接償却と同じですが、貸方には、減価償却累計額を記載する方法です。つまり、どの程度の金額を減価償却金額として計上してきたかを記載することによって、結果的に資産の価値がわかるという方法です。具体的には、以下のようになります。

（借方）減価償却費 100,000円／

　　　　（貸方）減価償却累計額 100,000円

　どちらを採用するかは会社の自由ですので、経理担当は、自分の会社がどちらを採用しているのかを確認した上で、経理処理を行う必要があります。

● 仕訳の具体例

　実務では、減価償却費は月割で見積りを行い、この見積りを基に１年の決算時に計上します。年間120万円の減価償却費であれば、これを12で割った10万円が毎月の減価償却費の見積り額です。直接償却を採用している会社の場合でも、毎月の見積りに関する仕訳については間接償却の方が仕訳をしやすいため、間接償却で行うのが普通です。したがって、一般的に仕訳は以下のようになります。

（借方）減価償却費 100,000円／

　　　　（貸方）減価償却累計額 100,000円

● 固定資産を売却するとき

　会社が固定資産を売却したときには、利益か損失が発生します。利益が出たか損失が発生したかの基準になるのは、帳簿価格です。帳簿価格よりも高く売れれば、高く売れた金額分だけ利益となり、帳簿価格よりも安くしか売れなかった場合には、帳簿価格との差額が損失になります。利益が発生した場合、その利益のことを固定資産売却益、損失が発生した場合、その損失のことを固定資産売却損といいます。

　一方、固定資産を売らずに捨ててしまった場合のことを除却といいます。除却した場合、少なくとも、利益が出ることはあり得ません。また、たとえその固定資産の価値がゼロであっても、

捨てるときには、そのための費用がかかります。そこで、会計では、捨てるための経費も含めて損失として計上することになっています。この損失を除却損といいます。

具体例で仕訳の方法を見ていきましょう。100万円で購入した機械設備の減価償却累計額が60万円であるときにこの設備を現金60万円で売却した場合、間接償却法による固定資産の売却の仕訳は以下のようになります。

（借方）　現金　　　　　　600,000円／
　　　　　減価償却累計額 600,000円

（貸方）機械装置　　　1,000,000円
　　　　固定資産売却益 200,000円

同じ機械設備を除却した場合には、以下のようになります。

（借方）　減価償却累計額 600,000円／
　　　　　固定資産除却損 400,000円
　　　　（貸方）機械装置 1,000,000円

資産の売却や除却によって発生した利益や損失を、それらが発生した理由や結果までわかるように書き込めばよいわけです。

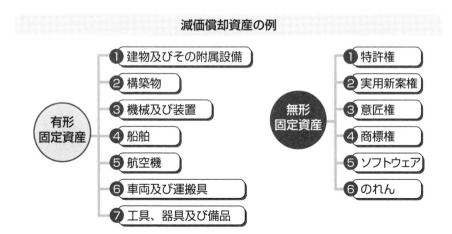

減価償却資産の例

固定資産の売却

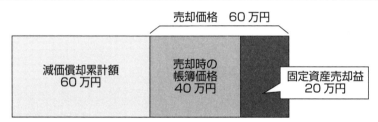

20 耐用年数

税務上の耐用年数は、固定資産の種類、用途、細目ごとに決められている

● 法定耐用年数とは

耐用年数とは、資産を事業で使用できる期間のことをいいます。減価償却計算を行う際の基礎となるものです。物理的な面、機能的な面などを考慮して定められます。

本来、固定資産は、同種のものであっても、操業度の大小、技術水準、修繕維持の程度、経営立地条件の相違などにより耐用年数も異なるはずです。しかし、そうした実質的な判断を認めると、会社の都合で勝手に耐用年数を決めることができるようになり、減価償却費の計上額にも恣意性が介入してしまいます。これでは、税の公平という観点から望ましくありません。

そこで、税法では、原則として個々の資産の置かれた特殊条件に関わりなく、固定資産の種類や用途などに応じて画一的に定めた耐用年数を適用することになっています。これを法定耐用年数といいます。これに基づけば、たとえば、木造で事務所用に用いられる建物の耐用年数は24年になります。税務上の法定耐用年数は、「減価償却資産の耐用年数等に関する省令」（一般に「耐用年数省令」といいます）で詳細に定められています。

ただし、稼働状況により、実際の使用期間が法定耐用年数より10％以上短くなる場合には、納税地の所轄国税局長の承認を受けて、耐用年数を短縮することが認められています。

● 中古資産の耐用年数はどうやって計算するのか

中古資産を取得して事業に使った場合、その資産の耐用年数は、法定耐用年数ではなく、その事業に使った時以後の使用可能期間として見積もることのできる年数にします。また、使用可能期間の見積りが困難であるときは、以下で述べる簡便法により算定した年数を耐用年数にすることができます。その際、中古資産を取得した時点で、その中古資産が法定耐用年数を全部経過しているかどうかにより計算方法が異なります。

① **法定耐用年数の全部を経過した資産**

その法定耐用年数の20％に相当する年数を耐用年数とします。

② **法定耐用年数の一部を経過した資産**

その法定耐用年数から経過した年数を差し引いた年数に経過年数の20％に相当する年数を加えた年数を耐用年数とします。

なお、これらの計算により算出した年数に1年未満の端数があるときは、

その端数を切り捨て、その年数が２年に満たない場合には２年とします。

また、その中古資産の再取得価額の100分の50に相当する金額を超える改良を行った場合など、一定の場合には耐用年数の見積りをすることはできず、法定耐用年数を適用することになります。再取得価額とは、中古資産と同じ新品のものを取得する場合の価額をいいます。

●会計上の耐用年数

会計上の原則は、あくまで企業がその使用する固定資産の耐用年数を見積もって減価償却を行うことになっています。ここでいう耐用年数とは、減価償却の対象となる固定資産の物理的要因、機能的要因、経済的要因などを考慮して、企業が合理的な予測に基づいて使用される年数をいいます。物理的要因とは、時の経過に伴う自然的な劣化を考慮します。たとえば、建物であれば取得してから時が経てば徐々に古くなり劣化します。機能的要因と

は、技術革新などによって資産が機能的に劣化することを考慮します。たとえば、技術の進歩によりソフトウェアがバージョンアップされたことにより、初期のバージョンの使用価値がなくなる場合などです。経済的要因とは、資産を使用し続けるための費用（修理費用・維持費用）が年数が重ねるたびに多額になってしまうような金銭面による劣化を考慮します。たとえば、機械の修理費用よりも代替的な新しい機械を買った方が割安になる場合などです。このように耐用年数は、毎年計上する減価償却着に影響を及ほすために、このような要因を考慮した上で、決定する必要があります。

しかし、実務上は個々の資産の耐用年数を見積もることは困難と思われるため、会計上においても、企業の状況に照らし、経済的実態等を踏まえて不合理と認められる事情のない限り、税法上の耐用年数を使用することが認められています。

耐用年数とは

法定耐用年数 → 固定資産の種類・用途・細目ごとに画一的に定めた耐用年数

↓

（課税の公平化の観点から恣意性を排除するもの）

税務上の法定耐用年数は「耐用年数省令」で詳細に定めている

21 未払金の計上と仕訳の仕方
請求書の確認を行いながら計算する

●売上を締めるのはなぜか

　会社の活動成績である決算書を作成するには、まず、売上を確定しなければなりません。売上が確定できてはじめて、それに対応する経費が算出でき、最終的な利益を計算できるからです。

　売上を締めると、それに対応する経費の算出です。経費の算出では、商品在庫一覧表（94ページ）を基に、期の初め（期首）と期の終わり（期末）の在庫に関する情報を計算した帳簿棚卸表を作成し、売上原価を算出します。また、販売費及び一般管理費（184ページ）もルールに従い計算します。

●未払金には注意する

　この際、締め日までの間に物やサービスを購入してまだ支払いをしていないお金（未払金）の集計も忘れないようにしましょう。請求書を確認すると共に、請求書がまだ届いていないことがないか、といったこともしっかり確認しながら作業を行います。すでに物品の受け渡しやサービスの提供を終えており、相手先から代金を請求されているが、まだ支払われていないものや請求書が未達であっても債務が確定しているものについては「未払金」として処理します。

●未払金と経過勘定の違い

　「未払金」と名称が似ている「未払費用」という勘定科目がありますが、性質が異なりますので注意が必要です。「未払費用」とは、正しい利益を計算するために費用を見越し計上するものです。たとえば今期に借入を行い、それに対する利息を翌期に一括で年払いする場合、今期末までに経過した日数分あるいは月数分の支払利息を計算し、未払費用として計上します。このような勘定科目を経過勘定と呼びます。経過勘定には未払費用の他、前払費用や前受収益、未収収益があります。未払金は経過勘定ではありません。

●未払金の仕訳について

　未払金を計上したときの仕訳について、見ていきましょう。たとえば3月に購入した事務用品の未払分3,000円を計上する場合、以下のようになります。
（借方）事務用品費 3,000円／
　　　　　（貸方）未払金 3,000円
　この仕訳によって、損益計算書の費用項目である「事務用品費」と、貸借対照表の負債項目である「未払金」が、共に増加することになります。

第 4 章

法人税・消費税など
知っておきたい
税務の知識

1 法人税①

法人にかかる税金である

● どのような税金なのか

　法人税とは、株式会社などの法人が、事業年度（通常は1年間）中に稼いだ利益（所得）に対して課税される国税です。つまり、法人の利益（所得）を基準として法人に課される税金であり、広い意味での所得税の一種です。

　個人の所得に対して課される税金を所得税というのに対し、法人の利益（所得）に対して課される税金を法人税というわけです。

● 法人にもいろいろある

　法人とは、法律で人格を与えられた存在です。法律が定める範囲内で1人の人間のように扱われ、会社名で契約をしたり、預金や借入ができるように、権利・義務の主体となることができます。

　法人税法上の法人は、内国法人（日本に本店等がある法人）と外国法人（外国に本店等がある法人）に大きく分けられます。内国法人は、公共法人、公益法人等、協同組合等、人格のない社団等、普通法人の5つに分類されます。外国法人は、普通法人、人格のない社団等の2つに分類されます。株式会社や合同会社は普通法人に分類されます。

　内国法人における、法人税法上の各種法人について説明しておきましょう。

① 公共法人

　法人税法別表第一第1号に掲げる法人のことです。地方公共団体、日本放送協会などが該当します。

② 公益法人等

　法人税法別表第二第1号に掲げる法人のことです。宗教法人、学校法人などが該当します。

③ 協同組合等

　法人税法別表第三に掲げる法人のことです。農業協同組合、信用金庫などが該当します。

④ 人格のない社団等

　法人でない社団又は財団で代表者又は管理人の定めがあるもののことです。PTA、同窓会などが該当します。

⑤ 普通法人

　上記①から④以外の法人のことです。株式会社、医療法人などが該当します。

● 利益も所得も内容的には同じ

　法人税は、株式会社など会社の「利益」にかかる税金です。法人の利益とは、個人でいう所得税法上の「所得」にあたります。「利益」は収益から費用を差し引いて求めます。正しくは、この「利益」に一定の調整を加えて、法人税の課税対象となる「所得」を求め、この「所得」に法人税が課税され

ることになっています。詳細については後述することとし（108 〜 113ページ参照）、ここでは、法人税は「利益」に対して課税されるということにしておきます。したがって、欠損会社（赤字会社）には法人税はかかりません。

法人住民税については、法人税を課税のベースにする税割というものがあります。欠損会社の場合、この税割は課税されませんが、均等割（174ページ）と言われる定額部分が課税されます。これは、社会への参加費用のようなものです。定額部分は、資本金と従業員数によって金額が違います。東京都の場合、資本金1,000万円以下で従業員が50人以下の法人の定額部分は年間７万円となっています。

また、事業税の場合も、欠損会社であれば資本金１億円以下の法人で法人の所得を課税標準とする法人は、同様に課税されません。

なお、法人はその種類によって、ⓐ納税義務の有無、ⓑ課税対象となる所得の範囲、ⓒ課税時の税率が異なります。内国法人・外国法人に共通する内容でくくると、以下のようになります（下図）。

①　公共法人の場合は、納税義務がありません。

②　公益法人等の場合は、所得のうち収益事業からなる所得に対してのみ法人税がかかります。さらに、低税率での課税となります。

③　協同組合等は、すべての所得に対して協同組合等に適用される税率で法人税がかかります。

④　人格のない社団等は、所得のうち収益事業からなる所得に対してのみ法人税がかかります。

⑤　普通法人の場合は、すべての所得に対して普通税率での課税となります。

法人税法上の法人

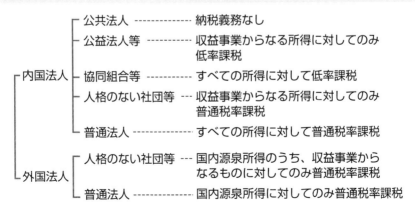

内国法人
- 公共法人 ------------- 納税義務なし
- 公益法人等 ---------- 収益事業からなる所得に対してのみ低率課税
- 協同組合等 ---------- すべての所得に対して低率課税
- 人格のない社団等 --- 収益事業からなる所得に対してのみ普通税率課税
- 普通法人 ------------- すべての所得に対して普通税率課税

外国法人
- 人格のない社団等 --- 国内源泉所得のうち、収益事業からなるものに対してのみ普通税率課税
- 普通法人 ------------- 国内源泉所得に対してのみ普通税率課税

2 法人税②

所得税とは対象期間や課税方法、税率などの違いがある

●会社が申告書を提出して納める

　法人税は、納税義務者である法人が自ら計算を行い、申告と納税を行います。法人は、株式会社の場合、企業会計原則等に基づいて決算を行い、貸借対照表や損益計算書などの決算書を作成して、株主総会等において承認を受けます。この損益計算書に記載されている当期利益を基に、法人税の課税対象となる利益（所得金額）と法人税額を計算して、法人税の申告書等を作成します。法人税の申告書の提出期限は、事業年度終了の日の翌日が2か月以内です。納税も事業年度終了の日の翌日から2か月以内に行います。

●法人税は会社の「利益」にかかる

　所得税と法人税の違いについて、比較してみましょう。

① 納税義務者

　所得税は個人、法人税は法人が納税義務者です。法人は、個人と同様、法律によって法人格を与えられ、社会的に「人格」をもつ存在です。1人の人間のように扱われ、会社名で契約をしたり、預金や借入ができるように、法律が定めた範囲内で権利・義務の主体となることができるものです。むしろ、取引額は個人より法人の方がはるかに大きいのですから、税金も通常は多く課されます。また、法人を取り巻く利害関係者は、一般消費者や投資家にとどまらず、社会全体であるともいえます。社会全体にその大小はあれど、法人には社会的責任があります。法人が得た利益から一定の税金を徴収し、徴収した税金で国や地域の社会生活に還元するという一連を経て、法人は社会的責任を果たす、という意味もあります。

② 課税の基準となるもの

　所得税が個人の所得に対してかかるのに対し、法人税は、会社の「利益」にかかります。法人の利益とは、個人でいう「所得」にあたります。「利益」

申告期限

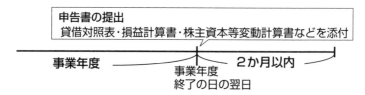

申告書の提出
貸借対照表・損益計算書・株主資本等変動計算書などを添付

事業年度 ──── 事業年度
終了の日の翌日 ──── 2か月以内

は収益マイナス費用、「所得」も収入金額マイナス必要経費なので、「利益」も「所得」も、内容的には同じです。

なお、法人税の場合、正しくは、会社の「利益」に一定の調整をした額（法人の「課税所得」といいます）に対して法人税が課税されます。

③ 税額計算の対象期間

所得税の計算の対象期間は１暦年です。１月１日から12月31日までの間に稼いだ所得に対して所得税が課され、翌年の２月16日から３月15日までの間に確定申告をしなければなりません。これに対し、法人税は、会社法の規定により定款で定めた１年以下の期間、つまり事業年度が計算の対象期間になります。この事業年度の利益を基に計算された課税所得に対して法人税が課され、事業年度終了の日の翌日から２か月以内に確定申告書を提出することになります。

④ 課税方法と税率

所得税の所得は10種類に分類され、その種類ごとに所得の計算方法が異なっています。所得の性格を考慮して、総合課税、源泉分離課税、申告分離課税というように課税方法が決まっています。また、個人の事情を考慮して、雑損控除、医療費控除、扶養控除などの所得控除が設けられていて、最終的には課税所得金額に税率を掛けて所得税を算出します。この税率は、所得が多くなれば税率が高くなる「超過累進税率」になっています。

これに対して、法人税では、法人の事業活動から生じた利益をひとまとめにして課税します。

また、所得税に個人的事情を考慮した所得控除があるように、法人税も様々な税額控除の制度があります。所得から計算された税金から直接、税額控除として差し引くことができます。

税率も一定税率となっていて、この法人税の税率は、法人の種類や資本金の規模によって決まっています。

法人税と所得税の違い

法人税 ……… **法人の所得に対して課税される税金**
- ・計算対象期間は事業年度の期間
- ・一定税率
- ・申告期限は事業年度終了の日の翌日から２か月以内

所得税 ……… **個人の所得に対して課税される税金**
- ・計算対象期間は一暦年（1/1〜12/31）の期間
- ・超過累進税率
- ・申告期限は翌年の２月16日から３月15日

3 税務会計と企業会計

税務会計と企業会計は同じではない

●会計とは

　会社の取引を決められた方式で計算し、決められた形にまとめることを会計といいます。法人税を計算し、申告書の基になる数字をまとめるのも会計です。

　税務会計（法人税計算のための会計）では、益金、損金、所得という言葉を使います。イメージ的には、益金とは、会社の事業を進めていく中で懐に入ったお金です。

　損金とは、逆に出て行ってしまったお金です。所得とは、懐に入ってきたお金から出て行ったお金を引いた残り、つまり利益のことです。

　ただ、このような理解は、あくまで、イメージ的にわかりやすいだけであって、実は、会計上は正確とはいえません。

　益金の額とは、基本的には企業会計における収益の額（売上高、受取利息など）ですが、この収益の額に法人税法の目的に応じた一定の調整を加えた金額となります。損金の額とは、基本的には企業会計における原価、費用、損失の額（売上原価、給与、支払利息など）ですが、この費用の額に法人税法の目的に応じた一定の調整を加えた金額となります。そして、所得とは「基本的に企業会計上の利益の額と考え方は同じで、上記の益金の額から損金の額を控除した金額」となるのです。

●税務会計と企業会計

　法人税とは、株式会社などの法人が事業年度（通常は1年間）において稼いだ利益（所得）に対して課税される国税です。

　企業に関係する会計には、法人税算出のための税務会計の他に、企業会計というものがあります。そして、同じ「会計」という言葉を使っていても、2つの会計の中身は違います。

　企業会計は、会社の実際の姿をできる限り正確に表わすことを目的としています。それに対し、税務会計は、公平な課税を誰もが納得できる形で算出するのが目的になっています。そもそも、会計の目的が違うのです。したがって、会計のルールも税務会計と企業会計とでは違います。

　たとえば、交際費等は、会計上は全額が費用ですが、法人税の計算上では、一定額までしか費用（税法では損金という）として認められていません。そのため、会計上の利益に交際費等の金額を足したものが法人税の課税所得になりますので、課税所得の方が会計上の利益より多くなります。これは、

「税金を納めるぐらいなら」と交際費をムダに使った会社と、接待等を必要最低限にした会社の利益が同じだったとして、同じようにそのまま課税すると不公平になってしまうからです。つまり課税の公平が保てないことになってしまい、また、結果として税収が少なくなってしまうことを考慮したものだといえます。

●利益から算出する課税所得

先ほど、益金、損金、所得の説明で出てきた収益、費用、利益とは、企業会計で使う言葉です。企業会計では、企業が営業活動をして得たお金（これを企業会計では、「資本取引を除いた企業活動によって得たお金」といいます）を収益、そのお金を得るために使ったお金を費用、収益から費用を引いたお金を利益と呼びます。

一方、法人税法では、その法人の「各事業年度の所得の金額は、その事業年度の益金の額からその事業年度の損金の額を控除した金額とする」と明記されており、原則としてそれぞれの事業年度ごとに、「益金の額」から「損金の額」を控除した金額に税金を課すことにしています。「控除（引き算）した金額」を課税所得といいます。

具体的には、損益計算書に記載されている当期利益に一定の調整（税務調整）を加えて、法人税の申告書の別表四という表を使って課税所得の金額を計算します。

結局、益金、損金、所得とは、企業会計上の収益、費用、利益に法人税法上の特別ルールで修正を加えて算出したものだということになります。

企業会計上の利益と課税所得

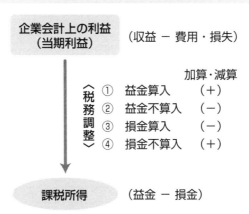

企業会計上の利益（当期利益）　（収益 － 費用・損失）

〈税務調整〉　加算・減算
① 益金算入　（＋）
② 益金不算入　（－）
③ 損金算入　（－）
④ 損金不算入　（＋）

課税所得　（益金 － 損金）

4 税務調整

適切な税額算出のための調整のこと

税務調整とは

企業会計は、会社の実態を数値を使ってできる限り正確に表わすのが目的です。

したがって、企業会計のルールも会社の実態をできる限り正確に表わすために策定されています。また、株主や投資家、債権者などの利害関係者が会社の実態を評価するために必要とするデータについては、企業会計による基準で作成するのが基本中の基本です。

会社の実態を正確に知りたいという場合は、企業会計のルールで作成する損益計算書（会社が1年間の事業活動で得たお金と支払ったお金のデータ）や貸借対照表（会社の財産をまとめたデータ）を参照しなければなりません。

一方、税務会計は、会社の実態を知る必要があることはもちろんですが、税金を算出するために、「税収の確保」と「税の公平性」という観点も加味しなければなりません。たとえば、外国での課税に関する二重課税を防止するための調整や、社会通念上あるいは政策的な理由から課税になじまない支出や収入について調整を行うことになります。

つまり、税務会計とは、企業会計で算出した収益、費用、利益に「税収の確保」と「税の公平性」という面からの修正を加えることなのです。ちなみに、この修正を加えることを税務調整と呼びます。

決算調整と申告調整がある

税務調整には、決算の際に調整する「決算調整」と、申告書の上で加減して調整する「申告調整」とがあります。

法人税法では、その法人の「各事業年度の所得の金額は、その事業年度の

所得計算のイメージ

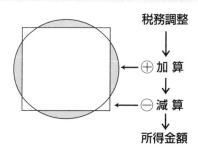

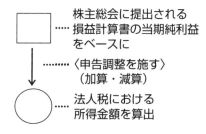

112

益金の額からその事業年度の損金の額を控除した金額とする」と規定していますので、法人税の所得は、ゼロから「益金」と「損金」を集計するのではなく、企業会計上の確定した決算に基づく「利益」をもととし、「申告調整」を行って求めることになります。

●税務調整の方法

企業会計上の利益から法人税法上の所得を導き出す税務調整には、

次の4種類があります。

① 益金算入

企業会計上の収益として計上されないが、法人税法上は益金として計上することをいいます。

（例）会社更生計画に基づく評価換えに伴う評価益

② 益金不算入

企業会計上の収益として計上されるが、法人税法上は益金として計上しないことをいいます。

（例）受取配当金の益金不算入額

③ 損金算入

企業会計上の費用として計上されないが、法人税法上は損金として計上することをいいます。

（例）繰越欠損金の損金算入額

④ 損金不算入

企業会計上の費用として計上されるが、法人税法上は損金として計上しないことをいいます。

（例）交際費等の損金不算入額

つまり、企業会計上の「利益」に、企業会計上の「収益・費用」と法人税法上の「益金・損金」の範囲の違うところを「申告調整」によってプラス・マイナスして、法人税法上の「所得」を算出するわけです。結果として、以下のようになります。

法人税法上の所得＝企業会計上の利益＋益金算入額、損金不算入額－益金不算入額、損金算入額

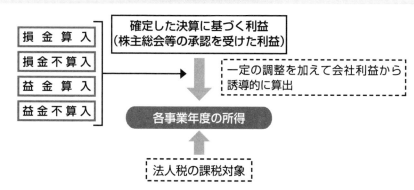

法人税の課税対象

損金算入
損金不算入
益金算入
益金不算入

確定した決算に基づく利益
（株主総会等の承認を受けた利益）

一定の調整を加えて会社利益から誘導的に算出

各事業年度の所得

法人税の課税対象

5 益金

「益金」は原則として企業会計の「収益」と一致する

●益金とは

法人税法における「益金の額」は、原則として、「一般に公正妥当と認められる会計処理の基準」に従って計算されます。

つまり、益金の額とは、基本的には企業会計における収益の額（売上高、受取利息など）ですが、この収益の額に法人税法の目的に応じた一定の調整を加えた金額となります。

法人税法では、益金の額を次のように規定しています。

① 資産の販売による収益の額

商品や製品の販売による収益のことで、損益計算書では売上高に該当します。

② 有償又は無償による資産の譲渡による収益の額

固定資産（土地、建物、機械など）や有価証券の譲渡による収益のことです。損益計算書では、営業外収益や特別利益にこれらが含まれています。

③ 有償又は無償による役務の提供による収益の額

請負（建設業やソフトウェア制作作業など）、金銭や不動産の貸付による収益のことです。損益計算書では、売上高、営業外収益に含まれます。

④ 無償による資産の譲受けによる収益の額

資産を無償で取得した（たとえば小売業者がメーカーの負担で陳列販売コーナーを設置してもらう）場合の収益のことです。

なお、債務免除も、経済的価値が流入することから、この類型に含まれます。

⑤ その他の取引で資本等取引以外のものによる収益の額

①から④以外の取引から生じる収益のことです。資本等取引とは、株主からの出資によって会社の資本金や資本準備金を増加させる取引などのことをいいますが、この資本等取引は、益金とは無関係です。

無償による資産の譲渡や役務の提供を益金とするのは、法人税法独特の考え方です。常識的には益金と考えられませんが、いったん資産を譲渡し、その譲渡代金を相手に手渡したと考えます。つまり、いったん収益が実現してすぐさま費用あるいは損失が発生したと考えるわけです。

法人税法にこのようなルールがある理由は、益金と損金の性格を別々に考えなければならない点にあります。

たとえば、会社がその土地を役員に贈与した場合、正当な代金を収受したものとしてその代金を役員に賞与（損金）として支給したと考えます。この

考え方により、実際に売却しその代金を賞与として支給した場合との、課税の公平性を保つことができるわけです。

●益金の範囲はどこまでか

益金の額に算入すべき金額は、「別段の定め」があるものを除き、資本等取引以外の損益取引（損益に関係する取引）から生ずる収益が益金の額になります。つまり法人税法上の益金は、「別段の定め」を除けば、企業会計上の収益と何ら変わりがないということです。会社で確定した決算の数字を基礎に、「別段の定め」として諸政策等に基づく独自の調整を行い、「所得金額」を計算するしくみになっています。益金の額を計算する上での「別段の定め」には、「益金算入」と「益金不算入」があります。

「益金算入」とは、企業会計上の収益として計上されていないが、法人税法上益金として計上する項目です。会社更生計画に基づいて行う評価換えに伴う評価益などがあります。

一方、「益金不算入」とは、企業会計上の収益として計上しているが、法人税法上益金として計上しない項目です。たとえば、受取配当等の益金不算入、還付金等の益金不算入などがあります。

受取配当等の益金不算入は、配当の支払法人と受取法人の二重課税を避けるために設けられています。法人が支払う配当金については、支払法人側ですでに法人税が課税されており、配当を受け取った法人側で益金に算入すると、重複して課税されることになってしまうからです。

還付金の益金不算入は、還付された税金は益金に算入されないという意味です。法人税・住民税の本税等は損金不算入ですので、反対に還付された場合も同じ扱いにする必要があるからです。

益金の範囲

資産の販売による収益の額

有償又は無償による資産の譲渡による収益の額

有償又は無償による役務の提供による収益の額

無償による資産の譲受けによる収益の額

その他の取引で資本等取引以外のものによる収益の額

＋

別段の定め（益金算入、益金不算入）

6 損金

「損金」は原則として企業会計の「費用」と一致する

●損金とは

法人税法における「損金の額」は、原則として、「一般に公正妥当と認められる会計処理の基準」に従って計算されます。

つまり、損金の額とは、基本的には企業会計における原価、費用、損失の額（売上原価、給与、支払利息など）ですが、この費用の額に法人税法の目的に応じた一定の調整を加えた金額となります。

●損金の範囲はどこまでか

法人税法では、損金の額に算入すべき金額は、「別段の定め」があるものを除き、次に掲げる金額とすると規定しています。

① その事業年度の売上原価、完成工事原価等の原価の額

② その事業年度の販売費、一般管理費その他の費用の額（償却費以外の費用でその事業年度終了の日までに債務の確定しないものを除く）

③ その事業年度の損失の額で資本等取引以外の取引に関するもの

①は企業会計上の売上原価その他の原価の額、②は企業会計上の販売費及び一般管理費、営業外費用、③は企業会計上の臨時的に発生した特別損失のことです。つまり、法人税法上の損金は、「別段の定め」を除けば、企業会計上の費用や損失と何ら変わりがありません。③における資本等取引とは、簡単にいえば会社の行う減資や利益の配当に関する取引を指します。これらは、損益取引に含めるものではありませんので、除外しているのです。

また、法人税法においては、費用を計上する際には、償却費以外の費用は債務の確定しているものに限定しています。債務の確定とは次の要件のすべてに該当することをいいます。

・期末までにその費用に対する債務が成立していること

・期末までにその債務に基づく具体的な給付をすべき原因となる事実が発生していること

・期末までに金額を合理的に算定できること

企業会計においては発生主義や保守主義の原則（予想される費用は早期に計上する）などから、費用の見越計上や引当金の計上を積極的に行わなければなりません。

一方、法人税法が債務確定基準を採用しているのは、課税の公平を図るためです。

116

● 「別段の定め」について

　法人税法は、会社の確定した決算を基礎に、課税の公平や諸政策等に基づく独自の調整項目による調整を行って、「所得金額」を計算するしくみをとっています。税法では、この調整項目を「別段の定め」として規定しています。損金の額を計算する上での調整項目は、「損金算入」と「損金不算入」です。申告調整の際、損金算入は利益から「減算」、損金不算入は利益に「加算」して、所得金額を計算します。

　損金算入とは、企業会計上の費用として計上されていないが、法人税法上損金として計上する項目です。具体的には、この項目には、①国庫補助金等で取得した固定資産等の圧縮額、②災害により生じた損失に関する欠損金額、③収用換地処分等の特別控除、④繰越欠損金などがあります。

　一方、損金不算入とは、企業会計上の費用として計上しているが、法人税法上損金として計上しない項目です。この項目には、①減価償却資産及び繰延資産の償却超過額、②資産の評価損（一定の場合を除く）、③寄附金及び交際費等の損金不算入額、④法人税、住民税、罰金等、⑤各種引当金の繰入、⑥役員給与、役員退職金の過大支払分などがあります。

　たとえば③の寄附金及び交際費等の損金不算入ですが、企業がその事業を営む際に、交際費や寄附金を支出することはほとんど不可避と考えられます。したがって、企業会計上、交際費や寄附金の支出が費用となることについては特に問題はありません。

　これに対して、法人税法では、交際費及び寄附金については、本来損金算入すべきでないと考え、その全部又は一部が損金不算入となる制度が設けられています。また、このような支出に歯止めをかけることによって、税収を確保することも大きな目的です。

法人の損金

法人の損金とは

販売費、一般管理費その他の費用の額
（償却費以外の費用で、事業年度末日までに債務の確定していないものを除く）

損失の額で資本等取引以外の取引によるもの

収益に対応する売上原価、完成工事原価などの原価の額

7 法人税の課税対象と税率

法人税は各事業年度の所得に対して課税される

●法人税の課税対象は３つある

法人税の課税対象は、「各事業年度の所得に対する法人税」「各連結事業年度の連結所得に対する法人税」「退職年金等積立金に対する法人税」の３つに分類されます。

「各事業年度の所得に対する法人税」は、１事業年度において儲けた所得（利益）に対して課税されます。

「各連結事業年度の連結所得に対する法人税」は、連結納税制度適用法人（親会社）が、100％子会社などの完全支配関係にある企業グループを統合した、１連結事業年度の連結所得に対して課税されます。なお、令和４年４月１日以降開始する事業年度より新たにグループ通算制度が導入され、連結納税制度は廃止されます。グループ通算制度とは、企業グループの親会社や100％子会社などの各法人が個別に法人税額の計算及び申告を行い、その中で、損益通算等の一定の調整を行うことで、企業グループの法人税を計算していく制度です。

「退職年金等積立金に対する法人税」とは、保険会社などが企業などから集めた退職年金等積立金に対して課税される法人税です。

●法人税の税率

各事業年度の所得に対する法人税は、その事業年度の法人の課税所得（利益）に税率を掛けて求めます。この税率は、下図のように、法人の種類と

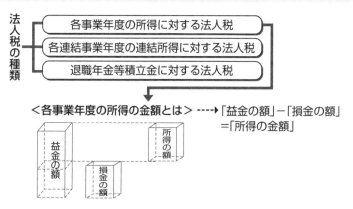

法人税と各事業年数の所得の金額

法人税の種類
- 各事業年度の所得に対する法人税
- 各連結事業年度の連結所得に対する法人税
- 退職年金等積立金に対する法人税

＜各事業年度の所得の金額とは＞ ・・・・▶「益金の額」－「損金の額」
＝「所得の金額」

益金の額　損金の額　所得の額

資本金の規模及び所得金額により決められています。たとえば普通法人の場合、税率は一律23.2％（地方法人税を含め25.59％）です。ただし、期末資本金が１億円以下で、資本金５億円以上の大法人に完全支配されていない中小法人等の場合は、特例として一部に軽減税率が適用されます。また、人格のない社団等及び公益法人などについては、各事業年度の所得のうち、収益事業から生じたものに対してのみ課税されます。

中小法人等の軽減税率は、令和５年３月31日までに開始する事業年度について適用されます。

●留保金課税について

同族会社が一定の限度額を超えて各事業年度の所得を留保した場合には、その超える金額に応じた特別税率による法人税が課税されます。これは同族会社の役員への賞与や配当を控えることで、意図的に会社に利益を貯めて置き、役員個人にかかる所得税や住民税などの課税を免れる行為を防ぐための措置です。ただし、期末資本金額１億円以下で、資本金５億円以上の大法人に完全支配されていないなどの中小法人等については、適用対象から除外されています。

●使途秘匿金について

交際費、機密費、接待費等の名義をもって支出した金銭で、その費途が明らかでないものについては、使途秘匿金として課税されることもあります。使途秘匿金には40％の特別税率による法人税が課税されます。

法人税の本則税率

法人の種類	所 得 金 額 の 区 分		税　率	
			原　則	中小法人等の特例 (注)
普通法人	中小法人	年800万円以下の金額	19%	15%
		年800万円超の金額	23.2%	23.2%
	大法人	所 得 金 額	23.2%	―
協同組合等		年800万円以下の金額	19%	15%
		年800万円超の金額	19%	19%
		特定の協同組合等の年10億円超の金額	22%	22%
公益法人等		年800万円以下の金額	19%	15%
		年800万円超の金額	19%	19%
特定の医療法人		年800万円以下の金額	19%	15%
		年800万円超の金額	19%	19%
人格のない社団等		年800万円以下の金額	19%	15%
		年800万円超の金額	23.2%	23.2%

(注) 中小法人等の税率の特例は令和５年３月31日までに開始する事業年度。

8 税額控除

所得税額控除や政策目的に基づく税額控除などがある

●税額控除とは

　納付すべき法人税を計算する際に、法人税の課税所得金額に税率を掛けた法人税額から直接控除するものを税額控除といいます。税額控除は、二重課税の排除のために法人税法で定められている所得税額控除や外国税額控除、そして特定の政策推進などの目的で設けられている租税特別措置法に基づく税額控除があります。

●所得税額控除

　法人が支払いを受ける利子等や配当等について、所得税法の規定により源泉徴収された所得税額は、法人税の前払いとして、法人税額から控除することができます。これを所得税額控除といいます。

　株式出資、一定の投資信託などを元本とする場合、元本の所有期間に応じて利子や分配金が決まるため、所得税額は全額控除対象とはなりません。元本を所有していた期間に対応する部分の金額を控除することができます。期間に対応する部分の所得税等の額の計算方法には、元本の銘柄ごと、所有期間の月数ごとに計算する原則的な方法と、元本の種類に応じてグルーピングを行い、計算期間が1年を超えるもの

と1年以下のもとに区分して計算する簡便法があります。これらの方法は、事業年度ごとにいずれかを選択することができます。

●外国税額控除

　日本の法人税法は、内国法人（国内に本店又は主たる事務所をもつ法人）については、その所得の生じた場所が国内であるか国外であるかを問わず、すべての所得の合計額に課税することとしています。

　一方、その所得が生じた場所が国外である場合には、外国でも課税を受けているのが一般的です。そのため、所得の生じた場所が国外である所得については、日本と外国の双方で課税されますので、国際的な二重課税という問題が生じます。このような二重課税を排除する目的で、外国税額控除という制度が設けられています。

　控除できる外国税額には、限度額が設けられています。負担した外国税額のうち、この控除限度額までを、納付すべき法人税から控除できるわけです。

　なお、税率が一定水準を超えて高率である場合は、その水準を超えている部分については、外国税額控除の対象から除外されます。税率が35％を超え

ていれば、高率であると判定されます。

控除限度額は、控除前の法人税額を基礎に計算します。まず当期の所得金額のうち国外所得金額の占める割合を算出し、この割合を法人税額に掛けたものが控除限度額です。国外所得金額は、①国外源泉所得に対する所得金額と②当期の所得金額の90％のうち少ない方となります。

当期の法人税額から控除することができる外国法人税額は、控除限度額と控除対象外国法人税額のうち少ない方となります。なお、控除対象外国法人税額とは、①納付する外国法人税と②その外国法人税の課税標準額の50％のうち少ない方です。

●租税特別措置法による税額控除

この他、その時々の投資や雇用の促進など政策目的のため、租税特別措置法で臨時的に税額控除を設けることがあります。税額控除は、直接納めるべき法人税額から控除できる非常に有利な制度です。該当する制度があるかど

うか、確認しておくことが大切です。

税額控除の具体例を挙げてみますと、中小企業投資促進税制という制度があります。これは、資本金1億円以下の中小企業が、一定の生産性を向上させる設備を購入した場合、税額控除又は特別償却（次ページ）のいずれかを選択適用できます。この他、以下のような税額控除の制度があります。

・試験研究費の特別控除
・中小企業経営強化税制
・地方活力向上地域等において雇用者の数が増加した場合の特別控除
・経営改善設備の特別控除
・復興産業集積区域等において機械等を取得した場合の税額控除など
・国家戦略特別区域において機械等を取得した場合の特別控除
・沖縄の特定地域において工業用機械等を取得した場合の法人税額の特別控除

税額控除の種類

二重課税を排除する目的から設けられているもの	産業育成促進等特定の政策目的から設けられているもの
・所得税額控除 ・外国税額控除	・雇用促進税制 ・中小企業投資促進税制 ・研究開発税制　など

9 特別償却・特別控除

多くの特別償却・割増償却の適用が認められている

●特別償却・割増償却とは何か

特別償却とは、特定の機械や設備を購入し利用した場合に、税法で認められた通常の償却額に加えて、取得価額に一定割合を乗じて算出した金額を上乗せして償却ができることをいいます。また、特定の機械や設備については、一定の要件が定められています。

一方、割増償却とは、税法で認められた通常の方法による償却に加えて、通常の償却額に一定割合を乗じて算出した金額を上乗せして償却ができることをいいます。

ただ、特別償却も割増償却もその時々の経済情勢によって適用を受けられる企業や業種、機械・設備の要件が変わりますので、恒久措置ではありません。特別償却及び割増償却の適用の対象となる法人は、サービス付き高齢者向け優良賃貸住宅の割増償却以外は、すべて青色申告法人であることが要件です。

特別償却、割増償却は、初年度に普通償却と別枠で減価償却が行えるので、初年度の税負担は軽減できます。しかし、その後の減価償却費は、先取りした分だけ減少するので、期間を通算すれば、全体として償却できる額は同じですから、課税の繰り延べ措置といえます。

●特別控除と特別償却

特別控除とは、納めるべき税額から一定額を特別に控除することができる特例のことです。特別控除制度の多くは、前述の特別償却制度との選択適用が認められています。特別控除の適用の対象となる法人は、青色申告法人であることが要件です。

特別償却は、償却を前倒しして計上する課税の繰り延べであるのに対し、特別控除は一定額の法人税を控除する一種の免税です。長期的に見れば、通常は特別控除の方が有利です。

では税額控除がなぜ有利なのか、具体例で見てみましょう。たとえば中小企業投資促進税制では、取得価額全額の即時償却又は取得価額の7％（特定の中小企業については10％）の税額控除の選択ができます。200万円の機械を購入した場合、特別償却を選択すると200万円を当期の損金に算入することができます。中小法人の税率を適用して15％とすると、納める法人税が200万円×15％＝30万円分少なくなることになります。ただし、翌年以後については、機械の減価償却費は損金に算入することはできません。取得価額は、当期に全額費用化してしまっているからです。

一方、税額控除を選択すると、200万円の機械であれば、200万円×7％＝14万円を、納めるべき法人税額から直接控除することになります。特別償却を選択した場合の30万円と比較すると、当期の節税効果は小さいといえます。ただし税額控除とは別に、取得価額200万円に対する減価償却を通常通り行うことができます。200万円分の取得価額については、長い目で見れば、耐用年数に応じて全額損金に算入することができるということです。つまり、税額控除を受けた金額については、特別償却を選択した場合よりも多く節税できたということになります。実際どちらを選択する方がよいのかについては、よく検討してみるとよいでしょう。

●中小企業経営強化税制

特別償却・特別控除の種類は数多くあります。たとえば、「中小企業経営強化税制」は、青色申告書を提出する法人が、中小企業等経営強化法に定める一定の生産性向上設備等を取得又は製作し、事業用として利用した場合に認められる税の優遇制度です。対象となる設備等の取得価額全額の即時償却又は7％の税額控除とのいずれかを選択適用することができます。この特例は、前述の中小企業投資促進税制と共に、令和元年4月1日から令和5年3月31日までに対象資産を取得等した場合に適用されます。

対象となる設備には、大きく分けて「生産性向上設備」と「収益力強化設備」と「デジタル化設備」があり、いずれも一つ当たりの価額が一定（機械装置：160万円、工具及び器具備品：30万円、建物附属設備：60万円、ソフトウェア：70万円）以上であることが要件になっています。

・生産性向上設備

設備の販売時期が一定期間以内（機械装置：10年、工具及びソフトウェア：5年、器具備品：6年、建物附属設備：14年）に販売されており、旧モデル比で経営力を示す指標（生産効率、エネルギー効率、精度等）が年平均1％以上向上する設備のことです。メーカーが発行する証明書を受け取れば適用できるため、比較的簡単な手続きで済ませることができます。

・収益力強化設備

投資計画における年平均の投資利益率が5％以上となることが見込まれるものであることにつき、経済産業大臣の確認を受けた投資計画に記載された設備のことです。複数の機械が連結した一連の設備が丸ごと適用の対象となり優遇金額も大きくなります。

・デジタル化設備

事業プロセスの遠隔操作、可視化又は自動制御化のいずれかを可能にする設備として、経済産業大臣の確認を受けた投資計画に記載された設備のことです。

10 圧縮記帳
帳簿価額を利益分だけ下げる処理方法である

● 圧縮記帳とは

　圧縮記帳とは、固定資産の帳簿価額を切り下げ、課税所得を小さくする方法です。

　圧縮記帳制度には、法人税法で規定しているものと、租税特別措置法で規定しているものがあります。

　代表的なものとしては、法人税法では、①国庫補助金等で固定資産等を取得した場合、②保険金等で固定資産等を取得した場合の圧縮記帳があり、租税特別措置法では、③収用等により資産を取得した場合、④特定資産の買換え等により資産を取得した場合の圧縮記帳があります。

　たとえば、①の場合で説明すると、国や地方自治体から国庫補助金として500万円をもらって、これに100万円の自己資金を加えて600万円の機械を購入したとします。この場合、もらった国庫補助金500万円は会社の収益に計上され、税金が課税されます。一方、機械の取得価額600万円は固定資産に計上され、耐用年数に応じて毎期減価償却費が計上されます。

　国などが補助金を渡すということは、その対象となる設備投資等を国などが産業政策的に推奨しているということです。このような目的があるにもかかわらず、その補助金に税金が課税されてしまったらどうなるのでしょうか。法人税や事業税、住民税などで補助金の約半分は税金で減ってしまうので、これでは機械の購入が困難になってしまいます。

　そこで考えられたのが「圧縮記帳」です。圧縮記帳によれば、この例でいうと、600万円で取得した機械を500万円圧縮して機械の帳簿価額は、100万円になるということです。補助金の額500万円相当額を圧縮損として損金に計上し、同額を機械の取得価額から控除するわけです。

　このように圧縮記帳とは、会社の利益を減らし、税金を軽減する有利な制度です。

　次に、②の保険金等で固定資産等を取得した場合の課税の特例ですが、法人が火災等で固定資産を損壊して保険金の支払いを受けたとき、その保険金で再度取得した資産が損壊前と同一種類の場合には、一定の条件の下に圧縮記帳の適用を受けることができます。

　この制度が認められている理由は、保険金に対して課税すると、代わりの資産を取得することができず、火災等から立ち直ることが困難になる可能性が高いからです。なお、商品の焼失に

対する保険金は、圧縮記帳の対象外になります。

また、③の資産（棚卸資産を除く）が収用等されたことにより、補償金等を取得した場合の課税の特例ですが、この課税の特例が認められる理由としては、公共事業の用地買収の円滑を図るため、収用等による譲渡益はいわば強制的に実現したものであることなどが挙げられます。固定資産が土地収用法等により収用等され、その対価として補償金を取得し、収用された事業年度に代わりとなる資産（譲渡した資産と同種の資産）の取得等をした場合、国庫補助金等で固定資産等を取得した場合のように圧縮記帳の適用が受けられます。

このように圧縮記帳は、会社の利益を減らし税金を軽減する、納税者に有利な制度です。これ以外の圧縮記帳に

ついても、考え方はすべて同じです。

● 圧縮記帳の効果

圧縮記帳によった場合は、一時的に税金は軽減されますが、いずれその軽減された税金分は取り戻されることになります。このため圧縮記帳は、課税が免除されたのではなく、単に「課税の延期」をしてもらえる制度ということになります。

なぜなら、先ほどの例でいうと、圧縮記帳により機械の簿価は100万円に下がっているため、毎期計上される減価償却費は600万円のときと比べて少なくなります。ということは、利益が多くなり、結果として税金も多くなるからです。また、途中で売却したときも、簿価が圧縮されている分、売却益が多くなり、税金も多くなる結果となります。

圧縮記帳の関係図

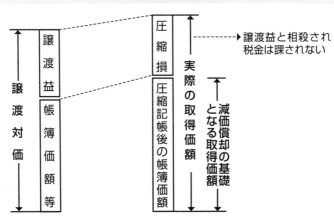

譲渡対価 ┤ 譲渡益 / 帳簿価額等

圧縮損 / 圧縮記帳後の帳簿価額 ┤ 実際の取得価額 ／ 減価償却の基礎となる取得価額

譲渡益と相殺され税金は課されない

11 繰延資産

支出の効果が１年以上に及ぶものをいう

● 資産の部に計上する費用である

　繰延資産とは、法人が支出する費用のうち、その支出の効果が１年以上に及ぶもの（資産の取得費用及び前払費用を除く）をいいます。いったん資産計上し、その支出の効果が及ぶ期間にわたり、償却費として必要経費に算入します。また、無形固定資産のように直接償却を行い、残存価額はありません。

　繰延資産は、将来の期間に影響する特定の費用であって、次期以後の期間に配分して処理するため、便宜的に貸借対照表の「資産の部」に記載されます。

● 会計上と税法上特有の繰延資産

　繰延資産は「資産」ですが、換金性のある財産ではありません。このような資産は、会計上も基本的には資産性を積極的に認めているものではありませんが、平成18年８月に企業会計基準委員会が公表した「繰延資産の会計処理に関する当面の取扱い」では、①株式交付費、②社債発行費等、③創立費、④開業費、⑤開発費の５つの項目を繰延資産として取り扱うことになっています（次ページ図参照）。会計上は、原則的に会計処理は任意（資産計上してもよく、支出した期に全額を費用として処理してもよい）とし、資産計上

したときは、比較的短期間（３年〜５年。社債発行費は償還期間）での償却を求めています。

　一方、法人税法による繰延資産は、大別して次の２つからなります。１つは、会計上でも規定されている前述の５つの繰延資産であり、もう１つは、税法上特有の繰延資産です。具体的には、以下の費用が該当します。

① 　自己が便益を受ける公共的施設又は共同的施設の設置又は改良のために支出する費用

② 　資産を賃借し又は使用するために支出する権利金、立退料その他の費用

③ 　役務の提供を受けるために支出する権利金その他の費用

④ 　製品等の広告宣伝の用に供する資産を贈与したことにより生ずる費用

⑤ 　①から④までに掲げる費用の他、自己が便益を受けるために支出する費用（資産の取得に要した金額及び前払費用を除く）のうち支出の効果がその支出の日以後１年以上におよぶもの

　これらについては、その支出の効果の及ぶ期間を税法で定めており、その期間にわたって償却していきます。

●損金経理要件はどうなっているのか

　法人税法上、償却費として損金の額に算入される金額は、確定した決算において償却費として損金経理した金額のうち、償却限度額に達するまでの金額とされています。なお、税務上特有の繰延資産で20万円未満の支出については、支出時に全額損金算入することができます。

●繰延資産の取扱い

　繰延資産については、すでに代価の支払が完了し、又は支払義務が確定し、これに対応する役務の提供や財の費消が完了しているにもかかわらず、支出の効果が将来にわたって期待されるという理由から、貸借対照表に資産として計上します。流動資産や固定資産は、将来にわたる利用価値も含めて、財産的な価値のあるものです。これに対して、繰延資産は、財産的な実体もなければ価値もありません。それではなぜ、資産に計上する必要があるのか疑問に思うかもしれません。繰延資産は、その支出の効果が、将来にわたって長期的に期待されるために計上します。

　また、会計原則では、支出した費用は、支出の効果である収益に対応させることを求めています。そのため繰延資産については、いったん資産に計上して、少しずつ費用化することが認められています。

会計上の繰延資産の種類

項　目	内　　容
株式交付費	株式募集のための広告費、金融機関の取扱手数料、証券会社の取扱手数料、目論見書・株券等の印刷費、変更登記の登録免許税、その他株式の交付等のために直接支出した費用をいう。
社債発行費等	社債募集のための広告費、金融機関の取扱手数料、証券会社の取扱手数料、社債申込証・目論見書・社債券等の印刷費、社債の登記の登録税その他社債発行のため直接支出した費用をいう。また、新株予約権の発行費用も含まれる。
創立費	会社の負担に帰すべき設立費用。たとえば、定款及び諸規則作成のための費用、株式募集その他のための広告費、株式申込証・目論見書・株券等の印刷費、創立事務所の賃借料、設立事務に使用する使用人の手当給料等、金融機関の取扱手数料、証券会社の取扱手数料、創立総会に関する費用その他会社設立事務に関する必要な費用、発起人が受ける報酬で定款に記載して創立総会の承認を受けた金額、設立登記の登録税等をいう。
開業費	土地、建物等の賃借料、広告宣伝費、通信交通費、事務用消耗品費、支払利子、使用人の給料、保険料、電気・ガス・水道料等で、会社設立後営業開始までに支出した開業準備のための費用をいう。
開発費	新技術又は新経営組織の採用、資源の開発、市場の開拓等のために支出した費用、生産能率の向上又は生産計画の変更等により、設備の大規模な配置替を行った場合等の費用をいう。ただし、経常費の性格を持つものは開発費には含まれない 。

貸倒損失

貸倒損失の計上は簡単には認められない

● 貸倒損失とは

取引先の財政状態の悪化や倒産などにより、まだ回収していない売掛金や貸付金などの金銭債権が戻ってこないことになると、その金額はそのまま会社の損失ということになります。いわゆる焦げ付きですが、これを貸倒損失といいます。

ただ、回収の努力もせずに貸倒れとして損失計上するのを認めてしまうと、課税が不公平になりますので、法人税法では、貸倒れとして損金計上できる場合を限定しています。一定の要件を満たさない貸倒処理は、状況により贈与（寄附）として扱われる場合がありますので注意が必要です。

税務上、貸倒損失が計上できるのは、次の場合です。

① 法律上の貸倒れの場合

債権自体が法律上消滅してしまったため回収不能となった場合の貸倒れです。具体的には、会社更生法による更生計画の認可の決定又は民事再生法の再生計画の認可の決定により債権が切り捨てられたときや、債権者集会の協議決定で債権が切り捨てられたときなどです。

② 事実上の貸倒れの場合

債務者の資産状況、支払能力などから見て、全額が回収不能を認められる場合の貸倒れです。この貸倒れの判定が、実務上は一番難しいといえます。この規定は「全額が回収不能」の場合に限っていますので、一部でも回収の見込みがあれば貸倒処理することはできません。

また、債務者の資産状況や支払能力などを判断しなければならないので、それなりの回収努力が必要です。たとえば、債務者の財務諸表、不動産登記簿、借入状況、課税証明、回収経過記録、場合によっては信用調査会社による報告書など、できる限りの書類を収集して税務署に「全額回収不能の事実」を明らかにしなければなりません。

なお、この場合に、その債権について担保物があるときには、その担保物を処分した後でなければ貸倒処理することはできません。

③ 形式上の貸倒れの場合

売掛債権について取引停止など一定の事実が生じた場合の貸倒れです。この規定が適用される債権は、売掛金や受取手形などの売掛債権に限られます。貸付金などの貸付債権には適用されないので注意が必要です。

債務者との取引停止時（最終弁済期日とのいずれか遅い時）以後1年以上

経過した場合や、同一地域の債務者に対して持っている売掛債権の総額が旅費などの取立費用に満たない場合で、督促しても支払われないときなどに、その売掛債権の額から備忘価額（帳簿から売掛債権の事項が消えてしまわないように価値がゼロでも、残しておく金額。一般的には１円）を控除した残額を貸倒損失として損金経理（費用として処理すること）します。

●貸倒損失の仕訳

金銭債権は、貸借対照表上では資産として表示されます。お金が回収される見込みがないということは、その金銭債権は不良債権として残ったままとなってしまい、会社の正しい財政状態を表わすことができません。そこで、貸倒れが発生した時に、次の仕訳で費用・損失の科目に振り替えます。

（借方）貸倒損失／

（貸方）売掛金・貸付金などの金銭債権

この処理により、貸倒損失分の会社の資産及び儲けが減少します。貸倒損失として処理をした後にお金が回収できた場合は、「償却債権取立益」という収益の科目に振り替え、その年度の収入として取り扱います。

●損益計算書の表示

貸倒損失の損益計算書上の表示場所は、販売費及び一般管理費・営業外費用・特別損失のいずれかになりますが、その貸倒損失の性質により異なります。

売掛金など営業上の取引先に対する貸倒損失は「販売費及び一般管理費」に、貸付金など通常の営業以外の取引で生じた貸倒損失は「営業外費用」に、損益計算書に大きく影響を与えるような、臨時かつ巨額な貸倒損失は「特別損失」に表示します。

貸倒損失の計上が認められる３つの場合

1. 法律上の貸倒れ

--- 法律上債権が消滅 し回収不能となった場合

2. 事実上の貸倒れ

--- 債務者の資産状態などから見て 全額が回収不能 と認められる場合

3. 形式上の貸倒れ

--- 売掛債権 について取引停止など一定の事実が生じた場合

回収の努力もしない安易な貸倒損失計上は、税務署から贈与（寄付）として扱われるリスクがある

13 貸倒引当金
税法上貸倒引当金を適用できるのは一定の法人等に限定される

●貸倒引当金とは

取引先の倒産などによる貸倒れもリスクのひとつといえるでしょう。会社が保有する売掛金や貸付金などの金銭債権の中に、回収できないおそれのあるものが含まれている場合には、これに備えて引当金を設定します。これを貸倒引当金といいます。

では、会計上の貸倒引当金と税法上の貸倒引当金は違うのでしょうか。

会計上は、債権を①一般債権、②貸倒懸念債権、③破産更生債権等、の3つに区分し、その区分ごとに貸倒見込額を計算することで貸倒引当金を計上します。

① 一般債権

経営状態に重大な問題が生じていない債務者への債権です。

② 貸倒懸念債権

経営破たんの状態には至っていないが債務の弁済に重大な問題が生じている又はその可能性の高い債務者への債権です。

③ 破産更生債権等

経営破綻又は実質的に経営破たんに陥っている債務者への債権です。

一方、法人税法上は、金銭債権を「個別評価金銭債権」と「一括評価金銭債権」の2つに区分し、その区分ご

とに計算します。

特にリスクの高い金銭債権を「個別評価金銭債権」、その他は「一括評価金銭債権」とする比較的シンプルな考え方です。会計上の債権区分の判断や見込額の計算はやや複雑であるため、明らかに金額がかけ離れている場合を除き、税法上の計算方法をとることができます。

●貸倒損失とはどう違うのか

貸倒引当金はまだ予測段階である一方、貸倒損失は、客観的にその事実が存在している損失であるという違いがあります。

たとえば、ある取引先が会社更生法の適用により、当社に対する売掛金100万円のうち半分を切り捨て、残り半分は10年間の分割払いとする決定があったとします。切り捨てが決定された50万円については、回収できないことが明らかなので「貸倒損失」となります。残りの50万円についてですが、支払いを受ける決定がされたものの、会社更生法が適用されたことで、もはや健全な取引先とはいえません。

そこで回収不能を予測して設定するのが「貸倒引当金」です。まだ予測の段階なので、順調に支払いを受けた場

合は、毎期その設定金額を見直していきます。

◯税務上貸倒引当金が認められる場合

税務上貸倒引当金の計上は、原則的には認められないことになっています。現段階で貸倒引当金の損金算入が認められるのは、以下に記述するような一定の法人のみとなりますので注意が必要です。

一定の法人等とは、①中小法人等、②銀行や保険会社などの金融機関、③

リース会社など「一定の金銭債権を有する法人等」です。①の中小法人等とは、資本金等の額が1億円以下である普通法人のうち資本金等5億円以上の大法人等に完全支配されていないもの、公益法人等、協同組合等、人格のない社団等をいいます。③の「一定の金銭債権を有する法人等」とは、リース会社、債権回収会社、質屋、クレジット会社、消費者金融、信用保証会社などが該当します。

会計上の貸倒引当金と法人税法上の貸倒引当金の違い

会計上の貸倒引当金 — 貸倒れの危険性に応じて3つの段階に債権を分類段階別に会計処理

貸倒れの危険性（高い）

一般債権	債務者の経営状態に重大な問題なし→貸倒実績率法により計算
貸倒懸念債権	債務者は債務の弁済に重大な問題が生じている可能性あり→キャッシュ・フロー見積法又は財務内容評価法により計算
破産更正債権等	債務者は経営破たんの状態→財務内容評価法により計算

法人税法上の貸倒引当金 — 会社更生法をはじめとする法律上の観点などから債権の貸倒れの危険性を分類

個別評価金銭債権	（法的な長期棚上げ）会社更生法等の法律の決定に基づくもの（実質基準）債務超過の状態が継続している等（形式基準）手形交換所の取引停止等（外国政府等）回収が著しく困難な一定の外国政府等の債権
一括評価金銭債権	個別評価金銭債権以外の債権

14 役員報酬・賞与・退職金の処理

税務上、役員とは会社経営に従事している人をいう

●税法上の役員とは

法人税法では、役員を「法人の取締役、執行役、会計参与、監査役、理事、監事、清算人及び法人の使用人以外の者でその法人の経営に従事している者」としています。つまり、会社法上の役員はもちろん、使用人以外の相談役、顧問など会社の経営に従事している人、あるいは同族会社の使用人で、その会社の経営に従事している者のうち、一定の条件を満たす者も役員とみなされます。これら税法独自の役員をみなし役員と呼んでいます。

また、会社法上の役員であっても、取締役経理部長のように使用人の地位を併せ持つ人のことを、税法上は特に「使用人兼務役員」といい、他の役員

と区別しています。

●損金算入できる役員給与の範囲

法人がその役員に対して支給する給与（退職給与等を除く）のうち、損金算入されるものの範囲は、次の①～③の通りとなっています。役員とは、前述の税法上の役員のことをいいます。

① 支給時期が1か月以下の一定期間ごとで、かつ、その事業年度内の各支給時期における支給額が同額である給与（つまり定期同額給与）の場合

② 所定の時期に確定額を支給する届出に基づいて支給する給与など（つまり事前確定届出給与）の場合

③ 非同族会社の場合又は非同族会社の完全子会社の業務執行役員に対す

役員給与

る業績連動給与で、算定方法が利益などの客観的な指標に基づく場合

①の定期同額給与では、原則的に期中の役員報酬の支給額は一定でなければなりません。ただし、例外として支給額の改定が認められる場合があります。それは、期首から3か月以内の改定と、臨時改定事由や業績悪化による改定です。その場合、改定以後の支給額が同額であれば、定期同額給与に該当します。

たとえば役員に対して無利息での金銭の貸付けや無償での社宅の貸出しなど、現金以外の現物給を支給する場合もあります。その場合、現物給与の額がおおむね一定であれば定期同額給与に該当します。

②の事前確定届出給与とは、役員賞与を支給する場合、事前に届け出が必要であるということです。たとえば、年2回、特定の月だけ通常の月額報酬より増額した報酬（臨時給与、賞与）を支払う場合、支給額、支給時期等を事前に届け出ていれば損金算入が認め

られます。

なお、これらの給与であっても、不相当に高額な部分の金額や不正経理をすることにより支給するものについては、損金の額に算入されません。

一方、役員に対して支給する退職給与については、原則として損金の額に算入されます。ただしこの場合も、不相当に高額な部分の金額は損金の額に算入されません。

●役員退職金の損金算入

法人が役員に支給する退職金で適正な額については、損金の額に算入されます。その退職金の損金算入時期は、原則として、株主総会の決議等によって退職金の額が具体的に確定した日の属する事業年度となります。

ただし、法人が退職金を実際に支払った事業年度において、損金経理（129ページ）をした場合は、その支払った事業年度において損金の額に算入することも認められます。

定期同額給与と事前確定届出給与

欠損金の繰越控除

欠損金を利用すれば法人税を少なくすることができる

● 欠損金とは「赤字」のことである

欠損金とは、その事業年度の損金の額が益金の額を超える場合のマイナスの所得、つまり赤字のことをいいます。会社は継続的に事業活動を行いますので、黒字の年もあれば赤字の年もあります。中には、不動産売却など臨時的な取引により、たまたまその年度だけ黒字がでたり、反対にマイナスとなったり、ということもあります。このような場合に、黒字のときだけ税金が課税され、赤字のときは何の措置もないというのでは、不公平です。そのため、マイナスの所得である欠損金が生じた場合には、欠損金の繰越控除という制度によって、税負担の調整を図っています。

では、欠損金の繰越控除とは、どのような調整方法なのか、以下で見ていきましょう。

● 向こう10年間に生じる黒字から控除できる

今期の事業年度の所得金額が黒字だった場合において、その事業年度開始の日の前から10年以内（平成30年3月31日以前に開始した事業年度は9年以内）に開始した事業年度に生じた赤字の所得金額、つまり欠損金額がある

ときは、今期の黒字の所得金額を限度として、その欠損金額を損金の額に算入することができます。これを欠損金の繰越控除といいます。つまり、欠損金が生じた場合は、将来10年間に生じる黒字の所得金額から控除することができるのです。

ただし、中小法人等を除き、所得から控除できる金額は黒字の事業年度の所得の50％までに限られています。中小法人とは、期末資本金1億円以下で、資本金5億円以上の大法人による完全支配関係がないなどの要件に該当する法人です。

この制度を適用するためには、欠損金が生じた事業年度において青色申告書を提出し、かつ、欠損金の生じた事業年度以降連続して確定申告書（青色申告書でなくてもよい）を提出していること、欠損金が生じた事業年度の帳簿書類を保存していることが条件です。

なお、令和3年度税制改正により、産業競争力強化法に基づく事業適応計画の認定を受ける青色申告法人一定の要件を満たした場合には、所得の50％を超えた分についても欠損金が控除することができます。具体的には、特例対象欠損金（令和2年4月1日から令和3年4月1日までの期間内の日を含

む事業年度において生じた青色欠損金）であり、適用事業年度は、①特例対象欠損金が生じた後最初に所得が生じた事業年度から5年以内の開始事業年度、②事業適応計画の実施時期を含む事業年度、③令和8年4月1日以前の事業年度のすべてを満たした場合です。

この制度は、特例対象欠損金が生じた事業年度の翌事業年度から最大5年適用することができます。

●中小法人は税金を還付してもらえる

今期の事業年度が赤字だった場合（欠損事業年度といいます）、その欠損金を、今期事業年度開始の日前1年以内（前期）に開始した事業年度に繰り戻して、その欠損金に相当する法人税の全部又は一部を還付してもらうことができます。これを欠損金の繰戻しによる還付といいます。つまり、「今期と前期の所得金額を通算すると、前期

の法人税は納めすぎだった」という場合に、納めすぎた分を還付してもらうことができるのです。

この制度は、中小法人及び解散など特別の事情のある法人に限り、受けることができます。なお、中小法人とは、期末資本金が1億円以下で、資本金5億円以上の大法人による完全支配関係がないことなどの要件に該当する法人のことをいいます。

制度が適用されるためには、①前事業年度（前期）及び欠損事業年度（当期）共に青色申告書を提出していること、②欠損事業年度の青色申告書を期限内に提出していること、③欠損事業年度の青色申告書と同時に欠損金の繰戻しによる還付請求書を提出していること、という条件を満たすことが必要です。ただし、この制度は法人地方税にはありませんので、還付されるのは国税である法人税の額のみです。

欠損金とその調整

欠損金の繰越控除

各事業年度の開始の日前10年以内（平成30年3月31日以前に開始した事業年度で生じた欠損金は9年以内）の欠損金額を各事業年度の所得の金額の計算上、損金の額に算入が可能

➡「前期赤字、今期黒字」の場合は欠損金の繰越控除が可能。

欠損金の繰戻しによる還付

欠損金額を欠損事業年度開始の日前1年以内に開始した事業年度に繰り戻して還付を請求できる

➡「前期黒字、今期赤字」の場合には欠損金の繰戻しによる還付（中小法人等のみ）が可能。

16 同族会社
3つの株主グループに50％超保有されている会社である

●同族会社とは

　一般に同族会社とはオーナーが社長となっている会社のことを指しますが、法人税法では、同族会社をより細かく定義されています。3人以下の会社の株主等とそれら株主等と特殊関係にある個人・法人（株主グループ）の持つ株式総数又は出資の合計額が、その会社の発行済株式総数又は出資総額の50％を超える会社が同族会社です。

　同族会社は、個人的色彩が強く、恣意的な経営が行われやすいため、次に掲げるような規制が設けられています。

　同族会社にあっては、通常の法人に比べ、恣意的に課税を免れようとする行為が行われやすい環境にあります。こうした行為のうち多くのものは、過大な役員給与の損金不算入など、法人税法で損金算入が認められない規定（否認規定）が設けられていますが、中にはそのいずれにも該当しない行為もあります。そのような行為について、課税上弊害がある場合の抑止力としての役割を果たしているのがこの規定です。

　つまり、同族会社が行った行為・計算が租税回避につながると認められる場合、通常の法人が行う行為・計算に引き直して所得計算が行われます。したがって、法令上や企業会計上で有効だとしても、税務上は否認されるといったケースも起こり得ます。

●同族会社の留保金課税とは

　同族会社においては、経営者がオーナーである場合が多く、会社に利益が出てもオーナー個人の所得税等のバランスから配当に回すことを避けるため、会社に利益を留保（株主に対する配当などを行わないこと）する傾向が強くなります。つまり、利益を配当するとオーナーの所得が増え、所得税が課されてしまうので、それを避けるために利益を留保するわけです。これでは、会社員や個人事業主との課税のバランスがとれませんので、留保金額が一定金額以上になると、通常の法人税とは別に10％から20％の特別の法人税が課税されます（同族会社の留保金課税）。

　同族会社の留保金課税が課されるのは、特定同族会社（1株主グループの持株割合などが50％を超える会社のこと）が必要以上の利益を内部留保した場合です。ただし特定同族会社であっても、期末資本金額1億円以下で、資本金5億円以上の大法人に完全支配されていないなどの中小企業については、適用対象から除外されています。

17 法人税の申告納税

申告納付期限は原則として決算日後2か月以内である

法人税の確定申告

会社（法人）の利益に対する課税は、申告納税です。そのため、各事業年度終了の日の翌日から2か月以内に、所轄の税務署長などに対し、確定した決算に基づき、その事業年度の課税標準である所得金額又は欠損金額、法人税法により計算した法人税額等を記載した申告書を提出しなければなりません。法人税額は、確定申告書の提出期限までに納付しなければならないこととなっています。これが、法人税の確定申告納付です。

なお、法人税は、株主総会等の承認を得た確定決算を基に計算しますが、会計監査人監査などの必要性から、2か月以内に決算が確定しない場合があります。このような場合には、届出書を提出し、1か月間の申告期限の延長をします。ただし、納付税額には、決算日後2か月目から納付日までの間、利子税がかかります（2か月目に納付税額を見積もり予定納税することで、利子税がかからないようにする方法があります）。

中間申告をするケース

会社（法人）事業年度が6か月を超える場合には、その事業年度開始の日以降6か月を経過した日から2か月以内に中間申告をしなければなりません。ただし、新設法人の設立第1期の事業年度の場合は、中間申告は必要ありません。中間申告には、次のような2つの方法があります。

① 前年実績による予定申告

前期事業年度の法人税の6か月換算額で申告する方法です。ただし、前期の法人税額×1/2が10万円以下の場合は予定申告納付の必要はありません。

② 仮決算による中間申告

その事業年度開始の日から6か月の期間を1事業年度とみなして申告する方法です。

どちらの方法により申告するかは法人の任意となっています。中間申告に関する法人税額も、確定申告と同様、中間申告書の提出期限までに納付しなければなりません。

修正申告と延滞税

申告した法人税が少なかった場合、正しい税額を申告し直すことが必要になってきます。この申告を修正申告といいます。この場合、この申告により増加した税額に対して、延滞税等が課税される場合があります。

18 青色申告
所得税と法人税に認められている申告方法である

● 青色申告の特典

　法人税は、会社が自らその所得と税額を確定申告して納付するという、「申告納税制度」をとっています。確定申告の仕方には、申告用紙の色に由来する「青色申告」と「白色申告」という2種類の申告形式があります。政府は帳簿書類の備付けを促し、申告納税制度を普及させる目的から、「青色申告」を奨励しています。

　青色申告とは、一定の帳簿書類を備えて日々の取引を複式簿記の原則に従い整然かつ明瞭に記録し、その記録に基づいて申告することをいいます。

　白色申告とは、青色申告以外の申告を指します。簡易な方法による記帳が認められ、青色申告では必要とされる仕訳帳や総勘定元帳の作成は義務付けられません。

　両者の間には、記帳する帳簿の種類や認められる特典などに大きな違いがあります。青色申告には様々な特典がありますので、青色申告の承認を受けておく方が会社にとっては節税効果があるので有利です。

　たとえば設立の第1期目は赤字、つまり「欠損」になりがちです。そこで青色申告であれば、その欠損金を翌年度以降の黒字の所得金額と相殺することができるという「欠損金の繰越控除」（134ページ）という特例が認められています。ただし設立第1期目から青色申告にしておく手続きが必要です。

　青色申告をすると、白色申告に比べて税負担を軽くすることのできる特典を受ける「権利」がある一方、それに相応する水準の記帳をする「義務」があります。青色申告を選択するためには、税務署長に一定の「申請書」を提出して、あらかじめ承認を受ける必要があります。

　青色申告には、白色申告にはない次のような特典があります。

① 青色申告書を提出した事業年度に生じた欠損金の繰越控除
② 欠損金の繰戻しによる還付
③ 帳簿書類の調査に基づかない更正の原則禁止
④ 更正を行った場合の更正通知書への理由附記
⑤ 推計による更正又は決定の禁止
⑥ 各種の法人税額の特別控除など
⑦ 青色申告をする者と生計を共にする従業員（控除対象の配偶者及び扶養家族を除く）の給与の必要経費算入
⑧ 個人の青色申告特別控除

19 青色申告をするための手続き①
一定期限内に「青色申告の承認申請書」を提出する必要がある

●青色申告の要件は２つある

　所得税では、青色申告ができる者を「不動産所得・事業所得・山林所得」を生ずべき業務を行う者に限定していますが、法人税については、業種を問わず、下図の２つの要件を満たすことで青色申告をすることができます。青色申告の承認を受けようとする法人は、その事業年度開始の日の前日までに、「青色申告承認申請書」を納税地の所轄税務署長に提出しなければなりません。

　ただし、設立第１期の場合には、設立の日以後３か月を経過した日と、設立第１期の事業年度終了の日とのどちらか早い日の前日までに申請書を提出することになっています。申請書を期限内に提出することができなかった場合、その事業年度は青色申告をすることができませんので注意が必要です。

　青色申告法人は、その資産・負債及び純資産に影響を及ぼす一切の取引を複式簿記の原則に従い、整然かつ明瞭に記録し、その記録に基づいて決算を行わなければならないことになっています。また、青色申告法人は、仕訳帳・総勘定元帳・棚卸表その他必要な書類を備えなければならないことになっており、かつ、その事業年度終了の日現在において、貸借対照表及び損益計算書を作成しなければなりません。

　仕訳帳・総勘定元帳・棚卸表には、次の事項を記載します。

① 　仕訳帳：取引の発生順に、取引の年月日・内容・勘定科目及び金額

② 　総勘定元帳：その勘定ごとに記載の年月日・相手方勘定科目及び金額

③ 　棚卸表：その事業年度終了の日の商品・製品等の棚卸資産の種類・品質及び型の異なるごとに数量・単価及び金額

青色申告をするには

青色申告の承認を 受けようとする法人		一定期限内に「青色申告の承認 申請書」を提出

青色申告の要件

１．法定の帳簿書類を備え付けて取引を記録し、かつ保存すること
２．納税地の税務署長に青色申告の承認の申請書を提出して、あらかじめ承認を受けること

20 青色申告をするための手続き②

帳簿書類を7～10年間保存することが必要

●帳簿書類の保存期間

　青色申告法人については資本金の大小にかかわらず、帳簿書類をその事業年度の確定申告提出期限から7年間、保存することが原則です。

　「帳簿書類」とは、総勘定元帳、仕訳帳、現金出納帳、売掛金元帳、買掛金元帳、固定資産台帳、売上帳、仕入帳、棚卸表、貸借対照表、損益計算書、注文書、契約書、領収書などがあります。

　また、消費税法では、仕入税額控除が受けられる要件として、「帳簿及び請求書等」の保存が義務付けられています。

　ただし、10年間の欠損金の繰越控除（134ページ）の適用を受ける場合には、10年間保存しておく必要があるので注意が必要です。

　なお、商行為に関する法規である商法においては、19条で、商人（会社などの事業者）は10年間商業帳簿や営業に関する重要書類を保存する旨を定めていますので、最低10年ということになります。決算書・申告書、定款、登記関連書類、免許許可関連書類、不動産関連書類、その他重要な契約書・申請願・届出書などについては、保存期間が定められていても、重要書類として永久保存した方がよいでしょう。

●電磁的記録による保存制度

　帳簿書類の保存は紙による保存が原則です。

　ただし、「電子計算機を使用して作成する国税関係帳簿書類の保存方法等の特例に関する法律」（電子帳簿保存法）により、コンピュータを使って作成した帳簿書類について、一定の要件の下に、磁気テープや光ディスクなどに記録した電磁的記録のままで保存することができるようになっています。

　また、領収書や請求書など原本が紙の書類についても、一定の要件の下にスキャナーを利用して作成した電磁的記録により保存できます。しかし、紙で作成された帳簿をスキャナーで保存し直すことはできません。電磁的記録を利用することで保管に関する手間やコストを削減できるメリットがあります。

　なお、電磁的記録による保存制度の適用を受けるためには、税務署長に対して、申請に関する帳簿書類の保存場所、備付け、保存開始日、保存の要件を満たすための措置等所定の事項を記載した申請書に所定の書類を添付して承認を受けようとする日の3か月前までに提出し、税務署長の承認を受けることが必要です。

21 推計課税の禁止・更正の理由の附記

青色申告法人については推計課税により更正又は決定をすることはできない

● 青色申告法人と推計課税

法人税法では、推計課税といって、税務署長の推測で税額を決めることができる規定があります。現行の申告納税制度は、納税者自らの計算のもとに実額で申告し、税を納付する制度です。

このような実額のチェックが税務調査では不可能である場合に、間接資料に基づいて所得を推計し、更正・決定するというのがこの規定の趣旨です。したがって、適正な帳簿備付けを要件とする青色申告法人については推計課税により更正又は決定をすることはできません。

青色申告法人の更正は、その帳簿書類を調査し、その調査により申告に誤りがあると認められる場合に限られます。

なお、決定とは、申告書を提出すべき人がその申告書を提出しなかった場合に、調査等により税務署長がその納付すべき税額を確定させる処分のこと

です。決定は、決定通知書の送達により行われます。決定処分を行うことができるのは、原則として法定申告期限から5年間です。

● 更正通知の理由附記

法人税法は、「税務署長は、内国法人の提出した青色申告書に関する法人税の課税標準又は欠損金額を更正する場合には、更正通知書にその更正理由を附記しなければならない」と規定しています。したがって、更正通知書を受領した場合には、更正の理由が正しいかどうかを検討する必要があります。検討事項としては、以下の2点があります。

① 税務当局が事実を正確に認識した更正内容になっているか

② これに対する法令解釈が妥当か場合によっては、異議の申立てを行うことも可能です。

青色申告と推計課税の禁止

推計課税の禁止

帳簿書類の調査による更正

帳簿書類の調査に基づかない推計による更正・決定はできない

更正通知の理由附記

更正の理由を更正通知書に附記しなければならない

消費税

消費者が広く公平に負担する間接税である

● どんな税金なのか

消費税とは、「消費をする」という行為に税を負担する能力を認め、課される税金です。「消費をする」とは、物を購入する、賃貸する、情報などのサービスを受ける、というような行為のことをいいます。

税を負担するのは法人・個人にかかわらず消費行為をした「消費者」です。税金は、消費者から商品やサービスの代金と一緒に徴収されます。消費者から代金と一緒に徴収された消費税は、実は税金を徴収した店や会社が納付することになっています。このような税の負担者が直接納付せず、負担者以外の者が納付するしくみの税金を、間接税といいます。

平成元年に３％の税率で導入された消費税は、平成９年４月１日から５％に税率が引き上げられました。その内訳は、国税４％、地方税１％という構成です。この税率が平成24年８月に成立した「社会保障の安定財源の確保等を図る税制の抜本的な改革を行うための消費税法の一部を改正する等の法律」の成立により、平成26年４月１日からは国税6.3％及び地方税1.7％で合計８％に、そして令和元年10月１日からは国税7.8％及び地方税2.2％で

合計10％に、税率が引き上げられました。また、時を同じくして一定の飲食料品や新聞については軽減税率（税率８％）も導入されました。

● 具体例で見る流通の流れ

消費税は、店や会社などの事業者が消費者の代わりに徴収して納めるということでした。買い物をしたときに店から受け取るレシートを見ると、本体○○円、消費税××円というように、内訳に消費税額が記載されています。しかし、この金額は、そっくりそのまま税務署へ納められるわけではありません。

消費税を納めるべき事業者は、商品やサービスを消費者へ供給する立場でありますが、一方で商品を仕入れたり備品を購入したりするため、消費者の立場でもあります。つまり事業者は物品の購入等と共に税を負担し、消費者からは税を徴収しているということになります。

もし徴収した税額のみを納めた場合、自身が負担した税はコストの一部となり、販売金額に上乗せされてしまいます。税額が流通ルートに乗って、雪だるま式にふくれあがってしまうわけです。消費税の計算は、このような「税

の累積」を排除するため、実は徴収した税額から負担した税額を控除して納めるしくみになっています。

　具体例を使って、商品の製造から消費者に届くまでの流れを見ていきましょう。税率は10%とします。

　ある商品が製造業者甲社、から卸売業者乙社を経て、消費者に渡るとします。製造業者である甲社は、販売価格10,000円の商品を作ったとします。ちなみに、これに対する消費税額は1,000円です。この商品を卸業者乙社に販売した場合、甲社は乙社から商品代金10,000円と同時に消費税1,000円も受け取ります。この時に徴収した1,000円の消費税は、甲社が申告、納付することになります（製造のためのコストはなかったものとします）。

　乙社は10,000円で甲社から仕入れた商品を、消費者に20,000円で販売したとします。乙社は消費者から20,000円と消費税2,000円を徴収します。乙社が受け取った消費税は2,000円ですが、ここから甲社へ支払った1,000円を控除し、残額の1,000円を申告、納付することになります。

　甲社から消費者までの納付税額の流れは以下のような算式になります。

　1,000円 ＋（2,000円 － 1,000円 ）　＝2,000円

　つまり、納められた消費税の合計額は、最終消費者が負担した2,000円と一致することがわかります。甲社、乙社は、消費者から預かった税金をそれぞれ分担して納付しているということになります。

消費税のしくみ

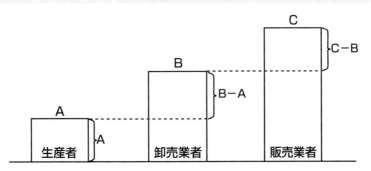

生産者が納付する消費税	A
卸売業者が納付する消費税	B－A
販売業者が納付する消費税	C－B
納付される消費税の合計	＝A+(B－A)+(C－B)
	＝C
	＝最終消費者が負担する消費税

23 インボイス制度

区分記載請求書等から適格請求書等（インボイス）へ移行される

●区分記載請求書等と適格請求書等

令和元年10月以降は、軽減税率8％と標準税率10％が併存するため、経理上は主に請求書等の記載内容や会計帳簿への記載方法に留意する必要があります。具体的には、軽減税率制度が開始された令和元年10月1日から令和5年9月30日までは「区分記載請求書等制度」が導入され、令和5年10月1日より「インボイス制度（適格請求書等制度）」が導入されます。

●区分記載請求書等の記載事項

区分記載請求書等制度では、売り手は買い手からの求めに応じて次のような記載事項を完備した区分記載請求書等を買い手に交付する必要があります。

① 区分記載請求書等発行者（売り手）の氏名又は名称
② 取引年月日
③ 取引の内容（軽減税率の対象資産の譲渡等があればその旨）
④ 税率ごとに区分して合計した課税資産の譲渡等の対価の額（税込額）
⑤ 書類の交付を受ける事業者（買い手）の氏名又は名称

区分記載請求書等の主な特徴として、取引の内容には、軽減税率の対象資産があればそのことを記載する必要があり、対価の額には、税率ごとに区分した税込額を記載する必要があります。なお、不特定多数の者に対して販売等を行う小売業等については、買い手の氏名等の記載を省略できます。

また、会計帳簿には「仕入先の氏名又は名称」「取引年月日」「取引の内容」「取引金額」の他に、その商品が軽減税率8％の対象であれば取引の内容に「軽減税率の対象品目である旨」を明記する必要があります。つまり、その取引が軽減税率の対象であるのかどうかを帳簿上区分しておく必要があるということです。そして、消費税の仕入税額控除を受けるには、軽減税率の対象品目と税率ごとに合計した税込価額が明記された区分記載請求書等を入手・保存しておく必要があります。

●「軽減対象資産の譲渡等である旨」の記載の仕方

軽減税率の対象となる商品がある場合には、請求書等に軽減対象資産の譲渡等であることが客観的に明らかだといえる程度の表示が必要であり、請求書に次のいずれかのように記載します。

・個々の取引ごとに8％や10％の税率を記載する
・8％の商品に「※」や「☆」といった記号や番号等を表示し、かつ、

「※（☆）は軽減対象」などと表示することで、軽減対象資産の譲渡等である旨」を明らかにする

・8％の商品と10％の商品とを区別し、8％として区別されたものについて、その全体が軽減税率の対象であることを記載する

・8％の商品と10％の商品で請求書を分けて作成し、8％の請求書には軽減税率の対象であることを記載する

● 適格請求書等の記載事項

インボイス制度では、売り手（課税事業者）は買い手からの求めに応じて次のような記載事項を完備した適格請求書等を買い手に交付し、また交付した適格請求書の写しを保存する義務が課されます。

① 適格請求書発行事業者（売り手）の氏名又は名称及び登録番号

② 取引年月日

③ 取引内容（軽減税率の対象品目である場合はその旨）

④ 税率ごとに合計した対価の額（税抜又は税込）及び適用税率

⑤ 税率ごとに区分して合計した消費税額等

⑥ 書類の交付を受ける事業者（買い手）の氏名又は名称

区分記載請求書等とは次の点が異なります。①の売り手の氏名等には、適格請求書発行事業者としての登録番号の記載が追加されます。登録番号は、法人の課税事業者の場合は「Ｔ＋法人番号（13桁）」であり、個人事業者や人格のない社団などの課税事業者は「Ｔ＋13桁」の番号となります。④の対価の額には、税率ごとの合計の対価の額が税抜又は税込で記載することになり、適用税率の記載が追加されま

区分記載請求書の記載例（令和5年9月30日まで）

株式会社○○御中		
	請求書	
		東京都 XX 区 XX1-23-4
		○○株式会社
令和元年 10 月分		

月日	品名	金額
10 / 1	米　　　※	10,800 円
10 / 8	牛肉　　※	8,640 円
10 /20	ビール	6,600 円
合計		26,040 円

8% 対象　19,440 円
10% 対象　6,600 円

※軽減税率対象

す。⑤では、消費税額の記載が追加されます。

なお、会計帳簿への記載事項は、区分記載請求書等の場合と同じです。

●免税事業者からの課税仕入の取扱いはどう変わる

適格請求書等を発行するには、事前に税務署へ一定の申請を行って適格請求書発行事業者として登録を受けておく必要があります。この登録は課税事業者でないと行えないルールとなっていますので、免税事業者は課税事業者に変更しない限り適格請求書等の発行ができません。

また、課税仕入に対する仕入税額控除の適用を受けるには、適格請求書発行事業者が発行する適格請求書等を受領する必要があるため、免税事業者が発行する請求書等では、令和5年10月以降は原則として仕入税額控除を受けることができなくなります。ただし、区分記載請求書等と同様の事項が記載された請求書等を保存し、帳簿に軽減税率に関する経過措置の規定の適用を受けることが記載されている場合には、次の一定期間においては仕入税額相当額の一定割合を仕入税額として控除できる経過措置が設けられています。

・令和5年10月1日から令和8年9月30日までの期間は仕入税額相当額の80%

・令和8年10月1日から令和11年9月30日までの期間は仕入税額相当額の50%

インボイス制度で認められる請求書等には次のものがあります。

・適格請求書又は適格簡易請求書(後述の簡易方式)

・仕入明細書等(適格請求書の記載事項が記載されており、相手方の確認を受けたもの)

・卸売市場において委託を受けて卸売の業務として行われる生鮮食品等の譲渡及び農業協同組合等が委託を受けて行う農林水産物の譲渡について、委託者から交付を受ける一定の書類

・上記の書類に関する電磁的記録(電子ファイル等)

会計帳簿の記載例

総勘定元帳（仕入）				
月　日	相手科目	摘　　　要		借　　方
10/31	現金	○○食品㈱　※米・牛肉　10月分		19,440
10/31	現金	○○食品㈱　　　ビール　10月分		6,600
				※軽減税率対象

区分記載請求書等の場合も適格請求書等の場合も、「軽減税率の対象品目である旨」を追記する

◉ 簡易方式とは

不特定多数の者に対して販売等を行う小売業、飲食店業、タクシー業等については、通常の適格請求書等とは異なり次の通り記載事項を一部簡略化した「適格簡易請求書」を交付することができます。

① 適格請求書発行事業者（売り手）の氏名又は名称及び登録番号

② 取引年月日

③ 取引内容（軽減税率の対象品目である場合はその旨）

④ 税率ごとに合計した対価の額（税抜又は税込）

⑤ 税率ごとに区分して合計した消費税額等又は適用税率

◉ 適格請求書の交付義務が免除される場合

不特定多数の者などに対してその都度適格請求書を交付するのも実務上困難が生じる場合があり、以下の取引は適格請求書の交付義務が免除されます。

① 船舶、バス又は鉄道による旅客の運送（３万円未満のもの）

② 出荷者が卸売市場において行う生鮮食料品等の譲渡（出荷者から委託を受けた者が卸売の業務として行うもの）

③ 生産者が行う農業協同組合、漁業協同組合又は森林組合等に委託して行う農林水産物の譲渡（無条件委託方式かつ共同計算方式により生産者を特定せずに行うもの）

④ 自動販売機により行われる課税資産の譲渡等（３万円未満のもの）

⑤ 郵便切手を対価とする郵便サービス（郵便ポストに差し出されたもの）

適格請求書の記載例（令和５年10月１日以降）

株式会社〇〇御中

請求書

東京都 XX 区 XX1-23-4
〇〇株式会社
（登録番号 TXXXXXXXXXXXXX）

令和５年 10 月分

月日	品名		金額
10 / 1	米	※	10,800 円
10 / 8	牛肉	※	8,640 円
10 /20	ビール		6,600 円
合計			26,040 円

（ 8% 対象　18,000 円　消費税 1,440 円）
（10% 対象　 6,000 円　消費税　600 円）
※軽減税率対象

24 納税事業者や課税期間①

まずは課税事業者か免税事業者かを判定するところからはじまる

● 納税義務者はどうなっているのか

税金を納める義務のある者のことを「納税義務者」といいます。消費税の納税義務者は、「事業者」と「外国から貨物を輸入した者」（輸入取引については156ページ）です。

「事業者」とは、個人で商売を営む経営者や会社など、事業を行う者のことをいいます。ただし、すべての「事業者」が納税義務者になるわけではありません。小規模の会社や個人経営者にとっては、本業の経営を行う傍らで税金を計算するという作業は非常に負担がかかります。このような小規模事業者への配慮から、前々年度の課税売上が1,000万円以下であるなど一定要件を満たす事業者については、消費税を納付する義務がありません。

ちなみに、消費税を納める義務がある事業者のことを課税事業者、消費税を納める義務がない事業者のことを免税事業者といいます。

● 課税期間とは

課税期間とは、消費税を申告するための計算単位となる期間のことです。個人の場合は1月から12月までの暦年、法人の場合は決算から決算までの一事業年度が、課税期間です。「課税事業者」は、この課税期間中に行った取引について、納めるべき消費税を計算して納付します。

また、一定の手続きを行うことにより、特例として課税期間を3か月間又は1か月間ごとに短く区切ることができます。これを課税期間の短縮といいます。たとえば多額の設備投資を行った場合など、税金が還付される場合には、この制度の適用を受けると早く還付を受けることができます。ただし、いったん課税期間短縮の手続きを行うと2年間継続して適用されることになります。申告のために費やす事務負担が増えることになるので、課税期間を短縮するメリットがあるのか、慎重に検討する必要があります。

● 基準期間

国内で事業を行う事業者の中にも、納税義務が免除される場合があります。納税義務が免除されるかどうかは、前々年度の課税売上で判定するということを前述しました。このように、判定の基準となる期間のことを、「基準期間」といいます。なぜ前々年度なのかというと、直前の課税期間の場合、決算を終えるまでは数値が確定しないからです。当課税期間が課税なのか免

税なのかすぐに判断できず不都合が生じるため、当課税期間の始めには数値が確定している、前々年度を基準にしているわけです。厳密にいえば、個人と法人とで基準期間は異なり、単純に2年前ではありません。

個人事業者の場合、課税期間は1月から12月までの暦年で区切られます。したがって前々年度がそのまま基準期間となります。たとえ基準期間の途中で開業した場合でも、後述の法人のように換算計算などは行いません。

一方、法人の基準期間は、1年決算法人（会計上の事業年度の期間を1年としている法人のこと）の場合、その事業年度の前々事業年度です。

基準期間が1年未満である場合は、その事業年度開始日の2年前から1年間に開始した各事業年度をあわせた期間が基準期間となります。基準期間が1年でない法人の基準期間における課税売上高については、たとえば6か月法人であれば2倍、というように1年分に換算し直して計算します。

ちなみに、基準期間は免税事業者の判定の他に、消費税額の計算方法のひとつである「簡易課税制度」適用の可否を判定する場合にも利用します。

●納税義務が免除される場合

納税義務の免除に関する説明に戻ります。免税事業者になる場合とは、基準期間中の課税売上高が1,000万円以下である場合です。課税売上高とは、消費税の対象となる収入の合計金額をいいます。

なお、基準期間が前々事業年度であるということは、設立したばかりの法人については、基準期間がないということになります。そこで、設立1年目又は2年目で基準期間がない法人は、基準期間における課税売上高もないため、免税事業者となります。ただし後述するように、例外として課税事業者に該当する場合もありますので、注意が必要です。個人の場合、暦年で計算するため、開業以前でも基準期間は存在します。したがって、開業して2年間は、基準期間の課税売上高はゼロで免税という取扱いになります。

免税事業者となった課税期間において、多額の設備投資を行うなど、消費税の還付を受ける場合は、届出を提出することにより課税事業者の選択をすることができます。ただし、いったん課税事業者の選択を行うと、2年間は継続して適用されます。課税事業者を選択する場合、翌課税期間以降のことも考慮して、慎重に検討する必要があります。

なお、事業を相続した個人や分割、合併のあった法人については、基準期間の課税売上高に相続前、分割、合併前の売上高が加味されます。通常の開業初年度の取扱いとは異なりますので、注意が必要です。

納税事業者や課税期間②

基準期間の課税売上高が1,000万円以下でも課税事業者となる場合がある

●1,000万円以下でも課税される場合

新設法人の場合や基準期間における課税売上高が1,000万円以下であるにもかかわらず、例外として課税事業者となるケースが3つあります。①新設以後2年間の事業年度開始の日において「資本又は出資の額が1,000万円以上の法人」の場合、②「特定期間における課税売上高」が1,000万円を超える場合、③「特定の新規設立法人」に該当する場合です。

●資本金1,000万円以上の新設法人について

①資本金が1,000万円以上ある新設法人の場合は、納税義務が生じます。新設法人は基準期間がないので、通常であれば免税事業者です。しかし、ある程度の規模の法人については、納税する資金力があるものとみなされ、特別に課税事業者にされてしまうというわけです。判定のタイミングは、「事業年度開始の日」の状態です。たとえば法人設立時の資本金は1,000万円であったが、期中に減資を行い、2年目の期首には資本金が900万円になっていたとします。この場合、1年目は課税事業者ですが、2年目は免税事業者という取扱いになります。

なお、資本金1,000万円未満であっても課税事業者となるケースもあります。

●課税事業者となるケース

②基準期間の課税売上高が1,000万円以下でも、前事業年度開始の日から6か月間の課税売上高が1,000万円を超える場合には納税義務は免除されません。つまり課税事業者として取り扱われます。

前事業年度開始の日以後6か月間の期間のことを「特定期間」といいます。前事業年度が7か月以下である場合は、前々事業年度開始の日以後6か月間が適用されます。

なお、判定の基準については、課税売上高に代えて、支払った給与等の金額の合計額で判定することもできますので、いずれか有利な方法を選択します。

●資本金1,000万円未満の法人のケース

③資本金1,000万円未満の法人は、通常であれば免税事業者ですが、資本金1,000万円未満であっても、次の2つの要件を満たす法人は課税事業者になるため、注意が必要です。

ⓐ 株主から直接又は間接に50%超の株式等の出資を受けているなど、実

質的にその株主に支配されている状態である

ⓑ　ⓐの株主又はその株主と一定の特殊な関係にある法人のうち、いずれかの基準期間に相当する期間における課税売上高が5億円超である

要するに、売上が5億を超えているような大規模な会社から出資を受けた法人は、納税する余力があるとみなされるというわけです。

●免税事業者は有利か

免税事業者になることがすべての場合に得になるとは限りません。なぜなら、消費税の申告をする必要がない代わりに、仕入に含まれている消費税を控除できないからです。売上にかかる消費税より仕入にかかる消費税の方が多い場合でも、還付を受けることができません。この点は把握しておく必要があるでしょう。

また、令和5年10月から導入されるインボイス制度により、免税事業者の位置づけが大きく変わってきますので、これによっても有利・不利に関して影響を及ぼすことが考えられます。つまり、免税事業者が発行する請求書では、仕入税額控除ができなくなるため、免税事業者との取引が控えられてしまうことが考えられます。

免税事業者となる場合

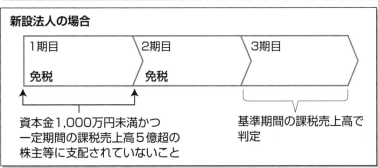

26 消費税が課される取引

課税の対象となるための要件をおさえる

● 消費税が課される取引

　消費税法では、国内取引と輸入取引とに分けて考えます。まず国内取引から見ていきます。消費税の課税対象となる消費行為とは、①「国内において」、②「事業者が事業として」、③「対価を得て（代金を受け取ること）行う」、④「資産の譲渡等」、又は「特定仕入」と定められています。

　上記①〜④のうちいずれか１つでも当てはまらないような取引、又は特定仕入に該当しない取引は、消費行為として消費税が課されるべき取引ではないということです。また、これらに該当する取引の中でも、後述するように特別に課税されない「非課税取引」というものもあります。

　次に輸入取引ですが、税関から国内に持ち込まれる外国貨物については消費税が課されるというしくみです。反対に国外へ輸出する貨物等については、消費税が免除されます。これは日本国内で消費されたもののみに課税し、国際間の二重課税を防ぐためのものです。

● 課税取引とは

　以下、国内取引に関する内容について、課税取引とはどのようなものをいうのか、見ていきましょう。

① 「国内において」とは

　その取引が国内において行われたかどうかを判定します。以下の④⑨の場所が国内であれば、国内において行われた取引です。

④ 資産の譲渡又は貸付

　その譲渡又は貸付が行われているときにその資産の所在場所が国内であるかどうか。

⑨ 役務の提供

　その役務の提供が行われた場所が国内であるかどうか。

② 「事業者が事業として」とは

　事業者とは、事業を行う法人や個人をいいます。個人の場合、店舗や事務所を経営する人の他、医師や弁護士、税理士なども事業者に該当します。法人は株式会社などの会社のことです。意外に思うかもしれませんが、国や都道府県、市町村、宗教法人や医療法人、代表者の定めのある人格のない社団等も法人に該当します。

　「事業」とは、同じ行為を反復、継続、独立して行うことをいいます。法人が行う取引はすべて「事業として」行ったものとなります。

　一方、個人事業者の場合は、仕事以外の普段の生活における消費行為については、「事業として」行ったもので

はないため、除いて考える必要があります。なお、会社員がたまたま受け取った出演料や原稿料のような報酬は、「反復」「継続して」行ったとはいえないため、事業とはいえません。

③ 「対価を得て」とは

資産の譲渡、貸付、役務の提供を行った見返りとして代金を受け取ることをいいます。

対価を得ず、無償で資産を譲渡した場合も、その譲渡した相手と利害関係があれば、対価を得ているとみなされる場合があります。たとえば法人がその役員に自社製品を贈与した場合、実際は対価を得ていなくても、対価を得て製品を販売したことになり、課税取引として申告しなければなりません。これをみなし譲渡といいます。

また、定価よりも著しく低い値段で譲渡した場合、相手が法人の役員や個人事業主であれば、実際の低い値段ではなく、定価で販売したものとして申告しなければなりません。このような取引を低額譲渡といいます。

④ 「資産の譲渡等」とは

「資産の譲渡等」とは、資産の譲渡、貸付、役務の提供をいいます。つまり、物品や不動産などを渡す行為、貸し付ける行為、サービスを提供する行為です。

サービスの提供とは、たとえば土木工事、修繕、運送、保管、印刷、広告、仲介、興業、宿泊、飲食、技術援助、情報の提供、便益、出演、著述等をいいます。弁護士、公認会計士、税理士、作家、スポーツ選手、映画監督、棋士等による専門知識、技能などに基づく行為もこれに含まれます。

課税対象取引と課税対象外取引

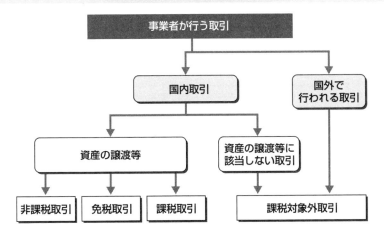

27 非課税取引・不課税取引

課税が適切でない取引や要件に当てはまらない取引のこと

●非課税取引とは

消費税の課税対象となる取引のうち、その性格上課税することが適当でない、もしくは医療や福祉、教育など社会政策的な観点から課税すべきではない、という大きく分けて2つの理由により消費税が課されない取引があります。本来は課税取引に分類されるべきですが、特別に限定列挙して課税しないという取引です。これらの取引を非課税取引といいます。非課税取引の具体的な内容は下図の通りです。

●不課税取引とは

消費税の課税対象は、①「国内において」、②「事業者が事業として」、③「対価を得て行う」、④「資産の譲渡等」又は特定仕入です。これらの要件に1つでもあてはまらない取引は、課税の対象から外れます。このような取引を不課税取引（課税対象外取引）といいます。たとえば、国外で行った取引、賃金給与の支払い、試供品の配布、寄附などはこの不課税取引に該当します。

ちなみに、課税取引の要件を満たしているにもかかわらず課税されないのが前述の「非課税取引」です。両者を混同しないように注意しましょう。

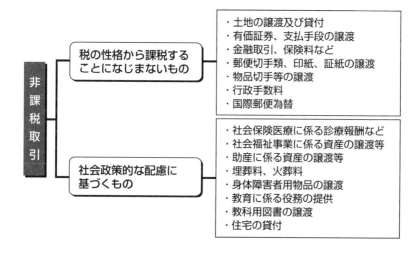

非課税取引

非課税取引

税の性格から課税することになじまないもの
・土地の譲渡及び貸付
・有価証券、支払手段の譲渡
・金融取引、保険料など
・郵便切手類、印紙、証紙の譲渡
・物品切手等の譲渡
・行政手数料
・国際郵便為替

社会政策的な配慮に基づくもの
・社会保険医療に係る診療報酬など
・社会福祉事業に係る資産の譲渡等
・助産に係る資産の譲渡等
・埋葬料、火葬料
・身体障害者用物品の譲渡
・教育に係る役務の提供
・教科用図書の譲渡
・住宅の貸付

28 消費税取引の認識のタイミング
原則として「引渡日」で認識する

● 消費税取引の基準となるのはいつか

消費税法では、「課税資産の譲渡等をした時」又は「外国貨物を保税地域から引き取る時」に納税義務が成立します。前者は国内取引の場合、後者は輸入取引の場合です。「課税資産の譲渡等をした時」とは、原則的に「資産等を引き渡した日」です。「引き渡した日」といっても、出荷日、検収日など、考え方が複数存在します。消費税の場合、合理的であると認められる日であればよいので、所得税や法人税における収益の計上時期の考え方に即して取り扱います。

物品販売にたとえると、出荷日を基準に売上計上している会社は、消費税法上も出荷日で納税義務が成立するということです。ただし一度計上方法を選択した後は、継続して同じ方法を採用する必要があります。

● 特例がある

取引には様々な形態があります。にもかかわらず、消費税を一律に「引渡日」で認識してしまうと、収入と納税の時期が乖離してしまい、事業者側に資金面で負担がかかってしまう場合もあります。

そこで、一定の取引に関しては、資産の譲渡等の認識時期に関する次のような特例が設けられています。

① **工事の請負に関する資産の譲渡等の時期の特例**

長期大規模工事の請負契約で、工事進行基準の方法を採用している場合、売上を計上する年度に資産の譲渡等を行ったものとすることができます。なお、工事進行基準とは、未完成の工事について、完成した割合に応じて部分的に収益計上する方法をいいます。

② **小規模事業者に関する資産の譲渡等の時期の特例**

所得税において、現金主義の適用を受ける小規模個人事業者は、資産の譲渡等及び課税仕入時期を、対価を収受した日及び支払った日とすることができます。

なお、従来は「長期割賦販売等に関する資産の譲渡等の時期の特例」として、延払基準を採用して長期割賦販売等を行った場合において、支払期日が到来する都度、消費税を計上することができましたが、平成30年度税制改正により廃止され、現在では通常の販売と同じように、販売した時点で一括的に消費税を計上する必要があります。

29 輸出や輸入取引の場合の取扱い

国際取引の取扱いを理解する

◉輸出や輸入取引した場合

ここでは輸出や輸入取引をした場合の消費税の取扱いについて見て行きましょう。

・**輸出取引をした場合**

国内から物品を輸出したときのように、消費者が外国に存在する場合でも、「課税取引」としての要件を満たすのであれば、原則として「課税取引」です。しかし、消費税は日本国内における消費者が負担するものであって、外国の消費者には課すべきではありません。

そこで、外国の消費者への取引を課税対象から除外するため、「課税取引」のうち輸出取引等に該当するものについては、免税取引として消費税が課されないことになっています。これらの取引は一般的に「０％課税」と言われます。税率０％の消費税を課税する取引という意味です。

免税となる輸出取引等に該当するための要件は、以下の４つです。

① 国内からの輸出として行われるもの
② 国内と国外との間の通信や、郵便、信書便
③ 非居住者に対する鉱業権、工業所有権、著作権、営業権等の無形財産権の譲渡又は貸付
④ 非居住者に対する役務の提供で、

国内で直接便益を受けないもの

非居住者とは、簡単にいうと外国人のことです。なお、消費税は直接輸出を行う段階で免除されるため、輸出物品の下請加工や、輸出業者に商品を国内で引き渡した場合などについては、免税の対象にはなりません。つまり輸出業者の立場から見れば、輸出にかかった費用は消費税が課税されるということになります。この輸出業者が負担した消費税分については、申告により還付されることになります。

輸出取引の範囲について、もう少し詳しく取り上げてみると、以下のような取引となります。

㋑ 日本からの輸出として行われる資産の譲渡又は貸付
㋺ 外国貨物の譲渡又は貸付
㋩ 国際旅客、国際運輸、国際通信、国際郵便及び国際間の信書
㋥ 船舶運航事業者等に対して行われる外航船舶等の譲渡若しくは貸付等
㋭ 専ら国際運輸の用に供されるコンテナーの譲渡若しくは貸付等
㋬ 外航船舶等の水先、誘導等の役務の提供
㋣ 外国貨物の荷役、運送、保管等の役務の提供

㋠ 非居住者（外国人）に対する鉱業権、産業財産権（工業所有権）、著作権などの譲渡又は貸付

㋡ ㋐～㋠の他非居住者に対する役務の提供で次に掲げるもの以外のもの

ⓐ 国内に所在する資産に関する運送又は保管

ⓑ 国内における飲食又は宿泊

ⓒ ⓐ及びⓑに掲げるものと同様の取引で、国内において直接便益を受けるもの

・輸入取引をした場合

輸入取引をした場合、外国から輸送された外国貨物の輸入許可が下りるまで保管される場所のことを「保税地域」といいます。外国から輸入された外国貨物は、保税地域から通関業務を経て国内へ引き取られます。

保税地域から外国貨物を引き取った者については、事業者であるかどうかは関係なく、納税義務者となります。たとえば一般の人が、自分用に個人輸入を行った場合であっても、消費税を納める義務が生じるということです。

また、「保税地域から引き取られる外国貨物」は、国内で消費されるものとして消費税が課されます。ただし、以下の㋑～㋬については、その性格上課税することが適当でない、又は福祉や教育など社会政策的な観点により課税すべきではないという理由から、非課税の輸入取引となります。

㋑ 有価証券等

㋺ 郵便切手類

㋩ 印紙

㋥ 証紙

㋭ 身体障害者用物品

㋬ 教科用図書

輸出と消費税

┌─────────────────┐　　┌─────────────────┐
│ 輸出取引には消費税は │ → │ 国際機関における二重課税 │
│ かからない │　　│ を排除するため │
└─────────────────┘　　└─────────────────┘

ポイント

免税取引は、税率0％の消費税の課税取引。0％のため、実質的に消費税はかからないが、課税売上高を計算するときは、課税売上高に含めて計算する

30 消費税額の算定①

計算方法には原則課税と簡易課税がある

● 納付税額の計算方法について

消費税の課税事業者となった場合、課税期間を一単位として納付税額を計算しなければなりません。納付税額の計算方法には、「原則課税」と「簡易課税」という、大きく分けて２つの方法があります。

消費税の基本的な考え方は、消費者から徴収した税額から事業者自身が負担した税額を控除するというものです。この考え方に即した計算方法が、「原則課税」です。原則課税では、一課税期間中の売上に含まれる消費税額から、仕入に含まれる消費税額を控除した残額が納付税額となります。課税取引に分類される売上と仕入をそれぞれ集計し、それぞれに含まれる消費税額を計算により割り出すというイメージです。

なお、この場合の売上、仕入とは、帳簿上に記載された勘定科目名に関係なく、消費税の計算の対象となるような収入、支出をいいます。つまり営業外の収入や、資産の購入なども該当するということです。

次に「簡易課税」ですが、これは文字通り簡易に省略した計算方法です。基準期間における課税売上高が5,000万円以下である事業者に対し、選択により適用される方法です。

一般的に、仕入に対する消費税額を計算するのは、非常に煩雑です。なぜなら、仕入や経費など１つひとつの取引を、課税、非課税などと分類することは、非常に地道で手間がかかる作業が必要となるからです。そこで、卸売業、小売業、製造業、サービス業など業種別に大まかな「みなし仕入率」をあらかじめ定めておきます。みなし仕入率とは、売上の内に仕入が占める割合のことです。売上にこの「みなし仕入率」を掛けて、納付税額を計算するという方法が、簡易課税となります。実際の課税仕入の金額を計算する必要がないため、計算が簡単に済みます。中小企業や個人経営者のような小規模事業者の事務負担を減らす配慮からできた制度といえます。

● 原則課税方式とは

事業者が納付する消費税額は、課税期間中に消費者から徴収した消費税から、事業者自身が負担した消費税額を差し引いて計算します。これは、各取引段階における「税の累積を排除する」という考え方に基づいた計算方法です。要するに、消費税を計算するためには、「徴収した消費税額」と「負担した消費税額」の２つの要素が必要

ということです。これは、原則課税方式、簡易課税方式などの計算方法にかかわらず、共通した考え方だといえます。徴収した消費税額を計算するために、まずは税率を掛ける基礎となる金額を算出します。簡単にいえば税抜の課税売上高のことですが、これを「課税標準額」といいます。

一方、負担した消費税額を計算するためには、課税仕入に含まれる消費税額を計算します。この消費税額を「課税仕入等に係る消費税額」といいます。

要するに、消費税額の計算方法とは、課税標準額に税率を掛けたものから、課税仕入等に対する税額を控除するという方法です。

●課税標準額を求める

税額計算の基礎となる金額を「課税標準額」といいます。課税標準額は、課税売上の税抜にした金額となります。要するに、課税期間中の収入のうち課税取引に該当するものを集計し、最後に税抜に換算したものが課税標準額です。

課税標準額に、7.8%の税率を掛けて、消費税額が算出されます。この金額を、「課税標準額に対する消費税額」とい

います。

課税標準額を計算するときに注意しなければならないのは、課税売上に該当するのかどうかの判定です。本業による売上以外にも課税収入があれば、もれなく課税標準に含めなければなりません。

課税売上に該当する収入の例を挙げてみましょう。たとえば会社の保有資産を売却した場合、その資産が課税資産であれば、譲渡対価が課税標準額に含まれます。個人事業者が自分で使用した棚卸資産や、会社の役員が会社からもらった資産は、実は「みなし譲渡」といって、一定金額が課税標準に含まれます。土地付建物を売却した場合など、非課税資産と課税資産を一括で譲渡した場合は、合理的な計算で課税部分を区別する必要があります。

決算の段階で過去に遡って処理をすると、手間もかかり、ミスもしがちになります。本業以外の取引による収入件数は、そう多くないはずです。取引の都度契約書を確認するなどして、課税、非課税の分類は早めに済ませておくとよいでしょう。

原則課税の計算方法

●原則課税方式

事業者の支払う 消費税の納付税額	=	売上に含まれる 消費税額	−	仕入に含まれる 消費税額

31 消費税額の算定②

計算方法には、個別対応方式と一括比例配分方式がある

●仕入控除税額を計算する

　課税標準額に対する消費税額から控除する課税仕入等に対する消費税額には、国内における仕入による消費税と税関から輸入貨物を引き取った時に対する輸入消費税があります。国内における仕入による消費税のことを、「仕入控除税額」といいます。

　仕入控除税額を算出するためには、まず課税期間中に行った「課税」仕入の合計金額を把握する必要があります。課税仕入には、仕入、経費以外に、固定資産の譲渡や貸付を行った場合も該当します。

　このような課税期間中のすべての支出に対する取引を、課税、非課税、消費税対象外のいずれかに分類した上で、課税に分類された取引の税込金額を集計します。税率が国税7.8%、地方税が2.2%の場合、課税仕入の合計金額に110分の7.8を掛けた金額が「仕入控除税額」の基礎になります。ここからケースに応じて一定の調整計算を加え、計算していくことになります。

　ところで、事業者が「非課税売上」を獲得するために行った仕入で負担した消費税はどうなるのでしょうか。非課税売上の場合、最終消費者は消費税を負担しません。そのため、非課税売上のための仕入に対する消費税額については、実は仕入を行った事業者が負担することになります。つまり「非課税売上」のための「課税仕入」は、仕入控除税額から除外する必要があるということです。この除外する金額は、「課税売上割合」という割合を用いて計算します。

　非課税売上・課税売上・免税売上の合計金額のうち課税売上の占める割合を、「課税売上割合」といいます。単純に非課税売上のための課税仕入だけを抽出することは、現実的には困難であるため、便宜上割合を使って計算するというわけです。

　なお、計算する側の事務処理の煩雑さを考慮して、課税売上割合が95%以上である場合、課税売上高5億円超の大規模事業者を除き、非課税売上はないものとみなされ、課税仕入に対する消費税額は、全額控除することができます。

　課税売上割合が95%未満の事業者については、非課税売上のための課税仕入に対する税額は、仕入控除税額から除外します。その計算方法は、①個別対応方式、②一括比例配分方式の2つがあります。それぞれの計算方法について見ていきましょう。

① 個別対応方式

まず、課税仕入を㋑課税売上に対応する課税仕入、㋺非課税売上に対応する課税仕入、㋩課税売上・非課税売上共通の課税仕入、の３つに分類します。㋑に含まれる消費税額は全額仕入控除税額となります。㋺に含まれる消費税額については全額仕入控除税額の対象外となります。㋩に含まれる消費税額は、課税売上割合に応じた金額が仕入控除税額となります（下図参照）。

② 一括比例配分方式

課税仕入に対する消費税額全額に課税売上割合を掛けて仕入控除税額を計算する方法です（下図参照）。課税仕入を分類する必要がないため、①より簡便ですが、一度選択すると２年間継続して選択しなければなりません。

消費税額の計算方法

◆個別対応方式

課税期間中の課税仕入に対する消費税額のすべてを次のように区分する

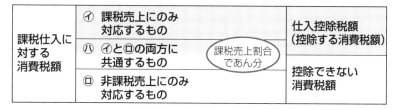

次の算式により計算した仕入控除税額を、課税期間中の課税売上に対する消費税額から控除する

◆一括比例配分方式

次の算式により計算した仕入控除税額を、課税期間中の課税売上に対する消費税額から控除する

| 仕入控除税額 | ＝ | 課税仕入に対する消費税額 | × | 課税売上割合 |

消費税額の調整や端数処理

課税標準額は、千円未満の端数を切り捨てて計算する

● 調整対象固定資産の調整計算

　高額の固定資産を購入した場合、以下のような特例があります。

　たまたま課税売上割合が大きく変動した年度に高額の固定資産を購入した場合、仕入控除税額にも大きく影響します。割合が通常よりも高ければ得をするし、低ければ損をするというわけです。この課税の不公平感を解消するため、税抜100万円以上の一定の資産（調整対象固定資産）を購入し、以後3年間に課税売上割合が大きく変動した場合は、一定の調整計算を行います。購入年度の課税売上割合が低かった場合は加算、高かった場合は減算の調整を行います。なお、免税事業者が、課税事業者の選択をしてこの特例を受ける場合、3年間は課税事業者として扱われるため、注意が必要です。

● 返品や値引き、貸倒れの取扱い

　売上の返品や値引きを行った場合、課税売上であれば消費者への代金の返還も、消費税込で行います。この返還した部分の消費税は、仕入控除税額と同様、事業者が納付すべき消費税から控除することができます。値引き、返品のことを消費税法上「売上対価の返還等」といいます。得意先の倒産等の理由で、売掛金等が回収できなくなることを貸倒れといいます。貸倒れ部分に含まれる消費税分も、売上対価の返還等と同じく、控除することができます。

● 消費税額の調整や端数処理

　一般的に使用する勘定科目ごとの消費税の取扱いは図（次ページ）の通りです。

　消費税の計算を行う場合、課税標準額、課税仕入に対する消費税額、差引税額の各段階で端数処理を行います。この端数計算の方法について見ていきます。課税標準額は、課税売上高の税抜価格を求めた後に千円未満の端数を切り捨てて計算します。

　課税仕入に対する消費税額、売上対価の返還等に対する消費税額、貸倒れに対する消費税額の計算を行う場合、それぞれで発生した1円未満の端数については、切り捨てて計算します。

　差引税額の計算を行う場合、課税標準額に対する消費税額から課税仕入等に対する消費税額を控除した後、その残額に100円未満の端数があるときは、端数を切り捨てて計算します。中間納付税額も、100円未満の端数を切り捨てて計算します。

　なお、たとえば小売業など、少額の

商品を大量に販売する場合、価格設定時に1円未満の端数処理が生じることがあります。この1円未満の端数については、事業主の判断で、切り捨て、切り上げ、四捨五入のいずれを採用してもよいとされています。また、価格の表示方法が税抜き価格であるか税込み価格であるかによっても、金額に若干のズレが生じる場合もあります。しかし、消費税における課税標準額は、あくまで設定された価格の税込金額を基に計算することになるため、価格の設定方法については、事業主の判断によることになります。

勘定科目ごとの消費税の取扱い

	勘定科目	取扱い
①	商品や原材料仕入	課税。
②	給料・賃金	不課税。ただし通勤手当や国内の出張手当は課税。
③	福利厚生費	慶弔費・会社内の部活などの助成金は不課税。 物品の購入代は課税。
④	消耗品	課税。
⑤	旅費交通費	旅費、宿泊費、日当は課税。海外出張は輸出免税。
⑥	通信費	国内通信は課税。国際通信は輸出免税。
⑦	水道光熱費	課税。
⑧	交際費	課税。慶弔費は不課税。商品券は非課税。
⑨	広告宣伝費	課税。広告宣伝用プリペイドカードなどは非課税。
⑩	租税公課	不課税。印紙、証紙は非課税。
⑪	支払保険料	非課税。
⑫	賃借料	課税。土地、居住用家屋の賃借は非課税。
⑬	修繕費	課税。
⑭	謝金・外注費	課税。
⑮	寄付金・会費	不課税。懇親会など対価性のあるものは課税。
⑯	車両燃料費	課税。軽油代に含まれる軽油引取税は不課税。
⑰	支払手数料	課税。行政手数料は非課税。
⑱	支払利息	非課税。
⑲	機械や建物等、車両や器具備品の購入、賃借	課税。
⑳	減価償却費	不課税。
㉑	荷造運賃	課税。
㉒	固定資産等の滅失による損失	不課税。

33 仕入税額控除と帳簿の保存
課税期間終了後2か月を経過した日から7年間保存する

●帳簿を保存する

　課税仕入等に対する消費税額の控除を受けるためには、原則として帳簿及び事実を証明する請求書等の両方を保存しなければなりません。これらの帳簿及び請求書等は、課税期間終了後2か月を経過した日から7年間、申告書に記載した事務所の所在地などに保存します。ただし最後の2年間は、帳簿及び請求書等のいずれか一方でよいということになっています。

　国内における課税仕入の場合、帳簿への記載事項は以下の通りです。ただし、小売業、飲食店業などの事業者は、「課税仕入の相手先の氏名又は名称」の記載を省略することができます。

・課税仕入の相手先の氏名又は名称（会社名など）
・課税仕入を行った年月日
・課税仕入に対する資産又は役務の内容
・課税仕入に対する仕入対価の額
　輸入取引の場合、記載事項は以下の通りです。
・課税貨物を保税地域から引き取った年月日
・課税貨物の内容
・課税貨物の引取りに対する消費税額及び地方消費税額
　国内における課税仕入の場合、請求書等の記載事項は以下の通りです。小売業、飲食店業などを営む事業者は、「書類の交付を受ける事業者の氏名又は名称」を省略することができます。

・書類の作成者の氏名又は名称
・取引を行った年月日
・取引の内容
・取引の対価の額
・書類の交付を受ける事業者の氏名又は名称（仕入明細書等の場合には、課税仕入の相手方の氏名又は名称）
　輸出取引の場合、輸入許可書等の記載事項は以下の通りです。

・保税地域の所在地を所轄する税関長の氏名
・課税貨物を引き取ることができることとなった年月日
・課税貨物の内容
・取引の対価及び引取りに対する輸入消費税額及び輸入地方消費税額
・書類の交付を受ける事業者の氏名又は名称
　なお、1回の税込取引金額が税込3万円未満の場合や、請求書等の交付を受けなかったことについてやむを得ない理由がある場合など、例外として請求書等の保存をしなくても控除を受けることができる場合があります。

34 簡易課税制度①

みなし仕入率を利用した簡便な計算方法である

● 簡易課税制度とは

簡易課税制度とは、消費税の計算をより簡便な方法で行うことのできる制度です。課税仕入に対する仕入控除税額を、「みなし仕入率」を利用して売上から概算で計算するというのが、原則課税方式と異なる点です。簡易課税制度を採用した場合、課税仕入、非課税仕入の分類、課税売上割合の計算、課税仕入の売上と対応させた分類をする必要がありません。この制度は、「基準期間における課税売上高」が5,000万円以下である事業者にのみ適用されます。ただし、事業者の届出による選択適用であるため、「簡易課税制度選択届出書」を税務署へ提出し

ておく必要があります。届出を提出すると、翌事業年度から簡易課税制度が適用されます。一度選択すると原則2年間継続適用されるので、原則課税方式と比較検討する必要があります。

● みなし仕入率

簡易課税制度では、売上に対する消費税のうち何割かは仕入控除税額として控除すべき金額が占めているという考え方をします。仕入控除税額が占めている割合は、売上のうちに仕入が占める割合と一致しているとみなして、業種ごとに「みなし仕入率」が定められています。

業種ごとのみなし仕入率

第1種事業	卸売業（みなし仕入率90%）
第2種事業	小売業（みなし仕入率80%）
第3種事業	農業・林業・漁業・鉱業・建設業・製造業・電気業・ガス業・熱供給業・水道業（みなし仕入率70%）（※）
第4種事業	第1種〜第3種、第5種及び第6種事業以外の事業。たとえば飲食店業等（みなし仕入率60%）
第5種事業	第1種〜第3種以外の事業のうち、運輸通信業・金融業・保険業・サービス業（飲食店業に該当するものを除く）（みなし仕入率50%）
第6種事業	不動産業（みなし仕入率40%）

※食用の農林水産物を生産する事業は、消費税の軽減税率（8%）が適用される場合において、
　第2種事業としてみなし仕入率が80%となる。

●具体的な計算例

　簡易課税制度は、みなし仕入率を課税標準額に対する消費税額に掛けることにより仕入控除税額を算出するという方法です。つまり、制度を適用する場合、仕入控除税額の計算は、課税売上がどの業種に属するかを分類するだけでよいということになります。

　たとえば卸売業を営む場合、みなし仕入率は90％です（前ページ図）。課税売上高が税抜2,000万円の場合で税率を10％として計算すると、課税売上に対する消費税額は、2,000万円×10％＝200万円となります。

　次に、仕入控除税額ですが、これを課税売上の90％とみなして計算します。控除仕入税額は、2,000万円×10％×90％＝180万円となります。したがって、差引納付税額は、200万円－180万円＝20万円となります。

●課税取引はどのように選択するのか

　簡易課税制度を選択した事業者が複数の事業を営んでいる場合、以下のように、原則として、それぞれの事業について算出した金額を合計することになります（ただし、1種類又は2種類の業種で75％を占めるような場合は、簡便な方法で計算することも認められ

ています）。

（第1種事業に対する消費税額×90％＋第2種事業に対する消費税額×80％＋第3種事業に対する消費税額×70％＋第4種事業に対する消費税額×60％＋第5種事業に対する消費税額×50％＋第6種事業に対する消費税額×40％）／売上に対する消費税額の合計

●簡易課税制度適用される取引

　仕入控除税額が多くなると、当然納める税額が少なくなります。つまり納税者に有利な結果ということです。

　簡易課税制度を選択した方が有利になる場合とは、実際の仕入率よりみなし仕入率の方が大きい場合です。仕入率の比較的低い業種や、人件費など課税対象外の経費が多い業種であれば、簡易課税制度を適用した方が有利ということになります。

　また、簡易課税制度は申告の事務手数がかなり簡略化されるため、事業者によっては、原則課税方式と比較して多少不利な結果になったとしても、選択するメリットがあるという考え方をする事業者もあるようです。

36 消費税法上の特例

国、地方公共団体等に対する特例もある

● どんな特例があるのか

国、地方公共団体、公共・公益法人などの活動は公共性が強く、たとえば法令上の制約がある場合や、助成金などの資金を得て活動している場合もあります。このように国等の事業活動には特殊な面が多いことから、消費税法上もいくつかの特例が設けられています。

国等の特例には、①資産の譲渡等の会計単位の特例、②納税義務の成立時期の特例、③申告期限の特例、④特定収入に対する仕入控除税額、と大きく分けて4つあります。

① 資産の譲渡等の会計単位の特例

一般企業では、複数の業種を営む場合も会計はひとつです。つまり1つの決算書に、本業も副業も併せて表示するというわけです。一方、国や地方公共団体の会計は、その財源や事業ごとに分かれている場合があります。このような、特別に独立した会計のことを特別会計といいます。これに対して、その他の運営全般を受け持つ会計も存在し、これを一般会計といいます。

国又は地方公共団体は、前述の特別会計、一般会計ごとに一法人が行う事業とみなされるというのが、会計単位の特例です。

② 納税義務の成立時期の特例

納税義務の成立時期は、原則的には「課税資産の引渡し」等を行った日です（155ページ参照）。ところが国又は地方公共団体が行った資産の譲渡等又は課税仕入等の時期については、その対価を収納すべき又は支払いをすべき「会計年度の末日」に行われたものとすることができます。なお、税務署の承認を受けた一定の公益、公共法人等の場合も、上記の特例と同様の取扱いとなります。

③ 申告期限の特例

国又は地方公共団体の特別会計の申告書の提出期限は、課税期間終了後3か月から6か月までの範囲で定められています。国については課税期間終了後5か月以内、地方公共団体については課税期間終了後6か月以内、地方公共団体が経営する企業については課税期間終了後3か月内です。なお、国又は地方公共団体の一般会計については、課税標準額に対する消費税額と仕入控除税額が同額であるとみなされるため、申告、納税義務はありません。

税務署から承認を受けた一定の公益、公共法人等の申告書の提出期限は、6か月以内でその承認を受けた期限内となります。

第4章　法人税・消費税など知っておきたい税務の知識

167

37 特定収入に対する仕入税額控除の特例①

不課税取引に対応した部分について控除の対象から除外する特例

● 特定収入に対する仕入税額控除の特例

前項目の①～③（前ページ）は、少し特別な事情のある法人に関する特例といえます。これに対して④は、国又は地方公共団体や公益、公共法人等に加えて、NPO法人のような「人格のない社団等」に関しても適用される特例です。

特定収入に対する仕入税額控除の特例とは、仕入控除税額のうち、寄附金や助成金など一定の「不課税取引」に対応した部分については控除の対象から除外するという特例です。

なぜこのような特例が必要なのか、ボランティア活動を行うNPO法人を例に挙げて、考えてみましょう。ある団体が寄附金を集めて食品を購入し、災害地へ配布したとします。受け取った寄附金は「不課税取引」ですから消費税の課税対象外です。一方、購入した食品代は課税仕入であるため仕入税額控除の対象となります。寄附金以外に収入がなかったとすると、通常の計算方法の場合、食品代に対する消費税相当分は還付されることになります。寄附を受け取って購入した分の税金が還付されるというのでは、課税に不公平が生じてしまいます。また、ボランティアのような事業活動では次段

階の取引である販売先は存在しないため、食品代に含まれる消費税は、最終消費者である当団体が負担すべきものだといえます。このような制度上の不都合を解消するために設けられたのが、特定収入に対する仕入税額控除の特例です。

特例の内容とは、仕入控除税額の調整計算を行うことになります。一定の「不課税取引」による収入を「特定収入」といいます。簡単にいえば寄附金や助成金のような収入です。収入全体のうち、この特定収入が占める割合が多いと判定された場合、調整計算により仕入控除税額が減額されます。ただし、免税事業者と簡易課税制度を選択している事業者には、この特例は適用されません。

● 特定収入とは

特定収入とは、わかりやすく言うと「課税売上」「免税売上」「非課税売上」以外の収入、つまり不課税取引による収入のことです。具体例を挙げてみると、租税・補助金・交付金・寄附金・出資に対する配当金・保険金・損害賠償金・経常会費・入会金などが特定収入に該当します。ただし、借入金（補助金等で返済される規定があるもの以

外）や出資金、預り金、あるいは非課税仕入、人件費などに使用されることが明らかな収入など、政令で定める一定の収入は、特定収入に該当しません。

○特定収入がない場合の消費税

まず、特例が適用されるかどうか判定を行います。「税抜課税売上」「免税売上」「非課税売上」「特定収入」の合計金額のうち「特定収入」の占める割合（「特定収入割合」）を計算します。

特定収入割合が5％以下である場合、あるいは特定収入がない場合には、通常の原則課税方式で計算します。

○特定収入がある場合の消費税

「特定収入割合」が5％超であった場合、仕入控除税額は、特定収入を原資とする課税仕入等の税額を取り除いて調整します。

特定収入に対する課税仕入等の税額

については、特定収入はすべて課税仕入を行う目的で使用したものとして、「特定収入」×7.8/110に相当する金額とします。

この特定収入についてですが、法令や交付要綱などで交付目的が明らかにされているものもありますが、中には用途が明らかにされていないものもあります。用途が明らかにされていないということは、事業者側は必ずしも課税仕入を行うために使用するとは限りませんので、収入すべてを調整対象にしてしまうと実態とは合わなくなってきます。

このような使途不特定の特定収入がある場合は、課税仕入のうち収入に応じた一定の割合（調整割合）分だけ、調整計算を行います。

調整割合は、「使途不特定の特定収入」／（税抜課税売上高＋非課税売上高＋免税売上高＋使途不特定の特定収入）となります。

特定収入とは

不課税取引による収入		一定の特定収入に該当しない収入（借入金・出資金・預貯金等）	特定収入以外の収入
		非課税仕入、人件費などに使用されることが明らかな収入	
	特定収入	課税仕入のために使用されることが明らかな収入 → 課税仕入等に対する特定収入	
		その他の収入 → 使途不特定の特定収入 → 調整割合の計算	

特定収入に対する仕入税額控除の特例②

特定収入に対する調整金額についても課税売上割合を対応させる必要がある

●個別対応方式と一括比例配分方式

課税売上割合が95％未満で簡易課税制度を選択していない事業者の場合、仕入税額控除の計算方法は個別対応方式又は一括比例配分方式となります。①個別対応方式又は②一括比例配分方式が採用された場合、特定収入に対する調整金額についても課税売上割合を対応させる必要があり、計算方法は以下のようになります。なお、消費税率は10％とします。

① 個別対応方式

使途が特定されている特定収入を、㋑「課税売上のためにのみ要する課税仕入に対する特定収入」、㋺「課税売上と非課税売上に共通して要する課税仕入に対する特定収入」とに分類します。

調整金額は、㋑×7.8/110＋㋺×7.8/110×「課税売上割合」＋（「調整前の課税仕入に対する消費税額」－㋑の消費税額・㋺の消費税額）×「調整割合」となります。なお、調整前の課税仕入にする消費税額とは、個別対応方式により通常通り課税仕入を分類して計算された金額です。

② 一括比例配分方式

特定収入に対する課税仕入についても一括で課税売上割合を乗じて計算します。調整金額は、㋑課税仕入に対する特定収入×7.8/110×課税売上割合と㋺（調整前の課税仕入に対する消費税額－㋑の消費税額）×調整割合との合計額となります。

なお、調整前の課税仕入に対する消費税額とは、通常の一括比例配分方式により課税売上割合を乗じて計算した金額です。

消費税法上の特例

特　例	国・地方公共団体		公共法人・公益法人等	人格のない社団等
	一般会計	特別会計		
会計単位の特例	適用	適用	－	－
納税義務の成立時期の特例	適用	適用	承認必要	－
申告期限の特例	申告義務なし	適用	承認必要	－
特定収入に対する仕入税額控除の特例	課税標準額に対する消費税額と同額とみなす	適用	適用	適用

39 消費税の申告・納付①
直前の確定申告で中間申告の回数が決まる

◯どのように申告・納税するのか

消費税の申告や納税方法については、確定申告と中間申告があります。

① 確定申告

消費税の課税事業者になった場合は、税務署に消費税の確定申告書を提出し、申告期限までに消費税を納付しなければなりません。法人の申告期限は、課税期間終了後2か月以内です。また、会計監査人の監査を受けるなどの理由で2か月以内に決算が確定しない場合には、事業年度終了の日までに申請書を提出すれば、原則として、1か月間申告期限を延長できます。個人の場合は原則として翌年の3月31日ですが、課税期間を短縮する特例を受けた場合には、申告期限は課税期間終了後2か月以内となる場合があります。

消費税額は、課税期間中に得意先からの売上などと一緒に預かった消費税の合計から、課税期間中に仕入や経費と一緒に支払った消費税の合計を差し引いて計算します。これを確定消費税額といいます。逆に預かった税金より支払った税金の方が多い場合には、申告により差額の税金の還付を受けます。

② 中間申告

直前の課税期間分の消費税額が一定金額を超えた場合、次の課税期間では中間申告をしなければなりません。中間申告とは、進行中の課税期間の確定消費税額を概算で見積もり、前もってその一部を申告・納付する事です。

中間申告を行う時期と回数については、前課税期間の確定消費税額（地方消費税を除く）が48万円以下であれば、中間申告は不要です。前課税期間の確定消費税額が48万円超400万円以下であれば年1回6か月後に、400万円超4,800万円以下であれば年3回3か月ごとに、4,800万円超であれば年11回毎月、中間申告を行います。申告期限はそれぞれ6か月、3か月、1か月の「中間申告対象期間」終了後2か月以内です。

たとえば3月決算の会社で、年1回中間申告を行う場合、中間申告対象期間は4月〜9月、申告期限は11月ということになります。

なお、法人の場合も個人の場合も、中間申告義務のない事業者でも、任意で中間申告を行うことができます（6か月中間申告）。

中間申告により納付した税額は、確定申告を行う際に「既に納付した金額」として確定消費税額から差し引きます。確定消費税額の方が少ない結果となった場合には、中間申告により払い過ぎた消費税が還付されます。

40 消費税の申告・納付②

中間申告の場合、予定申告方式と仮決算方式がある

● 中間申告における納付税額の計算

中間申告の計算方法については、①予定申告方式と②仮決算方式の2つの方法があります。これらの方法については、特に届出などの手続きを行わずに自由に選択することができます。

① 予定申告方式

中間申告の納付税額を、前年度の確定消費税額を月数按分して計算する方法です。中間申告が年1回であれば「確定消費税額×1/2」、3回であれば「確定消費税額×1/4」、11回であれば「確定消費税額×1/12」が、それぞれ納付税額ということになります。実際には税務署から送付される申告用紙と納付書にあらかじめ金額が印字されているので、計算の必要はありません。

② 仮決算方式

中間申告対象期間ごとに決算処理を行い、中間申告の納付税額を計算する方法をいいます。中間申告が年1回であれば6か月、3回であれば3か月、11回であれば1か月の期間をそれぞれ1つの課税期間とみなして、確定申告と同様の手順で納付税額の計算を行います。この方法は申告の回数が増えるので事務負担がかかりますが、予定申告による納付税額の方が多く資金繰りが厳しい場合には、検討するメリットがあります。ただし、仮決算方式を選択した場合、確定申告を行うまでは消費税の還付を受けることはできません。また、提出期限を過ぎてから提出をすることは認められません。

消費税の確定申告・納付

個人事業者 ------- 翌年の3月末日

法　　人 ------- 課税期間の末日の翌日から2か月以内

消費税の中間申告・納付（国税）

直前の確定消費税	中間申告の回数	中間納付税額
48万円以下	中間申告不要	———
48万円超400万円以下	年1回	直前の確定消費税額 × $\frac{1}{2}$
400万円超4,800万円以下	年3回	直前の確定消費税額 × $\frac{1}{4}$
4,800万円超	年11回	直前の確定消費税額 × $\frac{1}{12}$

41 消費税の罰則

無申告加算税、過少申告加算税、延滞税、重加算税などが課される

●罰則について

消費税は、実は滞納が多い税金であると言われています。では実際に申告や納付を行わなかった場合、どうなるのでしょうか。

消費税の申告書の提出や納付の期限を過ぎてしまった、あるいは税額が過小であった場合、「附帯税」が課せられます。附帯税とは、消費税本体に加えて付加的に課せられるペナルティ的な性質の税のことです。この附帯税に対し、納めるべき消費税本体のことを「本税」といいます。附帯税には、①無申告加算税、②過少申告加算税、③延滞税、④重加算税などがあります。

① 無申告加算税

申告を行わなかったことに対する附帯税です。後日自主的に申告、納付を行った場合には本税×5％に相当する金額が課せられます。一方、税務調査等で指摘を受けて申告、納付した場合には、50万円までの部分に対しては本税×15％、50万円を超える部分に対しては本税×20％に相当する金額が課せられます。附帯税額が5,000円未満の場合、無申告加算税は免除されます。

② 過少申告加算税

納付税額が実際よりも過小であった場合に課されます。後日修正申告として自主的に申告、納付した場合と、附帯税額が5,000円未満の場合には、課税されません。上記以外の場合、期限内に申告した本税の額と50万円と比較し、どちらか多い方の金額をボーダーラインとして税率が変わります。ボーダーラインを下回る部分については10％、上回る部分については15％が課税されます。

③ 延滞税

申告期限より遅れた期間に対する利息の性質をもつ税金です。申告期限から2か月までについては本税×2.5％、2か月を超える期間については本税×8.8％が、日数に応じて課税されます。ただし合計で1,000円未満の場合は、免除されます。なお、この税率は令和3年1月1日から12月31日までのものです。

④ 重加算税

消費税の申告に関して、仮装、隠ぺいの事実があった場合など、悪質であると判断された場合に、過少申告加算税や無申告加算税の代わりに課税される附帯税です。

期限内申告の場合、本税×35％、期限後申告の場合、本税×40％が課税されます。

42 法人住民税

法人住民税にも道府県民税と市町村民税がある

● 法人住民税とは

　会社が納める住民税を法人住民税といいます。法人税が国税であるのに対して、住民税は地方税という位置づけになります。

　個人住民税と同じく、法人住民税にも道府県民税と市町村民税があります。ただし、東京特別区だけに所在する法人には区の分と合わせて法人都民税だけがかかります。法人住民税には、次の2つがあります。

① 均等割

　法人所得の黒字、赤字を問わず資本金や従業員数等に応じて課税されるものです。道府県民税が最低2万円から5段階、市町村民税が最低5万円から9段階に分かれています。

② 法人税割

　個人住民税における所得割に相当するもので、原則として国に納付する法人税額を基礎として課税されます。税率は、地方公共団体ごとに、「標準税率」（税率を定める場合に通常基準となる税率）と「制限税率」（最高税率のこと）の範囲内で定められています。国に納付する法人税額にこの税率を掛けて、税額が決まります。標準税率は、道府県民税が1.0％、市町村民税が6.0％となっています。

　法人住民税は、原則としてその都道府県・市区町村に事務所・事業所・寮等を有している会社が納める税金です。都道府県・市区町村に事務所・事業所を有する会社は、均等割額・法人税割額の両方が課税されます。赤字で確定法人税額がない場合や、都道府県・市区町村内に寮などを有する会社でその都道府県・市区町村内に事務所・事業所等を有していない場合は、均等割額のみが課税されます。

　預貯金の利子などを基礎として課税される利子割は、現在個人住民税のみに課され、法人住民税には課されません。

　なお、法人住民税は、法人税と同様に損金算入することはできません。一方、同じ地方税である法人事業税（176ページ）については損金算入することができます。

● 市区町村への届出が必要な場合

　次のような場合は、市区町村への届出が必要です。

・市区町村内に法人を設立又は事業所を設置した場合は、設立等届出書
・市区町村内に事業所等がある法人で、事業年度、名称、所在地、代表者、資本等の変更又は法人の解散、清算結了、事業所の閉鎖等があった場合

は、異動届出書

なお、設立等届出書、異動届出書を提出する際は、登記事項証明書などの添付が必要です。

法人住民税の申告納付期限

法人住民税も法人税と同様に「申告納税制度」によりますので、確定申告書を作成し、提出しなければなりません。

申告納付期限は、法人税と同様、各事業年度終了の日の翌日から2か月以内です。ただし、会計監査人の監査を受けるなどの理由で2か月以内に決算が確定しない場合には、事業年度終了の日までに申請書を提出すれば、原則として、1か月間申告期限を延長できます。

また、会計監査人を置いている場合で、かつ、定款で事業年度終了日の翌日から3か月以内に決算にかかる定時総会が開催されない定めになっている場合には、決算日後最長6か月まで申告期限が延長可能になっています。なお、納税については、通常の申告納付期限である2か月を超えて納税をした場合、別途利子税がかかります。

中間申告が必要な法人のケース

法人住民税の場合は個人住民税と異なり「中間申告制度」が設けられています。事業年度が6か月を超える法人については、事業年度開始の日以後6か月を経過した日から2か月以内に中間申告書を提出し、住民税を納付する必要があります。

中間申告方法も、法人税と同様に「仮決算」と「予定申告」の2種類の方法があります。

複数の地域に営業所がある場合

複数の都道府県や市町村に営業所などがある場合には、次のように法人税割を計算します。

まず、当期の法人税額を各営業所の従業員の数で按分します。そして、各地方公共団体で定める税率をそれぞれ按分した法人税額に掛けて法人税割を求めます。

均等割については、営業所が所在するそれぞれの都道府県や市区町村の定める均等割を納めます。

法人住民税の概要

法人住民税	道府県民税	均等割額	資本金・従業員数等に応じて課税
		法人税割額	法人税額を基礎として課税
	市町村民税	均等割額	資本金・従業員数等に応じて課税
		法人税割額	法人税額を基礎として課税

43 法人事業税

行政サービスの経費の一部を負担する性格の税金である

●法人事業税とは

法人事業税とは、都道府県に事務所・事業所又は国内に恒久的な施設を有し、事業を行う法人に課税されます。法人が都道府県から受けるサービスの経費の一部を負担する性格の税金です。

法人事業税が課税される根拠としては、法人がその事業活動を行うために、都道府県の各種行政サービスを受けていることから、これらに必要な経費を分担すべきであるという考え方に基づいています。一方、事業税を負担する法人側の処理としては、法人税などの課税所得計算において、一般の経費と同様に損金処理が認められています。

法人事業税は、国内で事業を行う法人に課税されますが、国・都道府県・市区町村・公共法人には課税されません。また、公益法人等の公益事業に関する所得については、法人事業税が課税されませんが、公益法人等の収益事業については、普通法人と同じように法人事業税が課税されます。

法人事業税の課税標準は、電気供給業・ガス供給業・生命保険事業・損害保険事業を行う法人については、その法人の各事業年度の収入金額が、それ以外の事業を行う一般の法人については、各事業年度の所得金額が課税標準となります。資本金・床面積等の外形を使う方法もありますが、通常は所得金額を課税標準とする方法をとっています。

●法人事業税の計算方法

法人事業税の課税標準である各事業年度の所得金額は、法人税申告書「別表四」の「総計」の所得金額に一定の金額を加減算して求め、その所得金額に次の標準税率を乗じて法人事業税を計算します。

一般法人の標準税率は、所得のうち年400万円以下の金額については3.5％、所得のうち年400万円超800万円以下の金額については5.3％、所得のうち年800万円超の金額及び清算所得の金額については7.0％となります。さらに、標準税率で計算された法人事業税（基準法人所得割額）に37％を掛けた額を特別法人事業税（国税）として合わせて納める必要があります。事業税は地方税なので、各都道府県が政令で定めた規定によって課されるため、資本金の額や所得金額などに応じて税率が異なります。ただし、標準税率に1.2を乗じた税率の範囲内でしか適用することができません。

●いつ申告・納付するのか

法人事業税も確定申告書を作成して申告納付しなければなりません。申告納付期限は、各事業年度終了の日の翌日から2か月以内です。

中間申告納付についても、その事業年度開始の日から6か月を経過した日から2か月以内に申告納付しなければなりません。法人税と同様に「予定申告」「仮決算」方法の2つがあります。

●外形標準課税とは

外形標準課税とは、所得に対して課税するのではなく、事業所の賃借料や人件費、資本金の額など客観的な判断基準を基に課税する制度です。

外形標準課税では、法人の所得、付加価値額、資本金等の額の3つの金額を課税標準として、それぞれの課税標準に一定税率を掛けたものを合算して法人事業税を計算します。所得に税率を掛けたものを所得割、付加価値額に税率を掛けたものを付加価値割、そして資本金等の額に税率を掛けたものを資本割といいます。

外形標準課税は、赤字企業にも税負担を求める代わりに、所得に対する税率は一般法人に比べて低くなっています。そのため、利益獲得力の高い企業にとっては、税金負担を減少させる効果があります。外形標準課税は、資本金が1億円を超える法人に対して適用されます。ただし、収入金額を事業税の課税標準とする一定の法人(電気・ガス事業者など)及び一般社団・一般財団法人、投資法人、特定目的会社には適用されません。

所得割に対する標準税率は、所得のうち400万円以下が0.4%、400万円超800万円以下が0.7%、800万円超が1.0%となっています。この他に基準法人所得割額(標準税率により計算した法人事業税の所得割額)に260%を掛けた特別法人事業税が課されます。

また、付加価値割に対する標準税率は1.2%、資本割に対する標準税率は0.5%が適用されます。

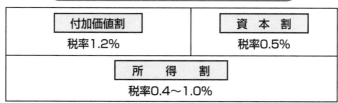

法人事業税の外形標準課税

対象となるのは資本金1億円を超える法人

付加価値割	資 本 割
税率1.2%	税率0.5%

所 得 割
税率0.4〜1.0%

44 不動産の取得や売却時にかかる税金

印紙税、登録免許税、不動産取得税、消費税などの税金がかかる

◉不動産取得税

不動産取得税は、土地や建物を買ったり建物を建築した場合に、その取得した者に対して課税されます。納税義務者は、不動産を売買・建築などで取得した者で、課税標準となる不動産の価格は、固定資産課税台帳に登録されている固定資産税評価額に基づいて計算します。

不動産取得税の計算は、具体的には、取得した不動産の価格（課税標準額）に税率を掛けて求めます。

◉消費税

国内にある不動産を事業者から購入した場合には、消費税がかかります。ただし、土地部分については、非課税取引として消費税がかかりません。

◉特別土地保有税

特別土地保有税とは、土地の有効利用促進や、投機的取引の抑制を図るために設けられた税金で、一定規模以上の土地を取得した者に課税されます。ただし、経済状況を踏まえ、平成15年度以降の課税は行われていません。

◉法人税

法人は一事業年度のすべての益金額からすべての損金額を控除することによって、課税所得を算定します。したがって土地等の譲渡代金（益金）についても他の益金と合算して課税所得金額を計算し、この課税所得金額に対して法人税が課税されます。

◉土地重課課税（法人税）

法人税の計算はすべての益金からすべての損金を控除して計算しますが、土地等の「長期譲渡」あるいは「短期譲渡」が行われた場合は、通常の法人税の他に期間損益（1事業年度における損益）とは別枠で土地譲渡にかかる重課税額を計算します。なお、現在この制度の適用は停止されており、令和5年3月31日までに行われた土地等の譲渡については重課課税の適用は停止となっています。

◉低額譲渡課税（法人税）

法人は経済行為の実施を目的として設立されるため、法人の行為は経済合理性に基づくものと考えられています。そのため法人税においては無償で資産を譲渡した場合であっても、時価で譲渡した場合に本来受け取るべきその対価を贈与（寄附）したものとみなされます。寄附金の損金算入限度額を超え

た寄附金の額は、損金不算入となり、法人税の課税対象になります。

● 法人住民税・事業税

法人住民税・事業税の計算は、法人税の計算を基礎として計算されます。したがって、不動産の譲渡益により法人税の課税標準額及び法人税額が増加した場合には、法人住民税・事業税も増加することになります。

● 固定資産税・都市計画税

固定資産税は、毎年1月1日現在、土地、家屋などの不動産や事業用の償却資産を所有している者が、固定資産税評価額に一定税率を掛けて算出された税額を、その固定資産の所在する市区町村に納める税金です。なお、自動車は別途自動車税が課税されるため、ここでの固定資産税の対象とはなりません。

また、都市計画税は、都市計画法に基づく市街化区域内の土地や家屋に課税されるもので、ほとんどすべての自治体で導入されています。都市計画税の税額は、固定資産税評価額に一定税率を掛けて算出し、固定資産税と同時に市区町村に対して納税します。

● 印紙税や登録免許税もかかる

土地や建物を売った場合に作成される不動産売買契約書には、売買代金に応じた印紙税を納付しなければなりません。また、土地、建物を取得した後、登記を行う場合に必要な税金が登録免許税です。登録免許税は、固定資産税課税台帳に記載されている価額（固定資産税評価額）に基づいて計算します。

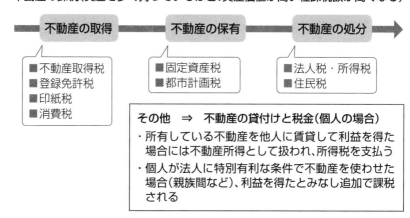

不動産の取得・保有・事業経営・売却と税金の種類

不動産の課税（資産を多く持っているほど、資産価値が高い程課税額が高くなる）

不動産の取得	不動産の保有	不動産の処分
■ 不動産取得税 ■ 登録免許税 ■ 印紙税 ■ 消費税	■ 固定資産税 ■ 都市計画税	■ 法人税・所得税 ■ 住民税

その他 ⇒ 不動産の貸付けと税金（個人の場合）
・所有している不動産を他人に賃貸して利益を得た場合には不動産所得として扱われ、所得税を支払う
・個人が法人に特別有利な条件で不動産を使わせた場合（親族間など）、利益を得たとみなし追加で課税される

45 自動車にかかる税金

自動車の取得や保有にはいろいろな税金がかかる

自動車税とは

　自動車税は、自動車を保有していることに対してかかる財産税という位置付けの都道府県税です。

　自動車税（種別割）は、毎年4月1日時点の自動車の所有者に課される税金で、納税義務者に5月31日期限の納付書が送られてきます。納付書には証明書がついていて、納付しないと車検が受けられないしくみになっています。自動車税の対象となる自動車は、乗用者・トラック・バスで、税額は自家用、営業用の区分と総排気量で決まります。

種別割と環境性能割

　軽自動車税と自動車税は、「種別割」と「環境性能割」で構成されています。

　種別割は、自動車や軽自動車の所有者に対して課税されます。

　環境性能割とは、特殊自動車を除く自動車を取得したときに課税される都道府県税で、取得価額が50万円以下であれば免税という点は、自動車取得税と変わりません。燃費性能の良い車は税負担が軽くなり、燃費性能の悪い車は税負担が重くなる性質をもつ税金です。

自動車重量税について

　自動車重量税とは、自動車の重量に対して課せられる国税です。新しく車を登録する新規登録や継続検査（車検）のときなどに納めます。

　自動車重量税は、自動車検査証の交付等又は車両番号の指定を受ける時までに、原則として、その税額に相当する金額の自動車重量税印紙を自動車重量税納付書に貼って納付します。税率は車の重さによって異なり、税額は年額で定められていて、乗用車は車の重量（車両重量）に対して課税されますが、トラック・ライトバンなどの貨物車は車両総重量（車両重量＋最大積載量＋乗車定員の重さ）に対して課税されます。小型二輪車及び軽自動車は1台ごとに定額で定められています。

　低公害車は、新車新規検査の際に納付すべき税額について減免又は免除される他、中古取得の場合も、期間内に受ける車検の際の重量税が50％又は75％減税となります（エコカー減税）。

　また、自動車検査証の有効期間内に使用済みとなり、使用済自動車の再資源化等に関する法律（自動車リサイクル法）に基づいて適正に解体された自動車について自動車重量税の還付措置が設けられています。車検残存期間が1か月以上の場合は、申請により残存期間に相当する金額が還付されます。

● 優遇措置について

環境負担の少ない電気自動車やハイブリッド車などを対象に優遇措置がとられています。優遇措置には、自動車重量税を対象とした「エコカー減税」と、自動車税種別割を対象とした「グリーン化税制」の大きく2種類があります。

エコカー減税については、令和3年度税制改正により令和5年4月30日までに受ける新車検査や車検の際に減税あるいは免税の適用となっています。

グリーン化税制は、自動車所有者に対し毎年課される自動車税種別割について、その車の環境負荷の度合いに応じて優遇と重課を設けた措置です。排出ガス性能及び燃費性能の優れた環境負荷の少ない自動車に対しては、登録した翌年度の自動車税が、おおむね50％から75％軽減されます。

反対に、新車新規登録（初度登録）から一定年数を経過した環境負荷の大きい自動車は税率を重くしています。

地球温暖化防止及び大気汚染防止の観点から、環境にやさしい自動車の開発・普及の促進を図るための措置です。このグリーン化税制は、令和5年3月31日まで適用されます。優遇措置にはその他にも、「ASV・バリアフリー車両減税」などがあります。

ASV車両減税（先進安全自動車に対する税制特例）及びバリアフリー車両減税も令和3年度税制改正により、自動車税（環境性能割）については令和5年3月31日まで、自動車重量税については令和6年3月31日まで適用されます。対象となる自動車がエコカー減税やバリアフリー減税、ASV減税の対象になる場合は、自動車重量税は軽減税率の高い減税が優先（同率の場合はエコカー減税優先）されます。また、自動車税（環境性能割）についてはエコカー減税、バリアフリー減税、ASV減税のうちいずれかを選択することが可能です。

自動車にかかる税金

	課税対象	納付時期
自動車税 環境性能割 (※)	特殊自動車を除く自動車を取得した人	自動車の新規登録又は移転登録をするときに納付
自動車重量税	自動車の重量	自動車の新規登録や車検のときなどに納付
自動車税 種別割	毎年4月1日時点の自動車の所有者	送付された納税通知書により、毎年5月31日までに納付
消費税	自動車を取得した人	取得時（売手が預かって納付）

※令和元年9月までの自動車取得税が廃止され、令和元年10月より自動車税環境性能割が新設された

46 関税
一般に「輸入品に課される税」と考えられている

● 関税収入は重要な財源のひとつ

関税とは、モノが国境を超えるときに課される税金です。目的は、国の収入の確保、国内の産業保護などです。

国の収入確保に関税が役立つというのは、中央集権体制がまだ十分に整っていない国においては、関税こそ国家が税金を徴収するためのもっとも有効な方法であったという歴史的な事実によります。輸入品は港で陸揚げされますので、数量を把握しやすいという面がありました。また、高額なものが多いという特性から、購入する人には税金を負担できる経済力があるとも考えられます。この2つの側面を利用して、もれなく確実に税金を徴収する手段として、関税が利用されたのです。

また、産業保護という目的もあります。たとえば、海外から非常に安い製品が輸入された場合、国内で作られる製品を買わなくなってしまう恐れが出て来ます。価格の安い輸入品に関税をかければ、国内製品との価格差を解消できるわけです。

国家の財政規模が巨大になり、国内の徴税体制が整備されるのに伴い、財源調達手段としての関税の役割は相対的に小さくなっていますが、今日の厳しい財政事情の下、約1兆円の関税収入（その他内国税を含めた税関における収納税額は約4兆円）は、重要な税収のひとつとなっています。

● 輸入取引と関税

輸入品に関税が課されると、その分だけコストが増加し、国産品に対して競争力が低下します。ここから、関税の国内産業保護という機能が生まれます。現在では、関税の機能として国内産業保護が中心となっており、これを保護関税といいます。たとえば、ある商品の国産品価格を11万円、輸入品価格を10万円とします。このままでは、国内需要者は安価な輸入品だけを購入することになります。そこで輸入品に10%の関税を課したとすると、輸入品の国内価格は11万円となり、国産品は輸入品と対等に競争できるようになります。

● 輸入数量制限と関税

個々の品目の輸入を調整する手段としては、関税の他にも、輸入禁止や輸入数量制限といったものがあり、輸入禁止はそれらの中で最も強力な手段です。

輸入数量制限とは、ある商品について一定期間の輸入量を決め、それ以上の輸入を認めない方式です。

第5章

費用の管理や
その他の基礎知識

5つの利益と儲けのしくみ

段階利益を表示する目的は、正しい経営成績の判断を可能にするため

● 段階ごとに利益を表示する理由

　企業の損益は、その会計期間のすべての収益からすべての費用を差し引くことで求めることができます。しかし、それでは企業の獲得した利益の総額はわかりますが、どのような理由で儲けたかはわかりません。それでは決算書の存在価値がありません。

　たとえば、債権者の立場からしても、「どうやって儲かったのか」までわからなければ、今後の債権回収に支障が生じることになります。その会社の本業で利益をあげたのか、それとも本業では損を出したが、臨時的な利益で本業の損をカバーしたかでは大きな違いがあるからです。臨時的な利益のようなその場しのぎの利益では、債権管理に不安が残るからです。

　このような理由から損益計算書では、段階的な利益を明らかにしていく必要があるわけです。具体的には、損益の計算を①売上総利益、②営業利益、③経常利益、④税引前当期純利益、⑤当期純利益の5段階に分けて儲けのしくみを示していきます。

● 売上総利益

　売上高から売上原価を差し引いたものを売上総利益といいます。正式な名称は会計上「売上総利益」といいますが、日常的には粗利又は荒利と言っています。これらの言葉が示しているように「売上総利益」とは大雑把な利益のことです。「売上総利益」は5つの段階的な利益のうちもっとも基本的な利益ということができます。

　また、「売上原価」は、一般的には商品の仕入原価のことです。ただし、あくまでも当期に販売された商品の仕入原価であることに注意して下さい。通常売れ残った在庫分は「売上原価」とはなりません。

● 営業利益

　「売上総利益」から「販売費及び一般管理費」を差し引いたものが営業利益です。「販売費及び一般管理費」は、販売部門や管理部門などで発生したコストを指します。具体的には、販売費は、販売促進費、広告宣伝費、販売手数料などです。一方、一般管理費は、管理部門の人件費、建物の家賃、減価償却費などがその代表です。

　「営業利益」とは、その言葉通り会社の営業活動によってもたらされた利益のことです。「営業利益」が赤字のような会社は債権回収に支障が生じる可能性があります。また、「販売費及

び一般管理費」の内訳を把握することで、その会社の経営方針がわかることもあるので債権管理に生かすことができます。

● 経常利益

「営業利益」に「営業外収益」と「営業外費用」をプラスマイナスした利益を「経常利益」といいます。営業外収益又は費用とは、その会社の基本的な営業活動以外から生じる収益や費用を指します。企業の財務活動から生じた受取利息や支払利息などがあります。

● 税引前当期純利益

「経常利益」に「特別利益」と「特別損失」をプラスマイナスした利益が「税引前当期純利益」です。特別利益、特別損失は、経常的な事業活動以外から発生した利益、損失のことです。

たとえば、土地を売却した際の利益

や、工場が火災に遭った際の災害損失などです。このように臨時的に発生する項目ですが、その期の損益であることには変わりありません。そうした損益も含めた包括的な利益が「税引前当期純利益」です。

● 当期純利益

「税引前当期純利益」から「法人税等」を差し引いたものを当期純利益といいます。会社の利益には、法人税・住民税・事業税の税金がかかります。税金もコストの一部です。法人税だけでも会社の利益（正確には法人税法上の課税所得）の23.2％（119ページ）が課税されます。現金が出ていくという意味では、人件費や支払利息などの経費と何ら変わるところはありません。「当期純利益」は、その事業年度の最終的な成果を表わす利益です。

費用及び収益の経常性という観点からの分類

費用及び収益は、それが毎期経常的に発生するものなのかどうかにより経常損益と特別損益とに分類することができる

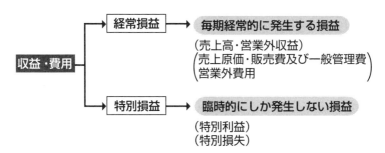

2 法人税と会社の利益の関係
利益が増えれば当然納税額も大きくなる

●健全経営と節税対策の両立

　会社としては、税金も「コスト」の一部と考えられますので、1円でも多く節税したいものです。もちろん脱税はいけませんが、「ムダな税金は一切払わない」という節税は、大いに結構なことです。

　会社は、通常1年間を会計期間として、その1年間の利益を計算することになっています。会計期間の始まりを期首、終わりを期末といいます。会社は、この会計期間の間に稼いだ利益に対して法人税、法人住民税、法人事業税を納付しなければなりません。税金の納付は、原則として決算後2か月以内に行うことになります。ここで気をつけなければならないことは、納付に合わせて、税金分の現金を用意しておく必要があるということです。

　法人税は、会社の確定した決算に基づく利益から計算した所得に税率を掛けて算出されますので、納税額を少なくするためには、この利益を少なくすればよいわけです。

　最終的な利益が計算されるまでの過程としては、まず、売上高から売上原価を差し引いて売上総利益を求め、ここから販売費及び一般管理費を差し引いて営業利益を求めます。

　さらに、この営業利益に営業外収益、営業外費用を加減算して経常利益（企業が本業を含めて普段行っている継続的な活動から得られる利益のこと）を求め、最後に特別利益、特別損失を加減算して税引前当期純利益を求めるわけです。したがって、利益を少なくするには、各段階の収益を少なくするか、費用を多くするかのどちらかということになります。

　計算上は確かにそうですが、納税額を少なくするためにやみくもに売上を減少させたり、経費を増大させてしまうと、会社自体の存続が危ぶまれる状態になってしまうのは明白です。現在、どの会社においても「コスト削減」に必死で取り組んでいる中、コストを増大させるようなことを考える会社はないはずです。それよりは売上を増大させる対策を考えて、正しい納税をする方が健全な会社経営です。そもそも会社は出資者である株主のものです。利益が出れば株主へ配当も支払われます。会社の経営者が極端に節税をすることは、株主への背信行為とも受け止められかねません。

●税金を減らす方法

　ムダな経費を増やすことはいけませ

んが、上手に税法の規定を利用して、本来その期間の損金にできないものを損金にするという方法はどうでしょうか。これは効果的な節税対策になるはずです。具体的には、租税特別措置法（経済政策や社会政策のために特別な税のしくみ（措置）を定めた法律。政策的効果を考え、期限が定められています）で臨時的に設けられる制度の利用です。

たとえば、中小企業であれば現在、取得価額が30万円未満の減価償却資産（建物、機械設備など、少なくとも1年以上にわたって使用するが、年月が経過するにつれて、価値が目減りしていくもの）を取得した場合には、取得価額の全額を経費とすることが認められています（合計300万円まで）。本来であれば10万円以上の減価償却資産は資産に計上して、耐用年数の期間にわたって減価償却費を計上する（10万円以上20万円未満の減価償却資産は3年

間均等償却も選択可）ものを、即時に償却することができるわけです。

また、租税特別措置法には各種税額控除制度が規定されています。

たとえば、特定の条件を満たす中小企業が、その事業基盤を強化するための一定の機械・装置や器具・備品を取得した場合、その取得価額の7％の税額控除が認められています（取得価額の30％の特別償却との選択制になっており、特別償却を選択しない場合に認められます）。特別償却とは、特定の設備などを購入して使用した場合に、税法で定められたルールの通りに償却を行う「普通償却」に上乗せして償却ができる制度です。

税額控除ですから、利益を減らさなくても、経費を増やさなくても、税金だけを減らしてもらえます。設備投資等を考える際に適用対象となる資産を購入するなどの検討が、効果的な節税対策につながるはずです。

健全な会社経営と節税対策

健全な会社経営を行うためには？

○ 売上を伸ばす対策と 正しい節税

△ コストの増大や 売上の減少による節税

節税対策として　租税特別措置法など制度の利用
・30万円未満の減価償却資産の取得
・各種特別償却や税額控除など

3 経費の種類と管理の方法

経費の適切な管理が利益を左右する

◯ 経費をどのように分類するか

日常的に発生する経費の支払は、経理の主要業務のひとつです。経費には、取引が発生するたびに現金で支払う、いわゆる都度払いをするものもあれば、銀行口座から自動的に引き落されるもの、また、購入や利用した1か月分を締切ってまとめて銀行振込によって支払うものもあります。例を挙げると、切手ハガキ類の購入、水道光熱費や電話料金の支払、家賃の支払、給与の支払等、実に多岐に渡る費用が日々発生します。これらの経費をどのように分類するかで、経費の管理が適切に行えるようになります。経費の分類方法としては、形態別分類（費目別分類）と機能別分類があります。

形態別分類とは、経費の性質やその発生形態に基づく分類方法で、材料費、労務費（人件費）、経費といった費目（勘定科目）別に分類する方法です。一方、機能別分類とは、経費が擁する機能に基づく分類方法です。売上原価、販売費、一般管理費といった財務諸表に表示するために分類する方法です。実務上はさらに予算管理目的、部門管理目的、利益計画目的等の経営管理目的のための分類や、税法上の適正な課税所得計算のための分類などが

あります。

◯ 経費をどのように管理するか

事業を遂行する目的は、より多くの利益を獲得することです。つまり、次の等式の右辺を最大にすることです。

> 収益 － 費用 ＝ 利益

そのためには、収益を増やすか、費用を減らすしかありません。

経費を管理するためには、以下のような観点が必要になります。

・予算管理目的

部門別に予算を組む上で、経費を管理可能費（責任者の権限で増減を管理できる）と管理不能費（人員、法令、契約などにより発生額がほぼ決まっており増減をコントロールできない）に区分します。管理可能費には旅費交通費、交際費、水道光熱費、広告宣伝費などがあります。一方、管理不能費には法定福利費、租税公課、減価償却費など、というように区分して管理します。

・利益計画目的

経費を変動費と固定費に区分します。利益計画を立てる際には、利益＝ゼロつまり、売上＝変動費＋固定費となる状態の売上高を基準にして、いかに変

動費あるいは固定費を削減できるかがポイントになります。

●固定費・変動費とは

固定費とは、売上高や生産数量の増減に左右されないで一定に発生する費用であり、人件費（従業員の給料など）と経費が主なものです。経費には広告宣伝費や交際費、社屋の地代家賃や減価償却費、リース料などが含まれます。つまり、固定費とは売上がゼロであったとしても発生する費用です。したがって、固定費が少なければ会社は赤字を回避できる可能性が高くなります。次に、変動費とは、売上高や生産数量の増減に応じて変動する費用のことです。商品の売上原価、製造業の場合には材料費や外注加工費などが変動費に該当します。この変動費を売上高で割ったものを変動費率といいます。

●限界利益とは

限界利益とは、売上の増加に比例して発生する変動費を売上高から差し引いて求められる利益のことをいいます。つまり、単位あたりの売上高から一単位売り上げるのに直接要した費用を差し引いた額のことです。たとえば、1個1,000円で仕入れた商品を1,200円で販売した場合、売上高は1,200円、変動費は仕入代金の1,000円ですから、限界利益は200円になります。限界利益がそのまま会社の儲けとなるのではなく、限界利益からその商品の販売にかかった人件費や広告宣伝費、地代家賃、減価償却費などの固定費を差し引き「営業利益」が求められます。

また、たとえば、売上高が2,000円で、この売上高に対応する変動費が1,900円の商品があったとします。この商品における限界利益は100円となりますから、売上高が1,200円しかなくても限界利益が200円ある商品の方が収益性が高いといえます。限界利益は会社の儲けの基本となる値です。

売上高・変動費・限界利益・固定費・営業利益

売上高	限界利益	変　動　費	
		固　定　費	
		営　業　利　益	

4 損益分岐点①

「変動費」と「固定費」から限界利益を出す

● 損益分岐点とは

　経常利益を獲得（以下経常黒字）するには、「粗利益が販管費などのコストを上回ればよい」ということになります。ここで重要なのが、経常黒字になるように目標を設定し、利益計画を立てるということです。

　利益計画に利用されるのが、「損益分岐点」を使った分析方法です。

　損益分岐点とは、損失が出るか利益が出るかの分かれ目となる売上高又は数量のことをいいます。つまり、売上高と費用が同じ、利益も損失も発生しない金額のことで、発生した費用を回収できる売上高です。

　損益分岐点を分析することによって、経営者は目標利益を達成するためには、どの程度の売上高が必要になるのか、又はコストはどの程度に抑えるべきかを見きわめることができます。このように損益分岐点を分析することで、企業は経営計画を立てることができます。

　損益分岐点分析をする場合、まず企業のコストを前述した「変動費」と「固定費」に分類します（前ページ）。この分類は損益計算書の売上原価、販売費及び一般管理費について行います。そして次の算式によって、損益分岐点売上高、つまり利益がちょうどゼロと

なるような売上高はいくらであるかを求めます。それを上回れば黒字になるというわけです。

損益分岐点売上高③ ＝固定費／
｛1 －（変動費÷売上高①）｝
＝固定費／（1 －変動費率）
限界利益率＝（1 －変動費率）②

　算式の表わす内容について解説していきましょう。

　たとえば、販売する商品は1種類、売上に対する変動費は商品の仕入のみ、それ以外の経費はすべて固定費であったとします。

　この場合、①の「変動費÷売上高」とは、売値に対する変動費の占める割合、つまり変動費率ということになります。そして、②の限界利益率（「1 － 変動費率」）とは、言いかえると「1 － 原価率」、つまり商品1個当たりの利益率（以下「利益率」）ということになります。要するに③の損益分岐点売上高は、「固定費÷利益率」で算出されるいうしくみです。

　固定費の金額を低くおさえれば、損益分岐点売上高も低くなります。

　つまり、黒字にもっていくための目標売上高のハードルも下がり、達成し

やすくなるというわけです。また、利益率についても同じことがいえます。利益率が高い付加価値（売上高から他社から仕入れた外部購入価値を差し引いたもの。つまり社内でプラスした価値）の多い商品であれば、すぐに固定費を上回ることができますし、反対に利益率が低いと損益分岐点売上高の金額も高くなり、目標達成が厳しくなります。

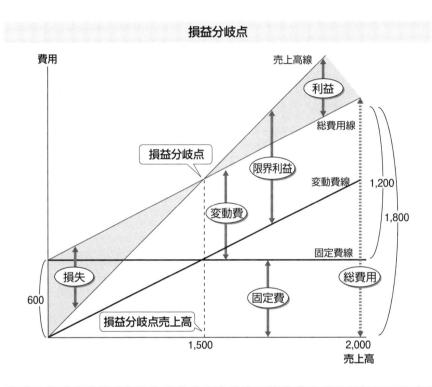

損益分岐点

利益がゼロとなる売上高や販売数

5 損益分岐点②
グラフを作成するとわかりやすい

●損益分岐点の計算

　ここでは具体的に「損益分岐点」を計算してみましょう。たとえば、売上高が2,000万円、変動費が1,200万円、固定費が600万円、利益200万円の会社があったとします。

　まず変動費率は1,200万÷2,000万＝0.6。限界利益率は1－0.6＝0.4。

　そこで損益分岐点売上高は600万÷0.4＝1,500万円となります。

　このように、「損益分岐点」は上記の算式で求められますが、グラフ（前ページ図参照）を作成することで、「売上高」「コスト」「利益」の関係がより明らかになります。

　まず、横軸に売上高をとり、縦軸にコストをとります。そして斜めに45°の斜線を引きます。この斜線は、売上高と費用が同じ、つまり「トントン」の状態であるという事を意味します。そして固定費として縦軸の600万円のところに平行線を引きます。固定費の額は、売上高が上がっても変わらないと考えられますので、平行線になります。

　次に売上高2,000万円のところから垂直線を引き、固定費の上に1,200万円分の変動費をとります。その点と600万円の線を直線で結びます。そしてその直線と斜線が交わる点が損益分岐点

となります。この場合の損益分岐点は1,500万円となります。上記の計算式で計算しても同じ結果になるはずです。

　つまり、売上高が1,500万円の時は、損益がトントンの状態です。売上高が1,500万円より少ない場合は損失が生じ、1,500万円を上回る場合は利益が生じます。

●目標達成に必要な売上金額の計算

　これまでの説明は「利益を出すには売上はいくら必要か」という計算でしたが、これを応用すれば「利益を200万円出すにはいくらの売上高があればよいか」というように、最初に目標利益を設定してから、目標達成に必要な売上金額を計算することもできます。その計算方法とは、「固定費＋目標利益」を限界利益率で割るという方法です。

　たとえば前述の具体例と同じ固定費600万円、目標利益を200万円、限界利益率0.4であるとすると、目標達成に必要な売上高は、（600万円＋200万円）÷0.4＝2,000万円となります。

　つまり、2,000万円の売上を達成すればコストを引いた後の利益が200万円になります。

目標達成に必要な売上高　＝（固定費＋目標利益）÷限界利益率

6 信用管理の手法①

信用管理の担当部門、与信限度額の設定といった方法により管理する

● 信用管理を徹底させる

　売掛金などの管理を適切に行うためには、まず、取引の相手先がどのような会社なのか調査を行います。その会社の規模・支払能力・過去の経営成績などを分析して、「どの程度の取引までなら大丈夫か」といった取引の限度額を設けること（与信限度）で、無謀な取引を回避します。これを信用管理といい、以下のような社内のチェック体制作りから始めます。

・独立した信用管理部門の設立

　信用管理を担当する部門を設けます。営業部とは独立し、牽制し合うような存在であるのが望ましいといえます。

・与信管理規定の作成

　信用管理のための社内のチェック体制作りを進めるためには、会社の与信管理の方針、基準、手続き、関連部署間の役割などを与信管理規程として定めることが重要です。与信管理規程の内容は、規模や業種によって異なってきます。また、与信管理規程を実際に円滑に運用できるようにするために、運用マニュアルを作成する他、他の社内規程や制度との連動もスムーズにとれるようにするとよいでしょう。

　作成の際には、効率よく管理をするために、次の事項について十分注意しつつ規定する必要があります。

・与信管理についてその会社の意思全体を統一し、明言しておく

・管理規程に定める与信管理に関する会社の意思決定について、各部門間で連携し、協力することを明示しておく

・与信管理について会社の各部門が持つ権限と責任を明確にしておく

・与信管理について各部門間の責任と権限の線引きを明確にしておく

・与信管理に関する会社の基本方針と手続的な決まりを明確に定める

・与信管理規程自体が社員の教育や啓蒙を進める上でのテキストとなるように実践的な内容にしておく

・信用調査の方法・与信限度の設定方法、手続きについて具体的な方法を記載し、申請書類等の記入例も明示する

・申請時に必要となる書類の雛形を掲載する他、営業部門が社外からでも閲覧したり利用することができるようなシステムを構築する

・与信不安・倒産についての対策

　実際に与信不安先と判断した場合や、倒産した場合についても、速やかに対処できるよう対策を立てておきましょう。

7 信用管理の手法②

適切な限度額設定法を判断する必要がある

●限度額を設定する

　与信限度額を設定する際には設定方法を検討することになります。与信限度額を設定するには、以下のようないくつかの手法があります。設定した方法については随時見直していくことも必要です。

・月間信用期間を使用する方法

　得意先の信用度（経営者の能力や会社の資産、商品販売力などを考慮したもの）を数値化（信用度指数）して、取引の限度額を設定する方法です。信用度指数を割り出す作業は、厳正なチェックをするための経験や高い能力が必要となります。

　この信用度指数に、月間の目標販売高、請求してから実際に支払われるまでの平均期間を掛け合わせて、与信限度額を算出します。

・基準支払能力に基づく方法

　基準支払能力を基に、限度額を定める方法です。基準支払能力は、取引先の担保物件の時価をベースに、保証金を受け取った場合はそれも加味して、たとえば下記のように算出します。

（担保物件の時価×0.7）＋保証金
＋（保証人の個人資産評価×0.7）

・売上高予想に基づく方法

　取引先の売上高を取引先の信用力と同程度と考え、売上予測から限度額を計算します。簡便であるため、新規取引や緊急の取引に適応できる方法だといえます。

・販売目標管理に基づく方法

　営業担当者が自分の担当する取引先の販売目標額を設定し、その額をもとに限度額を設定する方法です。それなりに実績のある取引先に対して利用できますが、得意先の信用状態が反映されていないため他の方法と併用する必要があります。

・担保資産を評価する方法

　得意先の不動産・動産・債権などの担保資産の処分額から与信限度額を設定する方法です。資産の価値のみで判定しますが、回収すべき額はあらかじめ保全されており、リスクは低くなります。比較的信用度の低い取引先に利用できる方法だといえます。

・過去３年間の粗利を設定する方法

　その取引先に提供した商品の粗利益率に、その取引先に対する過去３年分の売上を乗じた額を限度額として設定する方法です。計算が簡便ですが、過去に取引実績がない取引先には利用できません。

194

8 売掛金の管理

情報の記録・整理をする必要がある

確認作業をどのように行うのか

たとえば「商品受渡しの翌月末振込」など、得意先と取引を始める際に支払条件を取り決め、支払期限を記載した請求書を得意先に送り、支払いを受けることになります。このような後から支払いを受ける形態の取引を信用取引といいます。

信用取引では、得意先から売掛金を回収した時点で無事その販売行為は終了です。しかし相手方が必ず入金するとは限りません。売掛金を残したまま相手先が倒産してしまうなど、リスクも存在します。

会社経営において、いかに売上を伸ばすかと共に、リスクを減らし確実に代金を回収するための対策を立てることも、重要な仕事です。そのためには、「売上帳」「売掛金元帳」という補助簿を作成し、「いつ」「どこに」「いくら売り上げて」「いつ入金されたのか」などの情報の記録・整理をする必要があります。これらの補助簿を管理することで、得意先の売上傾向や入金の状況などを分析することができます。

売掛金台帳の活用

売掛金の回収状況は、「売掛金台帳」を活用して以下のように確認します。

売掛金台帳には、日付・販売した得意先名・金額が記載されています。得意先から入金した時に売掛金台帳と照合し、どの売掛金に相当するかを判断します。1回の取引ごとに入金される場合もあれば、複数の売掛金がまとめて入金される場合もあります。取引規模が大きい会社であればこの作業は非常に煩雑になるため、一取引ごとに注文番号・請求番号など記号や番号をつけて、入金済の記号や番号を消し込んでいくという管理方法が一般的です。どうしても入金額と売掛金との内訳とが一致しないときは、相手先に入金の内訳を聞くことも1つの方法です。

入金済の売掛金は帳簿や貸借対照表上の資産残高から減少します（代わりに入金分の現預金や手形が増加します）。そして売掛金残高として残ったものがまだ入金されていない売掛金です。

次に、残った売掛金の中に請求時の入金予定期日より遅れているものがないかをチェックします。入金が遅れているものについては、たとえば、「担当する営業部門を通して理由を確認する」「相手先に督促する」など、社内で取り決めた対処方法に基づいて対応します。

リベートや交際費の取扱い

税務上の損金として取扱いに注意する

● リベートの処理方法

　代理店などが販売目標を達成することなどを条件に、売上で受け取ったお金の中から、あらかじめ取り決めておいた金額を支給することがあります。これをリベートといいます。リベート契約は、「販売報奨金」「奨励金」など、様々な名称で行われています。リベートを支払った場合は、売上割戻しとして、売上額から控除されます。

　リベートを支払うと、売上高が減ることになりますので、税務上は全額損金（法人税法上、課税される収入から差し引くことができる支出）として取り扱うことができます。しかし、リベートの額の算定基準がはっきりしていないときや、社会通念上合理的とはいえない額が計上されている場合、税務当局から損金算入を否認（経理処理上は経費としているが、税法上は収入から差し引く支出とは認められないこと）されることがあります。リベート（売上割戻し）として認められない場合、寄附金、あるいは後に説明する交際費とされて、損金算入額が大幅に制限されてしまうことがありますので、注意しましょう。

　損金処理をするためには、まず客観的な基準でリベートの額が算定されて

いることが条件になりますので、契約書などの整備をしっかり行う必要があります。

● 交際費はどのように処理するのか

　会社を経営していると、必ず取引先や営業先とのお付き合いがあります。その際は、食事やゴルフ、贈り物など、会社のお金で接待の費用を支出することになります。これらの費用は、交際費として処理します。交際費は、役員や従業員の私的な支出がまぎれこみやすいこともあり、税務上は損金算入が大きく制限されています。

　交際費を損金算入できる額は、大企業と中小企業で異なります。まず、大企業は資本金が1億円超の法人ですが、さらに資本金が100億円以下の場合においては、飲食のために支出する費用の50％のみが損金に算入できます。それ以外の大企業、つまり資本金が100億円超の場合は損金不算入です。中小企業（資本金1億円以下）の場合は、飲食のために支出する費用の50％、あるいは年間800万円までは損金算入が可能です。

　また、交際費であっても、上記の損金算入が制限される枠から除外してよいものがあります。それは「1人あた

り5,000円の飲食費」です。社外の人と、飲食店等で会食を行った場合には、一度の飲食代を参加者の人数で割った金額が5,000円以下であれば、全額損金算入が可能です。これは大企業でも中小企業でも同じ扱いとなります。

◯広告宣伝費、会議費などとの違い

交際費と紛らわしい支出として、全額損金算入が可能な、広告宣伝費、会議費、福利厚生費などがあります。交際費は特定の人への接待、贈答などに使った費用です。たとえば、不特定多数の人に、試供品や景品として商品を配った場合は広告宣伝費と考えられます。

また、社外の人と商談、打ち合わせ等を行う場合で、お茶菓子や昼食程度の支出を行った場合であれば会議費として処理できることもあります。社内での式典、従業員やその家族に不幸があった場合などに、社内規程に準拠した額の香典、見舞金などを支払った場合は、福利厚生費になります。

交際費等の範囲

交際費 接待費 機密費 その他の費用 → 得意先・仕入先その他事業に関係のある者等 → 接待・供応・慰安・贈答その他、これらに類する行為のために支出する費用 → 交際費等 / 交際費から除かれる費用

・福利厚生費　・会議費
・少額広告宣伝費　・取材費

中小法人の損金の額に算入される交際費の額

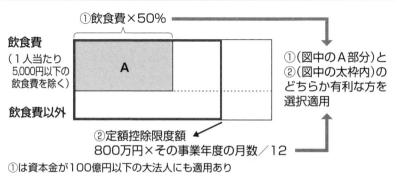

①飲食費×50%

飲食費（1人当たり5,000円以下の飲食費を除く）

A

飲食費以外

②定額控除限度額
800万円×その事業年度の月数／12

①（図中のA部分）と②（図中の太枠内）のどちらか有利な方を選択適用

①は資本金が100億円以下の大法人にも適用あり

197

10 寄附金の取扱い
寄附金として扱われるものを把握することが重要

● 寄附金とは

　寄附金の額とは、金銭その他の資産又は経済的な利益の贈与等をした場合におけるその金銭の額あるいは金銭以外の資産の価額等をいいます。寄附金、拠出金など、どのような名称で行うのかは関係ありません。また、金銭以外の資産を贈与した場合や経済的利益の供与をした場合には、その贈与時の価額あるいは経済的利益を供与した時の価額が寄附金の額とされます。

　なお、一般常識に比べて明らかに低額で譲渡を行った場合にも、譲渡時の価額と時価との差額が寄附金の額に含まれます。寄附金の額に含まれないものもあります。広告宣伝費、交際費、福利厚生費とされるものについては、寄附金の額に含まれません。また、子会社の整理費用や被災者に対する災害義援金は、損失や費用の額として損金の額に算入されます。

● 損金算入時期はいつになるのか

　寄附金は、損金の額に算入するのが原則です。ただし、寄附金の額は、実際に金銭等により支出した時にはじめて、その支出があったものと認識されます。したがって、未払計上や手形の振出しによる寄附金で、未決済のもの

については、損金に算入することはできません。また、法人が利益の処分として経理処理した寄附金については、国等に対する寄附金、指定寄附金及び特定公益増進法人に対する寄附金などを除き、損金の額には算入されません。

● 損金算入には限度額がある

　寄附金には、事業の円滑化や広報活動、公益的な慈善事業に対するものなど、社会一般の考え方から見てそれを損金として認めるべきものもあることから、目的によって損金算入できる金額が規定されています。寄附金の取扱いは、①国や地方公共団体等に対するもの、②特定公益増進法人等に対するもの、③それ以外のもの（以下「一般の寄附金」といいます）と、大きく分けて３つに分類されます。国等に対する寄附金及び財務大臣の指定した寄附金は、全額損金算入されます。

　しかし、一般の寄附金及び特定公益増進法人等に対する寄附金のうち、一定限度額を超える部分の金額は、損金の額に算入されません。損金として算入できる寄附金の限度額は、以下の計算式で算定されます。

・一般の寄附金

　（期末資本金等の額 ×12/12×

2.5/1,000+寄附金支出前の所得金額×
2.5/100）×1/4

・特定公益増進法人等

（期末資本金等の額×12/12×
3.75/1,000+寄附金支出前の所得金額
×6.25/100）×1/2

●寄附金とされてしまう場合がある

　会社の経理上、寄附金以外の名目で
行った支出が、税法上の寄附金とみな
され、損金算入が制限されてしまうこ
とがあることに注意が必要です。たと
えば、会社の商品を社外の人に無償で
提供し、それが事業と直接関係なく、
宣伝のためといった合理的な理由が認
められない場合は、寄附金と判断され
ることがあります。

　また、社外の人に時価よりも安く不
動産等を売り渡した場合、逆に時価よ
りも高く購入した場合、無利息、低利
で金銭を貸し付けた場合も、通常の取
引による価格、利息との差額が寄附金
として認定されてしまうことがありま
す。

●なぜ損金算入が制限されるのか

　通常の経費と同じように支払ってい
る寄附金がなぜ、その損金算入を一部
しか認めてもらえない場合があるので
しょうか。寄附金を支払うときは、慈
善的あるいは社会貢献の意識で支払う
ケースも少なくありません。

　しかし、法人とは一部の特定された
法人を除いて、営利を追求する目的で
経済活動を行うことが大前提です。法
人税法もその観点から、営利を追求す
るための営業活動において要した支出
については、損金として益金から差し
引くことを認め、差引した結果の利益
に対して、税金を課しています。

　また、一方では寄附金は営利を追求
するために必要な支出とはいいきれま
せん。寄附金は簡単に言ってしまうと、
見返りを求めていない支出であり、支
払ったことで直接的な収益を生み出す
ものとはいえません。そこで前述した
ように、寄附金の性質を3つに区分け
し、その性質に応じて損金にできる範
囲を個別に定めているのです。

寄附金の範囲

11 広告宣伝や物流に関わる費用の取扱い

税法上費用として認められないものがある

●広告宣伝費の取扱上の注意点

　広告宣伝費は、一般消費者を対象に、抽選や購入に対する謝礼として景品を配るためや旅行や観劇に招待するために要した費用です。これに対し、特定の人々を対象に経費を使った場合は交際費になります。

　広告宣伝費は、事業遂行上優先的に行われる販売促進活動で使われる費用であるため、抑制しにくい経費のひとつに挙げられます。しかし、広告宣伝の効果が売上成績に表われているかどうかの判別は非常に困難です。さらに、交際費とみなされない配慮が必要ですので、支出する際には慎重さが要求されます。また、広告看板や広告塔といった形で自社の宣伝を行う場合、それにかかる費用は比較的高額になります。①使用期間が１年を超える看板代、広告塔、②10万円を超える看板代、広告塔代、については費用として処理できず、原則的には資産として計上します。

●物流費の取扱いで気をつけること

　大手ネット通販会社などでは、巨大な物流センターを擁し、全国にハイスピードの流通ネットワークを構築しています。私たちの社会にとって、物流は必要不可欠のものだといえます。物流にかかる経費には以下のようなものが挙げられます。

・商品出荷、引取にかかる運賃
・商品の梱包資材費、運搬資材費
・倉庫管理を外部委託した場合の委託料

　これらの物流費は変動費に分類されます。変動費は、売上が伸びるほどに増加するため、多額に上る物流費の削減が経営管理上重要になります。物流費は財務諸表上、販売費及び一般管理費に費用分類されますが、以下の場合は資産に計上して費用処理しません。

① 商品や材料等の棚卸資産の仕入に関する運賃等

　棚卸資産の取得に要したその購入本体価額以外の付随費用は原則として棚卸資産の取得価額に含めて処理します。

② 設備機械等の固定資産の購入に関する運賃等

　固定資産の取得に要した運賃等の付随費用は、原則として固定資産の取得価額に含めて処理します。

　①の場合、その棚卸資産が外部に販売されたときに、②の場合は減価償却を通じて、徐々に費用化されます。

12 研究・開発にかかる費用の取扱い
細かい処理の積み重ねが大きな節税効果になる

●研究・開発にかかる費用とは

研究開発にかかる費用は、会計上と税務上では、その性格が異なります。会計上では、研究開発にかかる費用は研究開発費といい、従来にないものを創り出すための支出を指します。また、それに付随する調査費用や新たなしくみ作りの研究費用など、成果がまだ表われていない支出も含みます。

他方、税務上は、研究開発に係る費用を試験研究費といいます。税務上の試験研究費は、会計上の研究開発費より範囲が限定され、試験研究を行うために要する原材料費・専門的知識をもって専ら従事する者の人件費や経費、外部への委託費などです。

●費用処理について

会計上では研究開発費はすべて発生時に費用処理しなければなりません。税務上では、その試験研究費は費用処理を強制はしていませんが、試験研究費として発生時に費用処理できます。ただし、その支出が製品の製造に直接関わる費用の場合は、製造原価に組み込まれ、売上原価又は棚卸資産として計上されます。固定資産として処理した場合は、耐用年数に応じ減価償却費として費用計上されます。

●税法の優遇措置の活用

試験研究費には税制上の優遇措置があります。法人税額から直接控除できる制度で、大きな節税効果があります。比較試験研究費（過去３年の試験研究費の平均値）、試験研究費割合（過去３年及び今期も含めた４年分の平均売上高に対する試験研究費の占める割合）、増減試験研究費割合（試験研究費÷比較試験研究費－１）などの指標を用いて、一定の要件を満たす場合には、その事業年度中の試験研究費に対し２％～14％を掛けた金額と、その事業年度の法人税額の25％～35％（研究開発を行う一定のベンチャー企業の場合には40％～50％）のいずれか小さい額を税額控除できます。

●より精緻な経理処理が重要になる

研究開発にかかる費用は、通常金額は多額となることが想定されます。税法上の優遇措置を享受するためにも、これらの支出をより細かく管理するための工夫が必要になります。たとえば、研究開発に対する予算設定と進捗管理など、明確な管理方法の策定は、一見複雑に思われる試験研究費の税額控除制度を有効に適用できることにつながっていきますので重要です。

13 税金や賦課金などの取扱い

税務上は経費として認められないものもあるため注意が必要

● 様々な種類がある

会社が支払う税金や賦課金は一般的に租税公課と呼ばれます。国や地方公共団体などが強制的に徴収する国税や地方税などの租税と、賦課金や罰金など租税以外のものである公課とをあわせた税金等の支払についての総称です。租税公課はその内容によって税務上、経費として認められないものもあるため、経理処理する上で注意が必要です。

税務上、経費として認められる租税公課の代表的なものとしては、印紙税、固定資産税、都市計画税、不動産取得税、自動車税、軽油引取税、法人事業税、事業所税、確定申告書の提出期限延長に対する利子税などがあります。これらは損益計算書上の販売費及び一般管理費に計上されます。

一方、税務上、経費として認められない租税公課は大きく3つに分類されます。まず、会社の税引前当期純利益から支払われるものがあります。法人税や法人住民税がそれにあたります。これらは経理処理する勘定科目も租税公課ではなく、法人税等といった勘定科目を用いて、税引前当期純利益の計算には含まないのが一般的です。

次に、罰則に該当するものがあります。法人税や法人住民税の納付を延滞していた場合に課される延滞税や延滞金、加算税や加算金の他、交通違反時に発生する罰金などです。これらの罰則的なものは、経費として認められる他の租税公課と明確に区別するために、勘定科目を租税公課ではなく雑損失といった別の勘定科目で処理する場合もあります。さらに、法人税の予納と考えられるものがあります。法人税や法人住民税、消費税の予定納税額や、預金利子や配当の受取時に生じる源泉所得税があります。予定納税額は決算申告時において、確定税額から差し引くため、仮払金勘定などを用いるのが一般的です。

● 損金に算入する時期はいつか

たとえば法人事業税の場合、前期の決算から生じた税金を当期に納めます。この場合、損金に算入する時期は前期でしょうか。それとも当期でしょうか。

租税公課の損金算入時期は租税公課の性質によって3種類あります。

① 申告に基づいた納税であれば、申告をした日の属する事業年度が損金算入時期です。法人事業税は前期決算の申告を、決算日以降2か月以内に申告し、同じ期間内に納税しますので、当期の損金算入となります。法人事業税

の他、事業所税や酒税なども同じです。

② 賦課決定があって初めて納税する租税公課は、賦課決定があった日の属する事業年度が損金算入時期です。固定資産税や都市計画税、不動産取得税、自動車税が該当します。なお、固定資産税は年４回の分納をするケースが多いようです。この場合でも賦課決定があった期に、４回分の金額を損金として算入できます。

③ 特別徴収される軽油引取税などは申告をした日の属する事業年度が損金算入時期です。軽油引取税の場合、徴収した１か月分をまとめて翌月に申告し納付しますが、この申告した日の属する事業年度に損金算入できます。

○消費税の取扱い

消費税については会社の経理処理方法が税込経理か税抜経理であるかによって取扱いが変わってきます。税込経理の場合には、売上時及び仕入時などは消費税を含んだ金額で売上高や仕入高などとし、決算において納付する消費税額を租税公課として費用処理します。この費用処理をした消費税額は税務上経費として認められます。税抜経理の場合には、売上時などに預かった消費税は仮受消費税、仕入時などに支払った消費税は仮払消費税という勘定科目を用いて経理処理し、決算においては仮受消費税から仮払消費税を差し引いた額を納税するため、納付する消費税額を租税公課勘定で処理することはありません。

租税公課の種類と経理上の取扱い

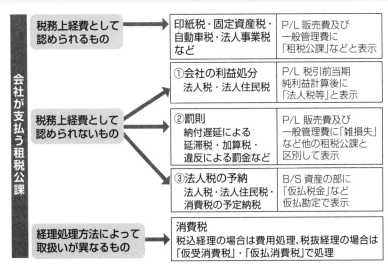

14 報酬・料金の支払時の処理

支払の都度所得税を源泉徴収する

● 報酬・料金などの支払と源泉徴収

　会社員の給与が源泉徴収されるのと同様に、個人に対して報酬・料金などを支払う法人や個人は、その支払いの都度所得税を源泉徴収しなければなりません。源泉徴収が必要な報酬・料金に該当するものが何であるかは、所得税法204条に具体的に限定列挙されています。一例としては、弁護士、税理士、公認会計士など特定の資格を持つ個人への報酬であったり、個人に対しての原稿料などです。また、この報酬・料金は、たとえ謝礼、取材費、車賃、記念品代等の名目で支払われていても、それぞれの報酬・料金として源泉徴収する義務があります。

　なお、ここで注意しなければならないのは、所得税法204条による源泉徴収は、その支払いを受ける者が個人の場合にだけ適用され、法人の場合には適用されないという点です。たとえば、毎月の顧問料を税理士個人に支払う場合には源泉徴収が必要ですが、税理士法人に支払う場合には源泉徴収が不要となります。

　また、報酬や料金として支払ったものであっても、給与所得や退職所得に該当するものについては、それぞれ給与所得又は退職所得としての源泉徴収

を行います。

● 源泉徴収のしくみ

　源泉徴収すべき税率は、報酬・料金の所得の種類により決められています。支払金額の10.21％、支払金額が100万円を超える場合には、その超える部分の金額について20.42％というのが一般的です。たとえば150万円の報酬の場合、まず100万円に対して10.21％の税率を掛けて102,100円と計算します。100万円を超えた50万円分については、20.42％の税率であるため、税額は102,100円です。これらを合算して204,200円が報酬に対する源泉徴収税額となります。ただし、司法書士と土地家屋調査士に対する報酬・料金については変則的な計算方法となっており、支払金額から1万円を差し引いた金額の10.21％です。たとえば報酬が5万円である場合、1万円差引後の4万円に10.21％の税率を乗じて4,084円が源泉徴収税額となるわけです。

　また、懸賞の賞金など、広告宣伝のために支払う賞金を支払う場合、賞金等の額から50万円を差し引いた残額に、所得税と復興特別所得税を合わせた10.21％の税率を乗じた金額を源泉徴収します。たとえば、懸賞について100

万円の賞金を支払う場合、51,050円を源泉徴収することになるため、受取人には948,950円を支払うことになります。

●復興税の徴収

従来、源泉徴収する税率は10％や20％など、小数点以下はありませんでした。しかし、東日本大震災からの復興のための財源確保を目的として、平成25年1月より復興財源確保法が施行され、復興特別所得税が制定されています。源泉徴収する際には、従来の所得税と併せて復興特別所得税も源泉徴収することが定められています。従来の税率に対して2.1％に相当する金額を復興特別所得税として課税することになったため、現在のような小数点以下がある税率となっています。なお、源泉徴収税額の計算上生じた端数は切り捨てです。

●源泉徴収対象額と消費税

源泉徴収をする対象となる報酬・料金の金額は、原則として消費税込の金額です。たとえば95万円の報酬・料金は、消費税込では1,045,000円です。この場合の源泉徴収税額は、100万円部分に対する源泉税額102,100円と、100万円を超えた45,000円部分に対する源泉税額9,189円の合計額です。ただし、請求書等で報酬・料金の金額と消費税額が明確に区別されている場合は、その報酬・料金の金額のみを源泉徴収する対象額としても差し支えありません。

●納付の時期

所得税の源泉徴収税額（源泉所得税とも呼ばれます）は、原則として給与を支給した日（源泉徴収をした日）の翌月10日までに納めます。ただし、給与の支給人員が常時10人未満である事業所の場合、納付時期を7月と翌年の1月の年2回にまとめることができる特例を利用することができます。

報酬・料金の取扱いと源泉徴収の方法

報酬・料金の種類	源泉徴収税額の計算方法
原稿料や講演料 弁護士や税理士などに支払う報酬・料金 専属契約等で支払う契約金	●1回の支払金額が100万円以下の場合 　支払金額×10.21％ ●1回の支払金額が100万円超の場合 　（支払金額−100万円）×20.42％＋10万2,100円
司法書士・土地家屋調査士に対する報酬・料金	（支払金額−1万円）×10.21％
外交員に支払う報酬・料金	｛支払金額−（12万円−給与支給額）｝×10.21％
ホステス等に支払う報酬・料金	（支払金額−5,000円×日数）×10.21％
広告宣伝のために支払う賞金	（賞金等の額−50万円）×10.21％

15 予算管理①

会社のめざす数値的目標を定め、理論と実績の差異を分析する

●予算管理とは

予算とは、事業計画を会計数値に置き換えたものです。

根拠に基づいて、今後の会社の売上、それにかかる原価、固定費などを数値化し、1年間、半年、四半期など作成対象期間における会社の業績を理論上で組み立てます。予算の立て方には、ボトムアップ型と、トップダウン型があります。ボトムアップ型とは、各部門が作成した数値を積み上げて全体予算を作成します。トップダウン型とは全体予算から作成し、その項目を各部門に割り当てて作成します。実際には、両者を組み合わせて作成しないと、机上の空論となり、作成された予算に現実味がなくなってしまいます。以下、予算作成とその後のフォローの流れを見ていきましょう。

まずは、営業担当者自身が責任を持って今後の業務計画を立てます。担当者自身の予測売上高、これに対応する仕入やその他の経費を見積り数字に落とし込みます。自身で立てた予算を理解することで、目標に邁進するという風土ができます。ボトムアップ型の予算の場合、どうしても自分に甘い予算を立てがちになりますが、上長がその点を指導、修正する必要があります。

予算立案時には、会社の間接経費（事務所の家賃、水道光熱費など）については、人員数などを基準に各部門に負担させる、トップダウン型で設定することが通常です。しかしこれらの経費は、各部門でコントロールできる経費ではないため、各部門にコスト負担させることは、現場のやる気を削ぐ可能性もあります。その反面、販売価格や仕入価格、接待交際費のような営業経費については、個人に裁量を持たせるボトムアップ型の予算立てを実施することで、職務への意欲とコスト意識の向上を期待できるため重要です。

予算を立てただけで満足しては計画倒れというこになりかねません。対象期間終了後に、必ず予算と実績の対比を行い、達成度を自己評価し、逆に失敗した場合には原因を把握する必要があります。これをPDCAサイクルといいます。これにより、個人レベルで次年度の目標が立てられるようになります。この次年度へのフィードバックまで活用できるようにすることが、予算管理の目的といえます。

また、予算を達成した場合には、人事や処遇で報いることが、社員のモチベーションアップにつながります。報われた社員は、次年度はより一層予算

達成に向けて努力するでしょう。逆に、「やっても報われない」という意識がまん延してしまうと、社内のムードは暗くなります。いったんマイナスのイメージがついてしまうと、なかなか取り返しができなくなりますので、注意が必要です。

●編成作業について

予算の編成作業とは、各部門からの個別予算を全体予算に整形する作業です。

実効性のある予算編成をするためには、自社の各部門の損益構造（どのように売上が発生するのか、これに対する費用は何があるのか）の理解と、商品、市場、価格、販促に関する現状分析が不可欠ですので、時には部門の責任者から現状についてレクチャーを受

けることも大切です。具体的な手法としては、個別予算を会計的にチェックしていきます。売上に対して必ず発生する原価、毎月発生する家賃、人件費などの固定費を整形し、適正額を予算に盛り込んでいるかチェックします。

一方、会社全体の事業計画に合致させるように、個別予算を整合させ、全体予算とします。

全体予算がわかれば、売上予想から入金の予想、経費予想から支払予想ができることになります。ここから、仮想の会計仕訳を考え、予算通りに行った場合の将来の貸借対照表、損益計算書を作成します。これにより将来の資金不足に備えて、前もって資金調達の検討に入ることができます。

予算策定の流れと注意点

営業担当者	各部門の責任者	総括部門
予測売上高 仕入、経費等の 見積りを作成 （個人目標）	各担当者が作成した 数値をチェック 指導、修正 部門別の予算を作成	編成作業 各部門の予算を統合 全体予算に整形 時にはコストの負担 などを指示

ボトムアップ　　トップダウン

編成作業における注意点
・適正額を盛り込んでいるかどうかのチェック
・担当者へ直接ヒアリングを行うなど、数値だけではなく各部門の現状も把握する

● 差異分析をする

差異分析とは、月次決算の都度、予算と実績の数値を対比して、数値の開き（差異）を見る分析方法です。差異がある場合には、必ず原因を究明することが重要です。

具体的には、売上高、売上総利益、販売費及び一般管理費、製造原価の勘定科目の予算と実績を対比し、金額に開きがある部分については、その原因を突き止め、対処していくということになります。金額だけでなく、売上高に対する割合で比較する方法もあります。なお、予算との対比だけでなく、同業他社の財務諸表の数値、割合と対比する方法もとることでより客観性が上がります。

予算差異分析を行うことによって、会社全体、各部門の問題点が浮き彫りになり、翌年度の予算作成にあたってのポイントが見えてきます。会社は規模が大きくなればなるほど、これらの差異分析をした結果について、会社の利害関係者（株主、銀行、得意先、消費者など）に対し、説明をする機会が増えます。この社外に対する説明を担うのが経理財務部門です。上場会社であれば、投資家説明会や株主総会などにおいて説明を行うことになります。

予算差異分析の実施と会社・関係者への影響

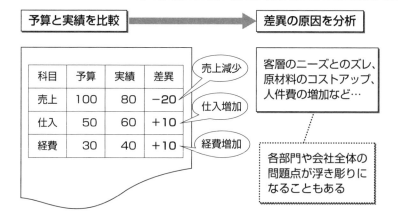

17 資金調達①
借入にも様々な方法がある

●資金を調達するには

　資金が不足したときの調達方法は、大きく分けて2つあります。会社自身の努力で資金を増やす方法と、社外から資金を得る方法です。

　社外から資金を得る方法は手間とコストがかかりますので、順序としては、まずは会社自身で、できる限りの資金調達の努力を試みることです。方法としては、利益の増加、営業活動による現金収支の改善、不要資産の処分などがあります。その内容については、以下で見ていきましょう。

① 自力で資金を調達する方法

　本業での利益が増加すると、通常はこれに対応して資金も増加します。まずは経営状態の見直しを行い、価格や販路の工夫で利益が生み出せないか、検討して見ることです。ただし、売上を増やすばかりで肝心の代金回収がうまくいかないと、資金は増えません。現金収支の改善も重要です。

　現金回収の期日が長いと、その分会社が資金を負担し続けていることになります。逆に支払いを遅らせることで、余剰資金を生み出す効果が得られます。まずは売掛金など営業債権の積極的な回収と、不良在庫などムダな支出の見直し、それでも厳しい場合は支払期日

を少し長めにとることも視野に入れてみましょう。ただし、支払期日の延長については、取引先との信頼関係を崩さないよう、最終手段として慎重に行う必要があります。

　その前にできることとしては、社内における不要資産のチェックです。貸借対照表上で計上されている資産の中に不要なものがあれば、売却することで資金を生み出すことができます。

　これらの作業は資金を調達するためではありますが、実は社内の財務内容の改善にもつながります。ムダを整理することで財務内容がよくなれば、金融機関や株主などに対する対外的な評価もよくなり、会社はさらに資金調達しやすい環境に変わっていくわけです。

② 社外から資金を得る方法

　次に社外から資金を得る手段ですが、会社が自ら新株や社債を発行して資金を募る方法と、銀行等の金融機関を通して資金を借り入れる方法があります。後者の銀行等から資金を借り入れる方法が、最も一般的な資金の調達方法だといえます。借り入れた資金は帳簿上「借入金」として貸借対照表上の「負債の部」に記録されます。この借入には正確にはいくつかの種類があります（次ページ）。

18 資金調達②

借入は主に、約束手形、資金不足を補うもの、証書借入の3つに分類できる

● 借入の種類

　一口に借入といっても、実はいろいろな種類があります。これらの借入について、①約束手形による借入、②残高不足を補う借入、③証書借入の3つに分類して以下で説明していきます。いずれも共通しているのは、銀行などの金融機関が相手であるということです。

①　約束手形による借入

　約束手形とは、一定期日までに額面金額の決済を約束するもので、主に売上や仕入の代金として利用されます。

　この約束手形による借入には、「手形割引」と「手形借入」があります。「手形割引」とは、会社が取引先から受け取った手形を金融機関に持ち込み、資金を得る方法です。手形には必ず決済期日があります。期日前に金融機関に持ち込んで資金を得る際は、割引料として期日までの金利分を額面から差し引いた残りの金額を受け取ることになります。期日が到来すれば、振出人の口座から決済されるので、返済のためのお金を用意する必要はありません。

　ただし「不渡り」にならないかどうか、期日到来まで十分注意する必要があります。「手形借入」とは、自分自身で振り出した手形を金融機関に持ち込んで、資金を得る方法です。期日に返済をすれば振り出した手形は返却されます。

②　資金不足を補う借入

　一時的な資金不足を補う借入として、「当座借越」と「預金担保借入」いう方法があります。「当座借越」とは、あらかじめ銀行と当座借越契約を結んでいる当座預金の口座に対して、残高不足となった場合も一定の限度額に達するまでは、決済が可能となる方法です。「預金担保借入」とは、銀行の普通預金が残高不足となった場合、他に定期預金などの残高があれば、一定金額まで決済が可能になる方法です。

　これらの借入が行われると、通帳にはマイナスの残高として表示されますが、実は自動的に融資が行われており、金利も発生します。

③　証書借入

　「金銭消費貸借契約書」を作成し、契約に従って資金の借入と返済を行います。借入にあたって、会社は事業計画や資金の使い途、返済計画を明確にしておく必要があります。証書借入は契約書にある借入実行日に契約した金額が、銀行口座に入金されます。通常は同日に、借入実行日から直近の約定弁済日までの利息と、契約に必要な収入印紙代が引き落とされます。

19 資金繰り①

健全な経営にはしっかりとした資金管理が必要不可欠である

● 資金繰りとは

会社の営業活動には、必ずお金の動きが伴います。逆にいえば、お金の動き方が経営状態を左右するといっても過言ではありません。健全な経営状態を維持するためには、ただ多くのお金を保有しているだけではなく、そのお金をどう使うかも大切なのです。営業活動で増えたお金を商品開発や設備投資、優秀な社員の採用などに使い、ますます会社を発展させていくのが、会社の理想的な成長の姿といえます。

しかし、現実的には通常の営業活動だけでお金を正常に回して行くことは困難です。時には必要な資金が不足する場合や、急遽まとまった資金が必要となる場合もあるからです。そのような時に何も手を打たなければ、たちまち会社の存続が危ぶまれてしまいます。

このような資金不足による会社の危機を回避するためには、資金の収支をきちんと管理する必要があります。資金収支の予定を管理し、必要な資金を調達したり、逆に余った資金の使い途を決めたりすることを資金繰りといいます。簡単にいえば、家計を管理するために作成する家計簿と同じことです。

● 現預金の収支を3つに分類する

お金の動きには、①通常の営業活動によるもの、②営業活動以外のもの、③臨時的な収支の3つに分けることができます。現預金の収支を、まずはこれらの内容別に分類するところから始めていきます。

①営業活動による現金収入には、本業である現金売上や売掛金の回収、受取手形の期日到来による入金などが該当します。同様に、材料や商品の現金仕入、買掛金の支払、支払手形の期日到来による支出などは、営業活動による現金支出に該当します。②営業活動以外の現金収支には、増資や銀行からの融資による資金調達やその返済、有価証券の売買、配当金の受取りや支払いなどが挙げられます。③臨時的な収支とは、機械設備のような不動産の購入や売却、保険金の満期など、通常は行われない経済活動による臨時的な収支が挙げられます。

このように分類された収支は、「資金繰り表」（213ページ）として、1か月ごとに収入、支出、差引残高の表にまとめていきます。特に臨時的な支出がある場合は、資金不足に陥らないために、早めに備える必要があります。

資金繰り②

予定より収入が少ない場合と支出が多い場合に資金が不足する

● 資金不足の原因を調べるには

　儲けが出たからといって、必ずしも資金が比例して増えるとは限りません。実は、帳簿上の損益と手元資金は必ずしも一致しないのです。資金不足に陥らないために、収支の情報は早めに把握しておくことが重要です。

　万が一資金不足に陥った場合は、その原因を調べる必要があります。

　「資金繰り表」だけでは判明できない場合は、月別の試算表などを利用して、前月分の現預金と売掛債権、売上と経費などと比較してみましょう。不明な部分については、総勘定元帳を見ると、その内訳が判明します。

● 資金運用表の活用

　過去の資金の運用状態と比較するのも1つの方法です。たとえば「資金運用表」を作成するという分析方法もあります。資金運用表は、前期と当期の貸借対照表の各勘定科目の数値の増減額から作成します。現預金の増減と、現預金以外の資産、負債、資本の増減を分析し、資金の増加又は減少の原因を分析します。図（次ページ下図）のように、運転資金、投資資金、財務資金と分類すると、本業の業績が良くて資金が増えたのか、借入による資金が増えたのかなど、資金の増減要因がより明確になります。

　資金が不足する主な原因としては、予定より収入が少ない場合と支出が多い場合に二分されますので、そのいずれであるかをまず分析します。

　収入が少ない場合の原因としては、売上など収益そのものが落ち込んでいる、売掛金の入金や受取手形の決済が期日より遅れている、などが考えられます。

　また、支出が多い場合としては、仕入の数量が予定より多かった、臨時的な出費があったなどの原因が考えられます。

　具体例を挙げて見ると、店舗を増やすなど経営規模の拡大により資金が不足するケースです。拡大路線をめざす過程において、設備投資や仕入の増加など大幅な支出が先立ちます。これらの投下した資金が収益に反映し、さらに現金として回収されるのは、経営が軌道に乗ってしばらくしてからということになります。つまり事業拡大には、ある程度余裕をもって資金を見積もる必要があるということです。目先の利益だけで将来的な展望がないと、経営難に陥ってしまうことになります。

資金繰り表の活用

項目			○年4月	○年5月	○年6月	○年7月	○年8月
前月繰越			250	1,253	1,580	1,375	823
営業活動	収入	現金売上	150		122	131	
		売掛金回収	1,551	2,000	1,771	1,200	2,122
		受取手形	560	550	510	610	310
	支出	買掛金支払	650	1,100	2,000	1,800	1,771
		給料	300	300	300	355	412
		家賃	100	100	100	100	100
		水道光熱費	3	3	3	3	3
		雑費		15		30	
営業活動以外	収入	受取利息					1
	支出	借入金返済	150	150	150	150	150
		支払利息	55	55	55	55	54
差引過不足			1,253	2,080	1,375	823	766
臨時収入 【＋】							50
臨時支出 【－】				500			
翌月繰越			1,253	1,580	1,375	823	816

資金運用表の活用

前期と当期の BS を比較して増減額を把握する

資金の運用		資金の調達	
資産の増加	×××	資産の減少	×××
負債の減少	×××	負債の増加	×××
資本の減少	×××	資本の増加	×××

資金を運転資金・投資資金・財務資金の３つに分類する方法もある

運転資金	売上債権減少	10
	仕入債務増加	10
	在庫増加	▲ 10
		10
投資資金	固定資産増加	▲ 10
		▲ 10
財務資金	借入金返済	▲ 10
		▲ 10
現預金の増減		▲ 10

21 原価計算

原価計算によって正確な原価を計算する

● どんなことがわかるのか

原価計算には標準原価計算と実際原価計算がありますが、一般的には標準原価計算が採用されています。

標準原価計算とは、材料費などの費用の単価や数量について標準の値を決めておき、それらと生産実績に基づいて原価を計算する方法です。そして期末において実際の原価発生額と比較し、差額を売上原価又は棚卸資産に適切な基準に基づいて配賦します。こうすることで、損益計算書の売上原価を実際の原価発生額に置き換えるのです。

原価計算をすることにより、まず、その年度における正確な原価の金額がわかります。原価は様々な要素により構成されていますが、原価計算により正確な原価を計算でき、利益を導くことができるのです。また、原価計算の実績から製品のコストを予想することができるため、売価の設定に役立つということがあります。これにより、将来の販売計画や利益計画を策定したり、予算を組んだりすることができます。

● 原価計算とはどんな作業なのか

原価は、材料費、労務費、経費の3つに区分します（費目別計算）。材料費は製品の製造のために消費された物

品の費用、労務費は製品の製造に関わる従業員の給料や福利厚生費など、経費は材料費と労務費以外の費用のことで、製品の製造に要した水道光熱費や燃料費などを含みます。これらの3つの分類ごとに原価を集計し、当期中の製品の製造にかかった費用を計算します。ただし、当期に発生した製造費用の中には、まだ製品として完成していないものも含まれています。完成していない製品の製造原価は、仕掛品として棚卸資産に計上されることになります。さらに当期に完成した製品の製造原価であっても、当期に売り上げることができなければ当期の売上原価にはなりません。売れ残った製品の原価は、製品として棚卸資産に計上されます。

このように棚卸資産として計上された原価は、販売された期の売上原価に含まれることになります。当期の売上原価に含まれるためには、当期中の製造にかかった費用であるかどうかにかかわらず、当期において売り上げられた製品の原価である必要があるのです。

● 原価の部門別計算

一つの製品を一人で製造していれば前述のように材料費、労務費、経費の集計のみで製造原価が計算できますが、

通常は会社組織等の多数の従業員によって複数の部門により製造が行われるため、材料費、労務費、経費を発生部門別（機能別、責任区分別）に分ける部門別計算を行います。具体的には、原価を製造を直接行っている部門を製造部門と、製造部門に対して補助的な関係にある部門である補助部門に分けます。ここでいう製造部門や補助部門は、原価を分類集計する計算組織上の区分のため、必ずしも会社組織の部門を意味しているわけではありませんが、イメージとしては製造部門にあたるのが生産部や製造部、補助部門にあたるのが検査部や品質管理部ということになるかと思われます。原価計算を考慮する場合には、原価の発生と関わらせて会社組織や部門を構築していくと、後々の原価の集計や製品の製造原価の計算がしやすくなり、管理会計を機能的に実施することが可能になります。

●原価の製品別計算

会社は、通常は複数の製品を生産しているため、最後には部門別に集計した原価を製品別に振り分けて、製品一つ当たりの製造原価を計算します。たとえば、製品の製造工程が複数ある場合には工程別に原価を分けたり、同種製品であるが、その製品を形状、大きさ、品位等が異なる場合には等級別に分けたり、異種製品の場合には組別に分けたりなど、製品の特性によって、原価計算の方法を定める必要があります。

●原価計算において経理はどんな役割をするのか

経理の仕事には、出納業務や給与計算など様々なものがありますが、原価集計業務もその仕事のひとつです。標準原価計算を行っている場合は、実際原価と標準原価の差額（原価差異）を分析することで、生産性の向上に貢献することも経理の業務に含まれます。また、原価差異を売上原価と棚卸資産に割り当て、実際の原価に置き換えるという作業もします。

原価計算の流れ

材料費 … 製品の製造のために消費された物品の費用。

労務費 … 製品の製造に関わる従業員の人件費。
賃金、給料、賞与、福利厚生費など。

経費 … 材料費と労務費以外の費用。
製品の製造に要した水道光熱費、燃料費、工場の賃借料など。

※このような原価の分類方法を形態別分類という。

22 製造原価報告書

製造原価は材料費、労務費、外注費及び製造経費から構成される

● 製造原価とは

　製造業などの場合は、通常の卸売業や小売業などのように仕入れた商品をそのまま売るわけではないため、売上総利益の計算は単純に「売上 − その販売に対応する商品の仕入原価（売上原価）」というわけにはいきません。製造業の場合、通常、原材料などを仕入れ、それを加工して製品を作り上げます。そのため、製造業などの場合、会社の儲けである売上総利益は、その会社の製品の売上高から、その製品を作り上げるまでにかかった総費用（原価）を差し引いて求めることになります。この原価のことを製造原価といいます。製造業などの場合は、「仕入原価」ではなく製品の「製造原価」を計算しないと儲けである売上総利益が計算できないことになります。

　製品を作る場合には、原材料、労力、機械・工具、動力（電気・燃料など）などが必要となりますが、これらのものが実際にいくらかかったのかをまとめたものが製造原価報告書です。

　製造原価は、材料費、労務費、外注費、製造経費から構成されています。以下、主な製造原価について、簡単にその内容を確認しておきましょう。

　まず、材料費は、はじめ（期首）に

あった材料費（期首材料棚卸高）に当期に新たに仕入れた材料費（当期材料仕入高）をプラスして、さらに、その期の最後（期末）に残った材料費（期末材料棚卸高）をマイナスすることによって求めます。これが当期の製品製造に投入した材料費というわけです。

　次に、労務費は、その会社における製品の製造のために工場（現場）で働く人（工員）の賃金・賞与・アルバイト代（雑給）やその工員にかかる法定福利費、福利厚生費などの人件費です。

　外注費は、その会社の製品の製造工程の一部について、自社ではなく、下請業者などの他社に加工などを委託（外注）した場合の費用です。

　製造経費には、前述した経費の他の様々な経費があります。たとえば、工場消耗品費は、工場（現場）で使用する工具などの購入にかかる経費です。不動産賃借料は工場の敷地及びその工場の賃借料です。機械装置賃借料はその工場で使用している機械の賃借料（リース料も含む）です。電力料、燃料費、水道料はその工場でかかる光熱費、工場の電気代、機械の燃料費のことです。修繕費は工場又は機械の修繕にかかった費用です。減価償却費はその工場そのもの、又は機械などの減価

償却費です。その他にも多くの経費がかかっています。

●仕掛品とは

当期にかかった材料費、労務費、外注費、製造経費の合計額が、「当期総製造費用」になります。これにさらに「期首仕掛品棚卸高」と「期末仕掛品棚卸高」をプラスマイナスして「当期製品製造原価」を構成しています。

仕掛品とは、生産工程にのっているがまだ完成には至っていないものや、作業現場で製造途中の製品のことをいいます。原材料をいくらかでも加工したのであれば仕掛品として考えます。仕掛品は半製品と混同しがちですが、半製品とは異なり、仕掛品は、それ自身での販売や、交換価値を見込めないものをいいます。

期首の仕掛品や期末の仕掛品は、完成品ではありませんので、完成品である製品の製造原価と同じ金額ではないはずです。そのため材料費は数量按分、加工費などはその仕掛品の進捗度、つまり完成度合いを求めて、その進捗割合（完成品を100％とした場合の％）を製品の製造原価に掛けて仕掛品の金額を計算するのが一般的です。完成品の何％で仕掛品を評価するかを決めなければ「当期製品製造原価」が求められないわけです。

製造原価報告書と損益計算書、貸借対照表の関係

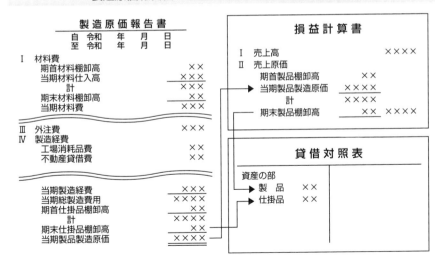

※当期製品製造原価は「製造原価報告書」の最末尾行の金額と一致する。
※製品は「損益計算書」の期末製品棚卸高の金額と一致する。
※仕掛品は「製造原価報告書」の期末仕掛品棚卸高の金額と一致する。

23 経営分析①

会社の問題点を把握する

なぜ経営分析をするのか

経営分析とは、財務諸表の様々な項目における数値を基に、比率などを用いて客観的に会社の現状を分析する手法です。経営分析の目的は、経営分析の結果である比率などから、会社の問題点や課題を見つけ出し、改善方法の策定や実行をすることにあります。

経営分析によって、①会社の安定性を測る指標、②会社の収益力を測る指標、③会社の成長力を測る指標、④会社の資金繰りを測る指標などを客観的に知ることができます。

会社の安定性を測る指標

会社が安定して事業活動を継続できるかどうかを見るためには、貸借対照表の数値を基にした、自己資本比率を用いて分析することがよくあります。自己資本比率（純資産÷総資産）とは、会社の総資産に占める自己資本つまり純資産の割合です。自己資本は株主が投資した資金及び稼得した利益であり、返済義務はありません。つまりこの割合が高いほど、返済義務のない資金を営業活動に有効に活用していることを表わし、会社は安定している状態だといえます。自己資本比率は収益力と密接です。自己資本比率が低く借入金が

多くても、好況時にはそれをテコに高い収益力を生みだします（レバレッジ効果）。逆に、不況時には、含み損と利子で収益力がなくなります。

その他、流動比率（流動資産÷流動負債）を用いた分析手法もあります。流動比率とは、流動負債に対する流動資産の割合を表わした比率です。現預金や得意先に対する売掛金などの合計が流動資産であり、1年以内に返済期日が到来する借入金や、取引先に対する買掛金などの合計が流動負債です。つまりこの流動比率が高い状態は、現預金や容易に換金できる資産が多い状態を指し、短期的な支払能力がある、ということになります。

会社の収益力を測る指標

会社が十分に収益を生んでいるかどうかを見るためには、貸借対照表と損益計算書の数値を基にした、いくつかの分析手法があります。

まず、総資本利益率（当期純利益÷総資本）という分析手法があります。この総資本利益率はROAとも呼ばれ、総資本つまり総資産に対する当期純利益の割合をいいます。つまり、会社の経営資源であるすべての資産からどれだけの利益を稼得したかを表わしてい

ます。この割合が高いほど、会社は資産を有効に活用して利益の稼得に結びつけているといえます。次に、株主資本利益率（当期純利益÷株主資本）という分析手法があります。この株主資本利益率はROEとも呼ばれ、株主資本（自己資本）つまり純資産に対する当期純利益の割合を表わします。株主に帰属される利益率を表わし、この割合が高いほど会社は株主からの資金を効果的に経営に回しているといえます。ひいては、既存の株主だけでなく一般の投資家たちにとっても、投資対象として魅力的な会社である、ともいえます。

その他、総資本回転率（売上高÷総資本）という分析手法もあります。総資本回転率は総資本つまり負債＋純資産に対する売上高の割合です。1年間の売上によって総資本が何回入れ替わったのかを表わし、この割合が高いほど、少ない資本で効率的に大きな売上を稼得しているとされます。総資本は総資産ともイコールであるため、仮に総資本回転率が低い状況は、会社の資産がだぶついている、あるいは不良資産が眠っている可能性があるともいえます。

なお、前述のROEは下図に記載した算式のように展開できます。この通り、ROEは収益力・回転とレバレッジの3つの特性の指標ということができます。

経営分析の基準と方法

会社の安定性を測る基準	・自己資本比率＝純資産÷総資産 ・流動比率＝流動資産÷流動負債
会社の収益力を測る基準	・総資本利益率（ROA）＝当期純利益÷総資本 ・株主資本利益率（ROE）＝当期純利益÷株主資本 ・資本回転率＝売上高÷総資本 ・損益分岐点＝固定費÷（1－変動費率）
会社の成長力を測る基準	・売上高の成長率＝（当年の売上高－前年の売上高）÷前年の売上高 ・数年分の利益を比較して営業利益の伸び率を把握
会社の資金繰りを測る基準	・売上債権回転期間（月数）＝（売掛金＋受取手形）÷（売上高÷12）

$$\text{ROE} = \frac{\text{当期純利益}}{\text{株主資本}} = \frac{\text{当期純利益}}{\text{売上高}} \times \frac{\text{売上高}}{\text{総資本}} \times \frac{\text{総資本}}{\text{株主資本（自己資本）}}$$
（収益力）　（回転）　（レバレッジ）

24 経営分析②
会社の成長力・資金繰りや効率性・生産性を測る指標もある

● 会社の成長力を測る指標

会社の現時点での成長力を見るためには、貸借対照表の数値を基にした総資産成長率や、損益計算書の数値を基にした売上高成長率といった分析手法があります。

総資産成長率とは、前期に比べ増加した総資産額を前期末時点の総資産で除した割合です。この割合が高いほど、会社の事業規模が拡大しているといえます。売上高成長率とは、前期に比べ増加した売上高を前期の売上高で除した割合です。この割合が高いほど、売上高が伸びている、つまり事業規模が拡大しているといえます。

● 会社の資金繰りを測る指標

会社の資金繰りの状況を見るためには、主に貸借対照表、損益計算書の数値を読み取り、売上債権回転期間（売上債権÷売上高）という分析手法を用います。売上債権回転期間とは、得意先から回収した売掛金などの売上債権が、どの程度の期間を経て回収されるかを表わします。この期間が短いほど、商品を販売してから売上債権を回収するまでの期間が短く、資金回収力が高い会社だといえます。

CCC（キャッシュコンバージョンサイクル）を利用する企業も増えてきました。CCCとは、「売上債権回転日数＋棚卸資産回転日数－買入債務回転日数」のことで、資金把握のための有用な指標のひとつです。

● 会社の効率性を測る指標

会社の効率性とは、会社のすべての資本などがどれだけ効率的に運用されているかを見ます。

総資本回転率は、売上高を総資本で除すことにより算定され、総資本を何回分回収できる売上高が計上されているかがわかります。総資本回転率が高いほど、少ない総資本で大きな売上高を獲得しているといえます。

また、自己資本回転率は、株主が出資した資金である自己資本がどれだけ効率的に運用されているかを示す指標です。売上高を自己資本で除すことにより算定されます。自己資本回転率が高いほど、少ない自己資本で大きな売上高を獲得しているといえます。

資本だけでなく、固定資産を使って生産性を表わす指標もあります。固定資産回転率は、売上高を固定資産の金額で除すことにより算定されます。固定資産の投資額に対して売上高が大きいほど、固定資産が効率的に稼働して

いるといえます。一方で、長期的に安定した経営を行っていくためには、設備投資を適時に行っていく必要があります。そのため、固定資産回転率が高すぎることは必ずしも会社の経営にとってよいこととは限らないのです。

さらに、自社製品等を用いた棚卸資産回転率も、いかに棚卸資産が効率的に販売されて売上へつながっているかを測ることができるため、効率性を表わす指標となります。棚卸資産回転率は、売上原価を棚卸資産で除すことにより求められます。棚卸資産回転率が高いほど、効率的に棚卸資産を回転させ売上を獲得することができているといえます。一方で、棚卸資産回転率が悪化した場合は、不良在庫の存在を示唆することがあります。

● 会社の生産性を測る指標

売上高に対する付加価値の割合を示す付加価値率（付加価値÷売上高）があります。この値が高いほど会社が付加した価値が高いことを意味しています。付加価値は、売上高マイナス外部購入価値で表わされます。会社は仕入れた商品又は材料に付加価値をプラスして販売します。材料費、外注費、水道光熱費などといった、他社から仕入れた価値を外部購入価値といい、社内でプラスした価値が付加価値です。

また、この付加価値に占める人件費の割合（人件費÷付加価値）を表わすのが労働分配率です。つまり、付加価値の中からどの程度の割合で人件費に回されているかを表わしている指標です。一般にこの値は、労働集約的な事業では高くなり、自動化、機械化が進んでいる会社では低くなります。企業における経営資源は、大まかにいうと、「ヒト、モノ、カネ」であり、「人件費」は、そのうち「ヒト」にあたる部分です。「人件費」は、役員報酬、従業員給料の他、法定福利費、福利厚生費なども人件費に含めて労働分配率を計算します。

自己資本回転率

A社

> 自己資本：1000万円
> 売上高　：　500万円

自己資本回転率は 0.5

B社

> 自己資本：1000万円
> 売上高　：1200万円

自己資本回転率は 1.2

自己資本の金額は2社とも同じであるが、B社の方がより自己資本を効率的に運用して売上高を獲得しているものといえる。

25 キャッシュ・フローの経営分析

キャッシュ・フロー計算書を使った分析もできる

●キャッシュ・フロー計算書を使用した経営分析

現在は「キャッシュ・フロー経営」が重要であるといわれており、キャッシュ・フローである現預金をいかに効率よく獲得できているかを判断するための情報が重要になっています。つまり、いくら利益などの業績が良かったとしても、「勘定合って銭足らず」な状態になっている場合には、健全な経営が行われているとはいえません。そこで、キャッシュ・フロー計算書で登場する項目を使用して分析を行うことで、より多面的で効果的に会社の状況を把握することが可能になります。ただし、キャッシュ・フロー計算書は上場会社などの一定の会社を除いて作成の義務はありませんので、上場していない会社が自らの会社を分析するには、キャッシュ・フロー計算書を追加して作成する必要があります。

●どのような指標があるのか

以下では、おもなキャッシュ・フロー（CF）の指標を説明します。

・営業キャッシュ・フロー流動負債比率

営業CF流動負債比率＝営業CF÷流動負債

この数値が大きい方が短期的な資金繰りの観点で健全であるということになります。

・有利子負債営業キャッシュ・フロー比率

有利子負債営業CF比率＝営業CF÷有利子負債

この数値が大きい方が、長期借入金などを含めた負債の返済能力があるということになります。

・総資本営業キャッシュ・フロー比率

総資本営業CF比率＝営業CF÷総資本（総資産）

この指標は、会社のすべての資産からどれだけの営業キャッシュ・フローを稼得したかを表わしています。

・売上高営業キャッシュ・フロー比率

売上高CF比率＝営業CF÷売上高

企業が本業でどれだけ効率よくキャッシュ・フローを獲得したかを見る指標です。この指標は、一般的にキャッシュ・フローマージンともいわれています。

・営業キャッシュ・フロー伸び率

営業CF伸び率＝（当期営業CF－前期営業CF）÷前期営業CF

この指標は、事業で営業キャッシュ・フローを稼ぎだす力を示す指標といえます。

第6章

税務調査の知識

税務調査とは

国民が納税義務を果たしているかどうかを国がチェックする

● どのようなものなのか

税務調査とは、納税者（法人・個人など）が適正に納税しているかどうかを国が調査する制度です。

税務調査では、自己申告された所得額に漏れや隠ぺいがないか、税額に計算ミスがないかといったことがチェックされます。調査を担当するのは、法律で権限を与えられた税務署の調査官です。調査官は対象の個人宅や法人の事務所などに事前に連絡をした上で出向き、帳簿のチェックや関係者への聞き取りなどの形で調査を行います。

税務署の調査官が行う税務調査は、任意に行われる調査ですが、原則として拒否できないのが実情です。調査対象となった納税者には、調査官の求めに応じて書類を準備したり、質問に正確に答えるなど、真摯に協力することが求められます。

● どのような目的で行われるのか

日本では、納税義務者が自ら税務署に所得や税額を申告することにより、所得税や法人税、贈与税、相続税といった税金を支払う申告納税制度がとられています。所得額などの課税標準や税額をどのような形で算出するかということは、所得税法や法人税法など

の法律によって定められていますから、納税義務者はこれに添って税額を正確に計算し、期日までに納付しなければなりません。

しかし、税額の計算式は複雑なので、計算ミスをしてしまうことも少なくありません。また、中にはわざと所得を過少申告するなどして脱税をはかる悪質な納税者もいます。そこで、租税負担の公正をはかり、社会秩序の安定を保つことを目的として、適正な納税手続きが行われているかを調べる税務調査が実施されているわけです。

● 調査は受けなければならないのか

税務調査は、正しく納税している法人や、収入額が少なく納税額がゼロになる個人などに対しても行われる可能性があります。「わざわざ税理士に頼んで計算してもらい、間違いなく納税しているのに調査を受けなければならないのか」「収入がないし、帳簿もつけてないから、調査する必要はないのでは」と思う事業者の人もいるかもしれませんが、調査の必要性や手続きが妥当かどうかについての判断は税務調査を行う権限（質問調査権）を与えられた税務署が行うことであり、納税者が調査を拒否する理由にはなりません。

税務署から調査を行うと連絡があれば、誰でもこれを受け入れなければなりません。これは国民全員に憲法に定められた納税の義務と、税務調査を受ける義務（受忍義務）があるからです。

法人税法や所得税法などの法律には、税務調査において調査官の質問に答えなかったり、ウソの返答をするなどした場合には、罰金などの処罰が科せられるという規定も置かれています。

税務調査は、手間も時間もかかりますし、精神的にも大きな負担を伴いますが、正しい手続きをしていれば恐れる必要はありません。構えることなくきちんと対応するようにしましょう。

●家族や従業員には受忍義務

税務調査に対する受任義務は、調査対象となった納税者本人にのみ生じるものです。個人であれは当然その人が義務を負いますし、法人であればその代表者が義務を負うことになります。

しかし、税務調査の事情聴取や書類提示の要請などは、調査対象者だけでなく、個人であれば配偶者やその他の家族、法人であれば経理担当者や他の従業員などにも及ぶ場合があります。

では、調査対象者以外の人には、税務調査に応じる義務があるのでしょうか。実は、調査対象者以外の人には受忍義務は生じません。つまり、調査官からの質問などに応じるかどうかは、その人しだいなのです。「答えるほどの情報を持っていない」「自分の判断で勝手に書類などの提示をすることはできない」などという場合には、調査を拒否してもかまわないわけです。

ただ、家族や従業員が調査官からの質問をむやみに拒否すれば、「調査対象者から隠ぺいの指示をされているのではないか」などとあらぬ疑いをかけられることにもなりかねません。むしろ家族や従業員にはあらかじめ「税務調査がある」ということを伝え、可能な範囲で質問に応じてもらえるよう、頼んでおいた方がよいでしょう。

税務調査の目的

税務調査の目的	＝	申告内容や税額が正しいか確認

税務調査官	→	帳簿書類を検査する権限である「質問検査権」が与えられている
納税義務者	→	税務調査官の質問に対して、誠実に答える義務である「受忍義務」を負う

2 税務調査の手法

税務調査には任意調査と強制調査がある

●税務調査は任意調査が通常である

　税務調査には、大別して「任意調査」と「強制調査」があります。通常、税務調査といえば任意調査を意味します。任意調査には、強制力はありませんが、納税義務者は質問に答える義務があります。一方、強制調査とは悪質な脱税犯に対して行われる一種の犯罪調査です。告発（第三者が捜査機関に対して犯罪事実を申告し、その捜査と訴追を求めること）を目的として捜索、差押などをすることができ、一般に査察と呼ばれています。調査官の具体的な狙いどころは以下の①～⑤のようになっています。

① **収益計上の除外**

　一部の得意先の売上を隠したり、売上品目の一部を隠したりしていないか。

② **費用の過大計上**

　経費の水増しなどをしていないか。

③ **資産の計上除外**

　現金や銀行預金などの資産の一部を簿外としていないか。

④ **架空取引の計上**

　取引事実が存在しないのに、これをでっち上げて、あたかも取引事実があったように会計処理をしていないか。

⑤ **期間損益の操作**

　当期（計算期間における対象事業年度のこと）にまだ消費してない部分を当期の費用に計上していないか。

　調査の結果、これらの行為が悪意をもって意図的に所得減らしの目的で行われたと税務当局に判断されたときは、重加算税（247ページ）というペナルティの要素をもつ税金が課されます。

　また、悪意がなくても、納税者が考える所得計算と税務当局が判断する所得計算に相違があった場合も、過少申告加算税という税金が課されます。こうした見解の相違を生じさせることのないよう、全国の国税局や税務署で、事前に確認ができるようになっています。一方、税務署の処分に不服がある場合には、不服申立ての制度もあります（244ページ）。

●準備調査と実地調査

　調査目的と調査場所などから準備調査と実地調査に区分されます。

① **準備調査**

　主に税務署内で行う調査をいいます。

② **実地調査**

　実際に調査先に出向いて帳簿書類その他の物件を検査することで、一般に税務調査といえば、この実地調査を意味します。具体的には、次のようなことが行われます。

・一般調査

対象者が提出した申告書の内容が正しいかどうかを、帳簿や伝票などの資料をもとに確認していく手法です。

・現況調査

通常、税務調査の際には事前に実施日時などの連絡が入りますが、現金取引が主であるなど税務署が必要と判断した場合には抜き打ちで調査が行われることがあります。

・反面調査

調査対象者の取引先や取引銀行などに対し、取引の実態調査を行う手法です。

この他、特別調査、特殊調査などの調査があります。

◉強制調査は一種の犯罪調査である

不正の手段を使って故意に税を免れた者には、正当な税を支払わせることはもちろん、社会的責任を追及するため、刑罰を科すことが税法に定められています。こうした悪質な納税者の多くは、申告書の改ざんや資産隠しなど、任意調査だけではその実態が把握できないように細工をしているため、強制的権限をもって犯罪捜査に準ずる方法で調査する必要があります。

このように、強制調査とは、悪質な脱税犯を検察に告発することを目的として行われる一種の犯罪調査です。対象者の許可なく家屋に立ち入ったり、所有物を捜索する、証拠物を押収するといったことを行いますので、事前に裁判所の許可を得ることになっています。その執行には、各国税局に配置された国税査察官があたります。

税務調査のしくみ

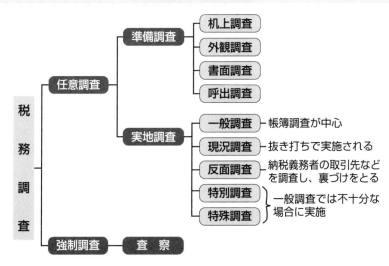

税務調査の時期・調査内容

細かい証憑もおろそかにしてはいけない

●スケジュールについて

　企業に対する税務調査は、1年の中でも9月から11月頃の時期が最も多くなっています。これには、税務署の事務年度が7月から翌6月末であることや、人事異動の時期が7月であること、3月決算期の企業が多いことなどが関係していると言われています。調査対象になると、税務署などから事前に調査日時や場所などについての連絡が入ります。このとき、特別の事情があって受け入れが難しい場合は、日程調整について相談することもできます。

　税務調査にかかる日数は、会社の規模や担当調査官の人数などによってまちまちですが、おおむね2日から1週間程度ということが多いようです。

●事前連絡なく調査に来るケース

　場合によっては連絡なしに突然調査官がやってくることもあります。これを現況調査といいます。現況調査は、飲食店など現金商売をしている企業や、情報提供によって脱税の疑いが濃いと見られる企業などを対象に行われるもので、事前に連絡をすると証拠を隠される可能性があることなどからこのような手法がとられています。現況調査は、建前上は任意とされていますが、事前通知をせずに税務調査をしても法律的な問題はないという最高裁判例があることや、調査を拒否することによって脱税の疑いが深くなるということを考えると、調査を受け入れざるを得ないというのが現実でしょう。

●何を調べるのか

　税金には、法人税、消費税、所得税、相続税、贈与税などがあります。複数の税目にわたって調査ができる総合調査を担当する調査官もいますが、今では一般的な調査官も複数税目にわたって調査を行います。調査対象になる書類には図（次ページ）のものがあります。

　申告された税金は、正しく納付されなければなりません。そのために税務調査があるわけですが、とはいえ、何年たっても調査ができ、更正（申告された所得額や税額を税務署が変更すること）や決定（税務申告すべきところ、していなかった者に対し、税額などを決めること）ができるとなると、企業側はいつまでも関係資料を保存しなければなりませんし、「いつ追徴されるかわからない」という不安定な立場に置かれてしまうなど、不都合な点も生じます。このため、更正や決定ができる期間に上限（除斥期間）を設け、税

務調査についても除斥期間を超えて遡ることはしないことになっています。

更正・決定の除斥期間は、原則として5年です。ただし、不正等が認められる場合は7年まで遡ることができるとされています。

●法人税以外の調査の可能性

儲かっていない会社・商店だからといって一概に納める税金がないとは言い切れません。

消費税の課税標準は「課税売上高（課税資産の譲渡額）」と言い、厳密には法人の毎期決算における売上高とも違います。ですから仮にここ数年業績の低迷が続き、近年決算上の売上高が所定の金額（たとえば基準期間の免税売上高の1,000万円）に満たない事をもって「法人税はおろか消費税の納税もない」と思っていた会社が、動産や不動産の譲渡などの課税売上（商品や製品の販売だけでなく、車両や建物と

いった償却資産の譲渡など）が別にあった事が判明すれば、調査対象期に消費税の納税義務があった事になるかもしれません。また、悪意があったか否かとは無関係に、たとえば、単なる国内取引を輸出と混同して本来課税取引であるものを免税取引として集計したような場合や、課税資産の譲渡そのものを見落としていたような場合は、納めるべき消費税が過少に計算申告されている可能性があります。このような場合があるので、調査が必要になってきます。

また、たとえばNPO法人や宗教法人などの場合には、そもそも法人税がかからない場合が多いといえますが、もし、同法人の職員が公私混同して法人から不正な利益供与を受けている事が疑われるようなケースでは、法人税を納めるべきか否かに関係なく法人のその者に対する源泉徴収義務に対する調査が必要になってきます。

調査の対象になる書類

帳簿関係	総勘定元帳や現金出納帳、売上帳、仕入帳、売掛帳、買掛帳、賃金台帳、小切手帳、手形帳、出退勤記録簿、決算書など
証憑関係	請求書や領収書※、見積書、注文書、納品書、タイムカードなど
文書関係	議事録や契約書、同族関係取引の契約書、稟議書など
その他	預金通帳やパソコンなど

※正式な領収書を発行することができない場合、もしくは支払われた金額が全額の一部であった場合などに、仮に領収したことを証明するものを仮領収書という。しかし、後のトラブルの可能性や税務調査対策を考慮すると、仮領収書の多用は好ましくない。

4 調査対象の選定

選ばれやすい企業もある

● どのくらいの会社が対象になるのか

税務調査は事業の規模や税額などに関係なく、どこの企業でも行われる可能性はあります。ただ、数年の間に何度も調査対象にされる企業もあれば、創立以来10数年調査を受けたことがないという企業があるのも事実です。この違いはどこから来るのでしょうか。

税務署は、限られた人員で効率よく調査をするため、選定基準を設けて特に不備や不正が見つかる可能性の高い企業を中心に調査しています。

選定にあたっては、まず好況の業種や、過去脱税の多かった問題業種など重点が絞られます。調査対象になりやすいのは、次のような業種です。

① 現金取引の業種……飲食業、酒屋・理髪、理容業などの小売業など
② 不正の過去事例が多い業種……パチンコ業、風俗業、貸金業、廃棄物処理業、土木工事業、不動産業など
③ 好況の業種……ＩＴ関連企業や家電業、自動車販売業など（地域や調査の時期などによっても異なる）

重点業種が決まると、次にその業種の中から調査対象とする企業を選定していくわけですが、このときに選定のための材料とされるのが、確定申告時に提出される申告書や決算書、事業概況説明書などです。これらの書類から得られる情報によって税歴表を作成したり、コンピュータ処理をして、一定の条件に該当する企業を抽出します。

この段階で抽出された企業には、調査官が現地に出向いて外観や隣近所への聞き込みなどをする外観調査、新聞記事やインターネットなどによる情報収集、申告書以外に税務署に提出される法定調書への調査といったことが行われ、最終的な選定がなされることになります。このような選定段階を経て、調査の対象となるのは全体の５％程度と言われています。

ただ、選定条件から外れているからといって、調査が行われないわけではありませんので、普段から正しい税務処理をしておくことが重要です。

● 法人だけでなく個人も対象になる

税務調査の対象は法人だけではなく、個人も調査対象になります。この場合の「個人」は、事業をしているかどうかは問われません。パートタイマーや内職をしている主婦なども対象になる可能性はあります。また、仕事をしていなくても、贈与や相続を受けたり、不動産を売買したりして利益を得たという事

実がある場合には、調査対象になる可能性があります。調査される税目としては、下図のようなものが挙げられます。

所得税の調査の際には法人の場合と同様、確定申告時に提出される申告書や帳簿類などがチェックされるわけですが、個人の場合、帳簿を正確につけていなかったり、申告の必要があるのにしていないといったことも多いのが実情です。特に事業主の場合、ある程度経理をやっていても、会社の経費で私物を購入したり、私用電話と事業用電話の線引きがあいまいになっていて経費として認められないなど、不備を指摘されることも多いようです。修正が多くなれば、追徴される税金も増えるわけですから、日頃から事業経費と私生活の経費を明確に分けるなど、正確な処理をするようにしましょう。

●タレコミなども考慮されるのか

税務署やマスコミなどに脱税などの情報が持ち込まれることがあります。いわゆる「タレコミ」の情報です。税務署ではタレコミ情報についても公益通報、第三者通報などとして重視しており、国税庁及び各国税局に公益通報の受付・相談窓口を設けて対応しています。特に最近増えているのが、リストラされた退職者や派遣社員、社内での競争に敗れた役員など、過去内部にいた者が不正について通報する内部告発です。税務署は第三者通報による情報をただうのみにするようなことはせず、内容を裏づける証拠を押さえるための調査を行います。これには、タレコミ情報をそのまま信用するのは危険だということもありますが、内部告発者の安全を守るという意味もあります。

企業側としては、不正な税務処理を行わないことはもちろんですが、でっちあげの内部告発を行うような人が出ないよう注意すべきでしょう。

個人が調査される税目

所得税	個人事業主、パートタイマー、アルバイトなどの所得や贈与などにかかる税金。譲渡した際の所得税は、不動産や貴金属、著作権や特許権などの資産を譲渡（有償・無償を問わず資産を移転すること。売買はもちろん、交換や財産分与なども含まれる）されたときにかかる税金
相続税	遺産の相続時にかかる税金
贈与税	個人から預金や不動産などを譲り受けた場合や、保険料を支払っていない人が満期や解約によって保険金を受け取った場合など、個人から資産をもらったときにかかる税金
消費税	基準期間における課税売上が1,000万円を超える個人事業主が納付すべき税金

5 調査官のチェック内容

調査の連絡の際に相手の手の内を探る

● 基本的な対策ができているかの確認

調査官が何をチェックするかを事前に把握した上で、それらに対する万全の対応策をとっておけば、心強い限りです。ここからは、調査官の調べるポイントとそれらに対応するための事前準備について説明します。

まず、調査に入るという連絡を受けたときから、情報収集の戦いは始まっていると考えて下さい。もちろん、調査官は具体的に「ここを調べますから」などと事前に教えてはくれません。しかし、それを把握できるチャンスはあります。そのチャンスこそ、調査に入るという連絡を受けたときなのです。

税務調査はあくまで納税者の協力のもとに初めて成り立つのですから、連絡してきた当局に対し、事前にいろいろと確認するのは当然のことですし、当局も正直に答える義務があります。実際の確認項目は、①調査の種類、②調査官の人数と全員の名前、③日程です。調査官の名前がわかれば、調査官の経歴や調査官ごとの得手不得手がわかり、どのようなことを調べられるのかも見当がつきやすくなります。

これらの情報はすぐに税理士に連絡します。税理士は自分の経験からどのようなチェックを受けるかを推測します。その上で、調査日程から逆算してどのような事前の対策ができるかを確認します。書類は、最低、契約書、稟議書、取締役会の議決書の意思決定3点をセットにしてまとめておきましょう。金庫をはじめ、会社の重要な物品は、すべて整理し、できる限り、人の目に触れるところに置かないようにします。以上のことは、調査の連絡が入った時点ですぐに対応すべき事項です。

● 現金あわせはしておくこと

基本中の基本の対策としては、現金あわせをしておくことも挙げられます。調査官は調査の当日、まず現金の保管状態を調べます。したがって、調査の入る前日までに（遅くとも調査が開始される前の始業直後まで）現金の残高と帳簿に違いがないかをチェックしておいて下さい。特に調査前日は、1円でも違いがないように入念なチェックが必要です。さらに金銭関連で必要なチェックとしては、①小口現金と出納帳との整合性、②銀行預金・借入金・担保の整合性、③請求書・領収書などの整理、手形や小切手の内容の妥当性などがあります。

6 税務調査の際の受け応えの基本

受入体制について万全の対策を立てておく必要がある

● 当日は落ち着いて対応する

　税務調査の調査官を迎える当日は、まず「落ちついて対応する」ということを心がけるようにしましょう。態度が横柄であったり、逆に卑屈なまでに従順な態度、異常に興奮したりして精神的に落ち着いていない態度、質問に対して明確な答えを避け、話をそらそうとする態度などは、調査官に「何か隠そうとしているのではないか」という疑いを持たせることになりますから、厳に慎むべきです。できるだけ税務調査を好意的に受け止める姿勢や、調査に積極的に応じる態度を心がけましょう。

　そのためには、十分な準備を行うことが必要です。税務調査は、基本的には過少申告の発見を目的として行われますから、その点を念頭に置いて、申告に関係する帳簿や資料類などをそろえ、精査しておきましょう。特に見方によってクロともシロとも考えられる事項、つまりグレーゾーンにある事項については調査官から指摘される可能性が高くなりますから、あらかじめ関係者で打ち合わせを行い、事実の確認、説明の仕方、解釈の方法など、あらゆる観点から検討しておきます。

● 会話での注意点

　調査における会話では、質問事項に対して、的確で最小限の返答を心がけて下さい。「口は災いのもと」と言われるように、不用意な発言が無用の混乱を招くことが多々あるからです。調査を受ける者には、調査官の質問に答える法律上の義務がありますが、必要以上のことや質問されていない事項についてまで答える必要はありませんので、注意して下さい。

● 答えにくいことへの対応

　税務調査の実施過程では、質問されたり、帳簿の提出が求められたり、請求書や領収書との確認を行うなど、多くの対応が発生します。そのため責任者の指揮に従い、責任者の下で統一的な対応をとることが必要です。責任者の判断が必要であるにもかかわらず現場担当者しかいないという場合には、即答を避け、後日書面で回答するなどの対応をするとよいでしょう。なお、回答期限を定められた場合には、期限を守ることはもちろんですが、途中経過の報告をするなどの気配りが大切です。調査官も人間ですから、誠意をもって対応すれば応えてくれるはずです。

7 調査当日の心構え

冷静に対応する。確認すべきことを忘れないように

● 応対の際のマナー

税務調査の当日に直接調査官と対面する経営者や担当者は、服装や身なりに気を使い、華美にならず清潔感を感じさせるような服装を心がけましょう。調査官に直接対面しない社員の服装や対応にも気を使う必要があります。調査官は全体を見て品定めするものと思い準備して下さい。調査官が会社に訪れたら丁寧な言葉と落ち着いた態度で応対します。

調査には協力的な態度で臨みましょう。逆に媚を売るような態度も好ましくありません。確かに税務調査での指摘事項など、調査官の判断しだいで結果に違いが出ることはあります。しかし期限内に正しく申告をしているのであれば気後れする必要はありません。誠実な態度で税務調査を受け入れていれば、判断が分かれるような場面でも事業者の考えも一通りは聞いてもらえます。

調査に入れば、帳簿を中心に調べる事になります。調査官の質問に的確に答えられるよう落ち着いて下さい。

気をつけて欲しいのは、「ウソをついてはいけない」ということです。不適切と知っている処理をウソによって隠せば、脱税として刑事罰も考えられます。

主張が受け入れられないと感じた場合も、不必要な口論は避けた方が得策です。主張が受け入れられないばかりか、調査官の心証を悪くしてしまうと、今後の調査にも影響がないとはいえません。

経営者が特に気をつける点は、調査官の話にうまく乗せられてよけいな話をしないようにすることです。社長に対する面談では、自身の経歴や会社の設立に関する話、また取引に関してのことや最近の業績についてなど、直接経理や税金とは関係のないことを中心に聞かれます。ここでほっとしてしまい、話に目を光らせている調査官に対して、新たな調査のきっかけを与えないよう注意して下さい。

また、税理士が税務調査に立ち会うことは許されていますので、調査官にあれこれと追及されて困ったときには、助け舟を出してもらえるよう打ち合わせをしておくとよいでしょう。

● 調査にくる人数

事業者の規模によっては国税局が税務署に代わって調査を担当します。国税局の調査の範囲は各国税局により異なり、「この規模なら国税局が担当する」

といった明確な線引きなどはありません。税務調査の対象が資本金1億円以上で従業員が100名を超える規模の企業の場合は国税局が調査官4〜5名で調査を担当します。それより大きな企業の場合も同様に国税局が担当し、10数名で調査をすることもあります。従業員が数名程度の事業者の場合には、税務署の調査官が1人もしくは経験の浅い調査官が研修のために同行することがあります。それより大きい、従業員が10名を超える事業者の場合は、税務署の特別調査官の役職に就く署員が1〜2名の部下と共に調査を担当します。

●何の調査なのかを確認する

税務調査が行われることになった場合には、調査が合理的な必要性のもとに行われるものなのかを確認します。調査が始まる前には、この調査が何のためのものなのかを確認するようにしましょう。しかし今では、事前連絡で調査官から説明がなされることが一般的です。

税務調査の理由を挙げると以下のように目的別に分けられます。

・申告された所得額や税額を修正したり、申告がない場合の課税処分を行うための調査
・滞納している税金を徴収するための調査
・国税犯則取締法による犯則事件の調査準備

●身分証を見せてもらう

税務調査が抜き打ちで行われる場合は、事前の予告も日程の調整もありません。その場合、訪れた調査官が間違いなく税務署員であるということを確認するためには、身分証明書の提示を求める必要があります。

税務調査官は身分証明書を携帯し、調査のために訪れた事業所などで、請求があったときには、提示するよう税法で義務付けられています。万が一提示がない場合には、それを理由に調査を断ることができます。調査官からの身分証明書の提示がない場合には、遠慮なく請求し、身分証明書の官職名と氏名を控えておきましょう。

なお、国税質問検査章には調査官の顔写真がありませんので、確認したい場合は国家公務員の身分証明書を見せてもらう必要があります。

●調査につき合わないといけないのか

税務調査は経理担当責任者だけにまかせておくことはできません。調査官から経営についての質問が出た場合、経営者でなければわからないことがあるからです。しかし、終日調査に立ち会う必要もありません。調査は業務を妨げないのが建前ですので、自分の仕事のために席を外しても問題はありません。ただし、調査初日の午前中と最終日の夕方は調査官との面談を予測して時間を空けておきましょう。

8 調査方法

あくまで任意の調査だが金融機関や取引先に及ぶこともある

● どんな調査方法があるのか

　法人税も消費税も会社で継続記帳される会計帳簿が大元の算定資料ですから、正しい税務申告を担保するために行われる税務調査も会計帳簿の正しさ（適正性）の検討が企業の税務調査の中心になります。主な検討手続には、突合、実査、立会（たな卸し立会）分析（勘定分析）質問そして反面調査があります。これらは、決算書の主な勘定科目について適用実施されます。

① 突合……「付き合わせること」をいいます。具体的には、以下のものをあげることができます。

・会社自身が作成した内部資料間の突合

・内部資料と会社外部の取引相手が作成した外部資料との突合

・会社内部資料と調査官自身が作成した調書との突合

② 実査……調査官自身が資産の一定時点の実在数を数え、これを会社作成の在庫明細などと照合することです。突合の動作も含まれますが、調査官自身が事実を確認の上、記録をとって決算結果と改めて照合する点、事実と記録を照合するという点が特徴です。現金実査、有価証券実査などがあります。

③ 立会……資産の一定時点の実在数

を把握する作業の信頼度を評価するため、会社自らが行う検数、検量作業を調査官がその場に赴いて監視することです。商品や原材料などの在庫のたな卸し立会などがあります。

④ 分析……得られる財務数値を駆使して財政状態、経営成績を把握することです。売上高や仕入高、経費、売掛債権、買掛債務等、主な勘定科目の月次年次残高推移分析や回転期間分析、キャッシュフロー分析などがあります。

⑤ 質問……調査対象の企業の全社員に対して個別に疑問点、不明点を問い、事実を確認をすることです。調査上の証拠とするため、質問に答える形で文書に署名を求められる事があります。

⑥ 反面調査……調査対象の企業と取引先に実地調査をかけるなり、問い合わせをして取引事実の詳細を確認、把握することです。預金や借入金、得意先や仕入先に対する貸借関係、これらとの取引関係の実態を前もって調べ上げておいて、調査対象側との違いを探し出す手続きです。

● 調査はあくまで任意

　税務調査は任意の調査ですから、調

236

査される事業者の同意がなければ無断で机の中を調べたり、事務所内で資料を探したりできません。

調査官が当然の権利のように机の引出しや金庫の中を調べようとするなら拒否することも可能です。ただし、何かを隠していると疑われないようにするために、調査には協力する姿勢であること、しかしその場所には調査に必要な書類や資料がないこと、私物が入っていることなどをはっきり告げるようにしましょう。

●金融機関や取引先への調査

税務調査の際に、調査されている事業者の帳簿や資料がそろっておらず十分な調査ができない場合や明らかに不審な点がある場合には、取引先や金融機関などで取引の実態などを調査する反面調査が行われます。

反面調査は取引先において詳しい調査をするために、相手に対する信用を失ったり迷惑をかけることによって取引に悪影響を及ぼすこともあります。そのため、通常の調査ではどうしても確認ができないなどの合理的な理由がある場合を除き、反面調査は行われないものとされています。調査官は「金融機関の預貯金等の調査証」を提示することによって金融機関での調査を行いますが、その場合も必要性が明確でなければ調査はできません。

しかし、税務調査の前に反面調査を行ったり、調査対象の事業者を十分調査する前に得意先を調べるケースも少なからずあります。

●事務所内はいろいろチェックされる

税務調査で調査されることがわかっている帳簿や資料は必要なときにはすぐに提示できるよう、調査をする場所に用意しておきましょう。

提示を求められてから別の部屋に資料を取りに行くようなことがないようにします。調査官について来られてしまうと見せる必要のないところまで見られてしまうことになるからです。

税務調査は任意調査ですので、調査官が勝手に机の引出しやロッカーを開けて調べるようなことはありませんが、事務所内では何を見られてもいいように事前に整理をしておきましょう。「ここを見せてもらえますか」「ここには何が入っていますか」と質問する調査官を断ることは実際には大変難しいことです。また、あまりに頑なに拒否すれば何かを隠しているものと思われて怪しまれてしまいます。

個人的なお金の扱いにも注意しましょう。金庫の中に個人のお金を保管していれば、そのお金は帳簿にないお金として脱税の証拠と捉えられかねません。金庫の中は必ず確認されるポイントなので整理しておくことです。

●初日の予定メニュー

税務調査が中小企業で行われる場合だと、通常調査は、調査官1人、ないし2人で行われます。たいてい2日から3日を調査に使います。

調査官が会社に到着するのは午前10時頃で、まずは会社の概要についての聞き取りが行われます。金庫などを確認する場合はこの時に行われることが多いようです。ここまでで午前中の予定はほぼ終了します。

調査官はお昼を外食ですませますが、近くに食事ができる場所がなければ、出前を依頼されることもあります。その場合も代金は置いて行きます。

午後1時になれば帳簿類の調査が始まります。調査官は午前中の聞き取り調査ですでに調査のポイントを絞っていると考えた方がよいでしょう。

この時間になれば経営者は仕事のために外出しても問題ありません。

午後3時にはお茶やコーヒー程度は出したいものです。お茶やコーヒーは常識の範囲内ですので調査官も断りません。

この時間に世間話などして人間関係を構築することに努力して下さい。もちろん調子にのってよけいな話はしてはいけませんが、他愛のない話で場の空気を和やかにしたいものです。

休憩が終われば4時30分頃まで調査を続けてこの日の調査は終了します。その日調べた事柄について疑問に思ったことなどを質問されるかもしれませんし、明日までに必要な別の資料を用意するよう指示があるかもしれません。経営者は経理担当責任者と相談して万全の準備をしておいて下さい。

その後調査官は税務署に戻り上司に調査の内容を報告します。ここで上司である統括官に明日の調査に対する指示を受けて今日の情報を整理します。

●2日目の予定メニュー

調査の2日目には前日の調査で疑問に思ったことなどを質問される事になります。前日質問された事などについても会社側が回答することになります。税理士が会社に代わって回答することもあります。

調査官のスケジュールは厳しく、調査前の準備や調査後の報告まで含めて1件を1週間で終わらせなければなりません。そのため調査を2日で終わらせようと予定を立てます。

限られた時間では調査対象のすべてを入念に調べることができないために、2日目には調査する範囲をずっと狭め、

238

その範囲についての帳簿調査で午前中が終わります。

昼食が終われば調査が再開されますが、この時間帯は調査官にとっては大詰めの時間帯です。

特に指摘事項が見つからない時には、交際費などから申告漏れを見つけようとします。

午後3時には調査はほとんど終了します。

間違いや疑問点があればこの時に指摘されることになります。

修正申告の話になっても納得がいかないまま、簡単に認めてしまわないように十分検討して下さい。

●最終日の予定メニュー

調査最終日の午前中は他の調査日と代わりがありませんが、午後3時からは調査全体からの疑問点や問題について指摘されることがあります。

調査官が最終日までに、ある程度指摘事項を用意できている場合は経営者は経理担当責任者と共に指導事項の内容について説明を受けます。

最終日に指摘された内容に対して、その場で反論したり結論を出す必要はありません。指摘された内容について反論がある場合は資料などを万全にして後日説明することもできます。

逆に、指摘事項がまだ詰められていない場合は、調査を通しての意見を述べることもありますが、実際に指摘事項についての話はありません。その場合は、後日調査内容を整理して検討事項を伝えられることになります。

税務調査のスケジュールの一例

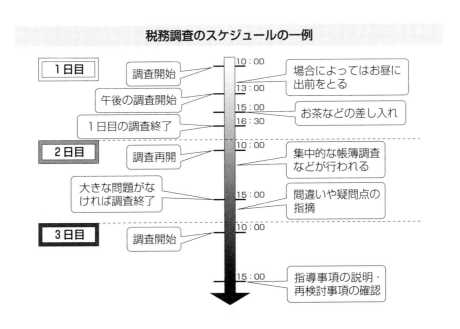

1日目	調査開始	10:00	場合によってはお昼に出前をとる
	午後の調査開始	13:00	
	1日目の調査終了	15:00	お茶などの差し入れ
		16:30	
2日目	調査再開	10:00	集中的な帳簿調査などが行われる
	大きな問題がなければ調査終了	15:00	間違いや疑問点の指摘
3日目	調査開始	10:00	
		15:00	指導事項の説明・再検討事項の確認

10 調査の実施②

全く間違いを指摘されないことはほとんどない

● 問題点が指摘された場合の対処法

調査される事業者側からすれば、調査が早期に終了し、追加で課税される税金が少額ですめば一安心です。

ただ、もし、問題点を指摘された場合には何でも受け入れるようなことはしない方がよいでしょう。当然、解決めざして努力する必要はありますが、税務署と納税者の間に見解に相違があるのであれば、まずは交渉して互いに歩み寄ることをめざしましょう。

税務調査の途中でも問題がありそうな事柄については調査中に口頭で調査官に指摘されます。指摘があった事柄については、まずその指摘を受け入れるのか、反論するのか対応を決め、税務署による更正や決定の前に解決してしまいましょう。その時、どのように対応すれば会社にとって利益があるのかを検討し、対応するようにします。

たとえば留保項目である、売上や在庫の計上漏れや改修工事費など、今期に計上されるものがずれて来季に計上される項目については仕方ないので認める事になるでしょう。特に後々、損金となるものは、課税所得が減少すればいずれ税金を取り戻すことができます。

単年度会計の交際費や役員報酬、賞与などの流出項目は次期には影響のないものですが極力除外するようにします。

配偶者や家族に対する報酬は、一度指摘を認めてしまえば次年度以降も続いてしまいます。毎年それなりの増税になることも考えられますので粘り強く除外を主張することが必要です。

● どんなことを理由にされるのか

税務調査では調査官と調査される事業者の間で見解が異なることは珍しくありません。そのような場合、納税者は調査官の根拠を理解してお互いの歩み寄りをめざすことが望ましい姿です。

しかし調査官は過去の判例を理由に納税者の言い分を聞き入れない場合があります。判例とは裁判での判決が先例として他の要件に適用されてはじめて判例となります。簡単にいえば、判決が出たからと言ってもそれは単にその事例での裁判官の判断にすぎないということです。

調査官が判例を持ち出す場合、その多くは判決であることが多く、自分の判断の正当性を主張するためのものであると考えられます。また、仮にそれが判例であっても直ちに拘束されるものでもありません。納税者も調査官に歩み寄る姿勢を見せながら、十分に話し合うことが重要です。

さらに、国税庁や国税局の通達によって以前と解釈が変わっていることもあります。行政庁が所属機関に対し指示事項を伝える文書を通達といい、内部文書ではありますが税務署がその指示に従う以上、実際には納税者もその影響を受けるものです。通達によっては節税対策にも影響を与えることもあるので確認しておく必要があります。

●前回調査との関係

以前の調査では指摘されなかったことが、その後の調査では事業者の主張が認められず指摘されることがあります。

「前回の調査で指摘されなかった」「主張が認められた」というのは、その時の調査に限って認められた、ということになるためです。なぜそのようなことが起こるのかというと、その状況によって税法の解釈は多様であり、その時の前提になった条件によっても解釈が大きく変わることがあるからです。それはグレーゾーンと言われるような税法の解釈の仕方によってはどちらともとれるような場合も同様です。

しかし、実際の話し合いの場では、以前の税務調査での調査官の対応を前例として説明することは可能です。以前に税務調査を受けたことがあるのであれば、年月の他に調査官の名前やその時の指導事項とその後の対応など詳しい記録を残しておくことです。

ただし、税務上問題がないことがはっきりしている事柄については、何度税務調査を受けても、当然指摘されることはありません。

●調査結果

以前の税務調査で是認通知（調査結果のお知らせ）を書面で出すのは、その申告に全く誤りがなく、指導事項もない場合に限られ、それ以外は調査官からの電話連絡で更正等がないという結果を知らされるに留まっていました。

現在は国税通則法改正により、平成25年1月以降に開始されている税務調査から、調査を行った結果更正等がない場合には一律に税務署より「更正決定等をすべきと認められない旨の通知書」という書面が出されるようになりました。

ただ更正と修正申告の間で、最終決定が遅れる場合もあります。

更正とは税務署主導で申告などを修正するものですが、調査官は納税者自ら修正申告する形を望んでいます。

しかし、調査官の指導事項に対して事業者から何がしかの反論が出された場合は、平行線となり、手続きが進まなくなる原因となっているわけです。いずれその場合は税務署が更正という手段があることを前提に事業者が修正申告することを勧める事になります。

11 修正申告①
調査結果の対応方法には修正申告と更正処分がある

● 調査官の目的

　表向きの目的は、申告内容が正しいかどうかを確認することであり、追徴課税をとるためではありません。

　ただ、調査官も時間と労力を使ってわざわざ出向く以上、何らかの成果がほしいというのが本音です。国税庁や税務署は「ノルマのようなものはない」と言っていますが、それは建前です。申告の不備を指摘して、より多くの税金を集めてきた調査官が部署内での評価を高め、出世しているのも事実です。このような点を考えると、調査官が「少しでも多くの税金を集めたい」という気持ちを持つのは当然のことといえるでしょう。もちろん、申告内容に問題がなければ申告是認という判断を受けることができます。しかし、税務署側は調査を行う前に、ある程度申告に問題がありそうな企業を選定した上で出向いてきています。つまり、最初から疑いの目を持って調査するわけですから、調査官が会社側の主張や事情を汲んで不備を見逃してくれるようなことはまずないと思っておいた方がよいでしょう。むしろ重箱のすみをつつくような厳しい追及になるということを覚悟して迎える方が無難です。

● 指摘事項を認めるか

　このような姿勢で行われる税務調査ですから、様々な点について指摘を受けるのは仕方がないかもしれません。

　しかし、調査官から指摘された事項について、「税務のプロである調査官が指摘するのだから、すべて言う通りに認めなければならない」と思う必要もありません。指摘された事項の中には、単純に判断することができない、グレーゾーンと言われる事項もたくさんあるからです。たとえば交際費や福利厚生費、役員賞与などの科目については、何のために支出したのか、どういう形で支出されたのかといった点で判断が分かれることが多く、問題ありと指摘されることが多いようです。

　しかし、調査官が問題ありとして指摘したとしても、見方によっては問題なしとなる可能性があるわけですから、納得がいかないときにはきちんと説明を受けるようにしましょう。特に企業側が、「これが正しい解釈だ」と判断して申告した場合や、そのような申告をしたことについて、証明書類などを提示してきちんと説明ができるといった場合には、調査官にその旨を伝えるべきです。調査官がその説明に納得できれば、その場で指摘を引っ込めるこ

ともあるのです。

ただ、だからといってどの指摘もすべて拒否するというわけにはいきません。記載ミスや解釈の誤りなど、明らかに企業側が間違っているとわかる事項を指摘された場合は、むしろ速やかに認めた方がよいでしょう。

●修正申告とは

税務調査の結果、税法に違反していたとなれば追徴税を支払うことになりますが、その際でも修正申告を行う場合と更正処分を受ける場合があります。

修正申告とは、すでに行った申告について、税額が少なかった場合などに行うもので、納税者が自ら手続きを行います。税務調査によって誤りを指摘されて提出する他、自分で誤りを見つけて提出することもあります。修正申告は税務署等から更正処分を受けるまではいつでも行うことができますが、国税庁などでは誤りに気づいた時点でできるだけ早く手続きをするように求めています。なお、税務調査によって修正申告する場合、過少申告加算税という付帯税が課せられる可能性がありますが、自ら修正申告した場合はこれが免除されることになっています。

●修正申告はどのようにするのか

修正申告は、管轄の税務署に修正申告書を提出することによって行います。申告に必要な書類は、税務署の窓口で受け取るか、国税庁のホームページからダウンロードすれば入手できます。

修正申告書には、申告誤りのあった箇所についてのみ記載すればよいのですが、年度を遡って修正する場合、所得額や税額に変更が生じますので、各年度ごとに書類を作成することになります。

なお、修正申告をした場合、申告書を提出した日が納期限となります。未納税額に対しては、その日までの延滞税が発生することになりますので、修正申告すると決めた場合にはできるだけ早く申告書を提出し、納税するのがよいでしょう。

●修正申告を拒否するとどうなる

税務調査の結果、誤りがあった場合、調査官から修正申告をするよう指示されます。企業側としては、その指示に沿って修正申告書を作成し、提出することになるわけですが、調査官の言い分に納得がいかない部分があるという場合、修正申告を拒否することもできます。また、「Aの指摘部分は修正申告するが、Bの指摘部分については納得がいかないのでしない」と一部だけを拒否することも可能です。

ただ、修正申告を拒否したからといって、追徴課税から免れられるわけではありません。この場合、税務署から更正処分を受ける可能性があります。

12 修正申告②

修正申告をするべきか、拒否して更正処分を受けるべきかを決める

● 修正と更正はどう違う

　更正とは、提出された納税申告書に記載された課税標準又は税額等の計算が税法の規定に従っていなかったときや、調査したものと異なるときに、税務署長がその調査に基づき、申告書に関わる課税標準又は税額等を修正することをいいます。つまり、税務当局側が行う処分です。

　税額等を修正するという点では修正申告と同じです。ただ、後で修正内容や税額について不満が生じたときに、修正申告では異議を申し立てることができませんが、更正処分は異議申立てができるという違いがあります。これは、修正申告が納税者自ら行う手続きであるのに対し、更正処分は税務署が強制的に行う処分だからです。

　ここで問題になるのが、税務調査によって指摘事項が示されたときに、修正申告をするべきか、拒否して更正処分を受けるべきかということです。どちらを選ぶかは納税者が決めることができるわけですが、調査官の多くは修正申告をするよう強く勧めます。修正申告を拒否すると、いろいろと譲歩して、納税額を減らしてでも修正申告させようとするほどです。

　このように、税務当局が修正申告にこだわる理由としては、次のようなことが挙げられます。

① 修正申告を提出させてしまえば、その後は税務当局に「再調査の請求」や国税不服審判所に「審査請求」をすることができなくなる

② 修正申告でなく更正とすると、青色申告者の場合には、更正した理由を附記して納税者に通知しなければならないなど手間がかかる

③ 更正処分後、再調査の請求などをされると、担当調査官の説明不足などが指摘され、担当官の評価に関わる

　このような事情から、税務当局が更正処分をする年間件数は修正申告に比べて数多くありません。

　なお、修正申告を拒否して更正処分を受け、さらに不服申立てをする場合、訴訟に発展することもあり得ます。時間も経費もかかりますが、どうしても指摘事項等に納得がいかない場合はとことん争うのも1つの手段でしょう。

　ただしこの場合は、更正処分による追徴税額をいったん支払っておきましょう。追徴税額を支払うことで、延滞税がむやみに発生するのをストップでき、仮に敗訴した場合によけいな税負担を回避できるからです。もちろん追徴税額を支払っても不服申立てはできます。

13 更正手続き

更正の請求の手続きにより税金の還付を受ける

● 更正の請求とは

更正の請求とは、法人が申告書に記載した課税標準等又は税額等の計算が、ⓐ国税に関する法律の規定に従っていなかったこと、ⓑその計算に誤りがあったことにより納付すべき税額等が過大であるなどの場合に、税務署長に対して税金を減額するように請求することをいいます。

更正の請求を行うことができるのは、原則として法定申告期限から5年間です。ただし、納税者が偽りや不正などにより税金を少なく申告したり、還付を受けたりした場合には、税務署長は法定申告期限から7年間、更正又は決定の処分を行うことができます。

更正の請求ができるのは、上記ⓐ又はⓑの理由に基づく場合に限られます。一般的に更正の請求の対象となる事項及び対象とならない事項は次の通りです。

① **更正の対象となる事項**
ⓐ 確定したはずの前期の決算内容に売上の過大計上があった場合
ⓑ 確定したはずの前期の決算内容に費用の計上不足があった場合
ⓒ 税額の計算を誤ったことなど

② **更正の請求の対象とならない事項**
ⓐ 減価償却資産の償却を償却限度額まで行わなかったことなど

ⓑ 損金算入の経理処理をすることを要件として損金算入が認められる事項について、損金算入の処理を行わなかったこと（例 貸倒引当金繰入額、有価証券評価損）

たとえば、売上の二重計上により前期の売上が過大となっていた場合には、存在しない売上を計上したのですから（①ⓐに該当）更正の請求の対象になりますが、季節商品の売れ残り品について評価損を計上しなかった場合は、評価損の計上は損金経理（確定した決算について費用又は損失として経理処理すること）が要件とされています（②ⓑに該当）ので、更正の請求対象にはなりません。

● 更正の請求はどんな手続きなのか

更正の請求をする場合、税務署にある更正の請求書にその更正に対する更正前・更正後の課税標準等及び税額等、その更正の請求をする理由などを記載して、税務署長に提出します。税務署長は、更正の請求を受けると、その請求に対する課税標準等及び税額等について調査し、更正又は更正をすべき理由がない旨を請求者に通知します。

14 追徴や加算税制度
加算税はペナルティとして課される税金である

●一度に払えないときはどうする

　追徴とは、確定申告の際に届け出た税額と、修正申告や更正処分によって算出された税額の差額分を徴収することです。場合によってはこの追徴税額に加え、過少申告加算税や無申告加算税、延滞税など附帯税（法人税や所得税などの国税本税に付帯して課せられる税）が課せられることもあります。

　追徴される税金は、本来すでに支払っていなければならないはずの税金です。このため、通常の法人税などのように数か月先に納付期限があるわけではなく、すぐに納付しなければなりません。しかも、原則として現金で一括納付するよう請求されますので、納税義務者の負担はかなり重いということになります。中には一度に払うのが困難な納税義務者もいるでしょう。場合によっては分割での納付の相談に応じてもらえることもありますが、分割での納付が認められるのはあくまでも特例です。たとえ認められたとしても、長くても1年以内に納付することになります。しかもその間、延滞税の加算は続きますから、かえって負担が重くなる場合もあります。分割による納付を利用するかどうか、その期間や額をいくらにするかといったことについて

は、シミュレーションを行うなどして慎重に検討するべきでしょう。

●追徴課税と金融機関への連絡

　税務調査によって、追徴課税を受け、納税した結果、一時的に資金繰りが厳しくなることもあります。このような場合、金融機関には正直にそのことを伝えておくべきです。たとえこちらから知らせなくても、税務調査の準備段階で取引銀行にはすでに調査が行っている可能性があるのです。下手に隠すとかえって信頼関係が保てなくなることもありますので、できれば税務調査の日程について連絡があった段階で、早目に知らせておいた方がよいでしょう。

●ペナルティとしての加算税制度

　加算税は税務処理に何らかの不備があった場合にペナルティとして課せられる税金で、次の4種類があります。
① 過少申告加算税
　申告期限内に提出された申告書に記載された金額が少なかった場合に、その納付すべき税金に対し10％又は15％（期限内に提出された申告書に関する税額と50万円とのどちらか多い金額を超える部分）の税率で課される税金です。ただし、正当な理由がある場合、

及び自主的な修正申告である（税務調査により更正を予知してなされたものでない）場合には、過少申告加算税は課されません。

② 無申告加算税

正当な理由なく申告期限内に申告しなかった場合に、その納付すべき税額に対し15％又は20％の税率で課される税金です。ただし、税務調査があったことにより更正又は決定があることを予知してなされたものでない期限後申告又は修正申告の場合には5％に軽減されます。

③ 重加算税

過少申告加算税が課される場合、又は無申告加算税が課される場合において、納税者が、その税金に対する課税標準又は税額等の計算の基礎となる事実の全部又は一部を隠ぺい又は仮装したときに課される税金です。その税率は高く、過少申告加算税の場合、その計算の基礎となる税額に対して35％、無申告加算税の場合、その計算の基礎となる税額に対して40％となります。

④ 不納付加算税

源泉徴収し、納付すべき税額を、正当な理由なく法定納期限までに納付しない場合に、その計算の基礎となる税額に対し、本税に対し10％の税率で課される税金です。ただし、納税の告知を予知せず、告知を受ける前に納付した場合には、10％の税率が5％に軽減されます。

● 支払った税金の経理上の処理

修正申告等によって加算税を支払った場合、経理上は過少申告加算税、無申告加算税などをそのまま科目として計上し、処理することができます。ただ、毎期発生する経費でもありませんから、法人税等の勘定に含めて処理しても充分です。個人事業主の場合は、事業主貸勘定に借記します。加算税や延滞税などについては、税務上の損金として扱うことはできません。

● 調査は大きく変わってきている

税務調査を受けるとき、たいていの企業担当者はなれない調査で緊張しています。以前はそんなときに調査官に理詰めで説明されると、つい調査官の言う通りに指摘事項の不備を認めてしまったり、言われるままに始末書を書く、修正申告をするなどの行為をしてしまうこともあったようです。しかし現在では、そういった納税者の不利をなくすため、修正事項を担当官やその部署と納税者や税理士との間のみで決めてしまうことはなくなりました。調査官は、更正や修正しようとする事項のすべての資料をそろえ、各署にある審理課へ提出しなければなりません。審理課はその資料を精査し、更正や修正すべきかどうかを判断します。

そのため、納税者は主張すべきことを主張することによって調査官を通じ、審理課の判断を仰ぐことになります。

【巻末　一目でわかる！ 摘要／勘定科目の対応表】

摘　要	勘定科目（区分）
あ行	
預入れ	当座預金（資産）
預入れ	普通預金（資産）
アルバイト給料〇月分	給料（費用）
インターネット使用料	通信費（費用）
椅子（少額消耗品）	消耗品費（費用）
椅子	什器・備品（資産）
祝金　〇〇氏（取引先）	交際費（費用）
祝金　〇〇（社員）	福利厚生費（費用）
印刷代	広告宣伝費（費用）
印刷代（インクなど）	事務用品費（費用）
飲食代（取引先との会食）	交際費（費用）
飲食代（打ち合わせ時）	会議費（費用）
飲食代（社内行事等）	福利厚生費（費用）
印紙代	租税公課（費用）
内金入金	前受金（資産）
裏書手形	受取手形（資産）
売上	売上高（収益）
売上（掛け）	売掛金（資産）
売掛金入金	売掛金（資産）
運送料	仕入高・運賃（費用）
延滞税	租税公課（費用）
応接セット	什器・備品（資産）

摘　要	勘定科目（区分）
応接セット（少額消耗品）	消耗品費（費用）
お茶代	福利厚生費（費用）
お茶代	会議費（費用）
か行	
（債権）回収不能額	貸倒損失（費用）
会計ソフト（少額消耗品）	消耗品費（費用）
会計ソフト	ソフトウェア（資産）
買掛金支払い	買掛金（負債）
会社設立費用	創立費（資産）
貸倒引当金計上	貸倒引当金（マイナスの資産）
貸倒引当金計上	貸倒引当金繰入（費用）
貸倒引当金取り崩し	貸倒引当金戻入（収益）
貸付け	短期貸付金（資産）
貸付け	長期貸付金（資産）
会議資料作成費	会議費（費用）
開業資金	資本金（純資産）
開業費用	開業費（資産）
借入	短期借入金（負債）
借入	長期借入金（負債）
借入金返済	短期借入金（負債）
借入金返済	長期借入金（負債）
借入金利息	支払利息（費用）
掛け代金入金	売掛金（資産）

摘　要	勘定科目（区分）
掛け代金支払い	買掛金（負債）
書留代	通信費（費用）
加工賃代	外注加工費（費用）
加工賃収入	売上高（収益）
火災保険	保険料（費用）
加算金・加算税	租税公課（費用）
ガス代	水道光熱費（費用）
ガソリン代	車両費（費用）
株式購入	有価証券（資産）
株式購入手数料	有価証券（資産）
株式購入 （長期保有）	投資有価証券 （資産）
株式売却（利益）	（投資）有価証券 売却益（収益）
株式売却（損失）	（投資）有価証券 売却損（費用）
株式売却手数料	支払手数料（費用）
カタログ代	広告宣伝費（費用）
管理料（不動産）	支払手数料（費用）
切手代	通信費（費用）
切手代（未使用分）	貯蔵品（資産）
機械購入	機械（資産）
機械リース料	賃借料（費用）
期末商品棚卸し	期末商品棚卸高 （売上原価）
期末（期首）商品	商品（資産）
期末（期首）製品	製品（資産）
求人広告	広告宣伝費（費用）

摘　要	勘定科目（区分）
給料○月分	給料（費用）
クリーニング代	雑費（費用）
空調設備	建物付属設備（資産）
蛍光灯代	消耗品費（費用）
携帯電話購入代	消耗品費（費用）
携帯電話通話料	通信費（費用）
経費仮払い	仮払金（資産）
健康診断	福利厚生費（費用）
健康保険料 （会社負担）	法定福利費（費用）
健康保険料 （本人負担）	預り金（負債）
減価償却	減価償却費（費用）
減価償却	減価償却累計額 （マイナスの資産）
現金過不足（超過）	雑収入（収益）
現金過不足（不足）	雑損失（費用）
原材料費	仕入高（費用）
原材料費（在庫）	材料（資産）
源泉所得税	預り金（負債）
コーヒー代（来客）	会議費（費用）
コーヒー代	福利厚生費（費用）
航空運賃	仕入高・運賃（費用）
航空チケット代	旅費交通費（費用）
航空便（書類など）	通信費（費用）
工場用建物	建物（資産）
厚生年金保険料 （会社負担）	法定福利費（費用）

摘　要	勘定科目（区分）
厚生年金保険料 （本人負担）	預り金（負債）
香典　（取引先）	交際費（費用）
香典（社内）	福利厚生費（費用）
公認会計士顧問料	支払手数料（費用）
小切手振出し	当座預金（資産）
小切手受け取り	現金（資産）
小切手帳	事務用品費（費用）
国債購入費用	有価証券（資産）
国債購入費用 （長期保有）	投資有価証券 （資産）
国債売却（利益）	（投資）有価証券 売却益（収益）
国債売却（損失）	（投資）有価証券 売却損（費用）
コンピュータ 使用料	賃借料（費用）
ゴミ袋	消耗品費（費用）
ゴミ処理代	雑費（費用）
さ行	
財形貯蓄	預り金（負債）
雑誌代	新聞図書費（費用）
残業代	給料（費用）
仕入れ	仕入高（費用）
仕入れ（掛け）	買掛金（負債）
仕掛品計上	仕掛品（資産）
試供品	広告宣伝費（費用）
消耗品	消耗品費（費用）
新聞代	新聞図書費（費用）

摘　要	勘定科目（区分）
賞与	賞与手当（費用）
住民税（特別徴収）	預り金（負債）
事業税	法人税等（費用）
事業所税	租税公課（費用）
自動車税	租税公課（費用）
自動車保険	保険料（費用）
児童手当拠出金	法定福利費（費用）
支払代金（仕入以外）	未払金（負債）
事務所用建物	建物（資産）
事務所家賃	賃借料（費用）
敷金支払い	敷金（資産）
車検費用	車両費（費用）
車両購入費用	車両（資産）
出産祝い（取引先）	交際費（費用）
出産祝い（社内）	福利厚生費（費用）
出張手当	旅費交通費（費用）
出張代	旅費交通費（費用）
社会保険料 （本人負担）	預り金（負債）
社会保険料 （会社負担）	法定福利費（費用）
社会保険労務士手 数料	支払手数料（費用）
司法書士手数料	支払手数料（費用）
収入印紙	租税公課（費用）
収入印紙 （未使用分）	貯蔵品（資産）
宿泊代	旅費交通費（費用）

摘　要	勘定科目（区分）
修理代	修繕費（費用）
消費税（税込経理）	租税公課（費用）
消費税（中間・確定）	未払消費税等（負債）
消費税（税抜経理）	仮払（仮受）消費税等（資産・負債）
照明器具（少額消耗品）	消耗品費（費用）
照明器具	什器・備品（資産）
書籍購入代	新聞図書費（費用）
水道代	水道光熱費（費用）
清掃代	雑費（費用）
制服代	福利厚生費（費用）
歳暮	交際費（費用）
生命保険料	保険料（費用）
税理士顧問料	支払手数料（費用）
前期末商品繰り越し	期首商品棚卸高（売上原価）
洗車代	車両費（費用）
倉庫取得費	建物（資産）
倉庫使用料	賃借料（費用）
損害保険料	保険料（費用）
速達代	通信費（費用）
た行	
宅配料金	運賃（費用）
タクシー代	旅費交通費（費用）
タクシー代（取引先飲食後）	交際費（費用）

摘　要	勘定科目（区分）
棚（少額消耗品）	消耗品費（費用）
棚	什器・備品（資産）
ダイレクトメール製作費	広告宣伝費（費用）
段ボール	消耗品費（費用）
茶菓子（来客時）	会議費（費用）
駐車場代	賃借料（費用）
仲介手数料	支払手数料（費用）
中元費用	交際費（費用）
町内会費	諸会費（費用）
チラシ制作費用	広告宣伝費（費用）
机（少額消耗品）	消耗品費（費用）
机	什器・備品（資産）
手形受け取り	受取手形（資産）
手形振出し	支払手形（負債）
手形帳	事務用品費（費用）
手形割引	受取手形（資産をマイナス）
手形の割引料	手形売却損（費用）
手形裏書	受取手形（資産をマイナス）
手付金	前渡金（資産）
手付金の受け取り	前受金（負債）
店舗	建物（資産）
店舗使用料	賃借料（費用）
電球	消耗品費（費用）
電気設備	建物付属設備（資産）

巻末

摘　要	勘定科目（区分）
電気代	水道光熱費（費用）
電池代	消耗品費（費用）
伝票購入	事務用品費（費用）
電報代	通信費（費用）
電話代	通信費（費用）
トイレットペーパー	消耗品費（費用）
灯油代	水道光熱費（費用）
登録免許税	租税公課（費用）
時計（少額消耗品）	消耗品費（費用）
時計	什器・備品（資産）
特許料	特許権（資産）
特許出願料	特許権（資産）
特許登録費用	特許権（資産）
特許権購入	特許権（資産）
土地購入	土地（資産）
トナー代	事務用品費（費用）
トラック	車両・運搬具（資産）
な行	
日当（出張時）	旅費交通費（費用）
荷造費用	運賃（費用）
のれん	のれん（資産）
は行	
売却代金（売上以外）	未収入金（資産）
パソコン（少額消耗品）	消耗品費（費用）
パソコン	什器・備品（資産）

摘　要	勘定科目（区分）
パッケージソフト（少額消耗品）	消耗品費（費用）
パッケージソフト	ソフトウェア（資産）
ハガキ代	通信費（費用）
配当受け取り	受取配当金（収益）
ビル管理費	支払手数料（費用）
引取運賃（資産）	資産の名称（資産）
引取運賃（商品）	仕入高（費用）
引取運賃	運賃（費用）
備品購入（少額消耗品）	消耗品費（費用）
備品購入	什器・備品（資産）
文具代	事務用品費（費用）
ファックス通信料	通信費（費用）
プリンター（少額消耗品）	消耗品費（費用）
プリンター	什器・備品（資産）
複合機（少額消耗品）	消耗品費（費用）
複合機	什器・備品（資産）
複合機リース代	賃借料（費用）
不動産取得税	租税公課（費用）
振込手数料	支払手数料（費用）
不渡手形	不渡手形（資産）
部品代	消耗品費（費用）
弁護士顧問料	支払手数料（費用）
弁当代（会議）	会議費（費用）
法人税（確定）	法人税等（費用）

摘　要	勘定科目（区分）
法人税（確定）	未払法人税等（負債）
法人住民税	法人税等（費用）
忘年会費用	福利厚生費（費用）
包装資材	消耗品費（費用）
ホームページ製作費	広告宣伝費（費用）
保険料	保険料（費用）
ボイラー	建物付属設備（資産）
保守点検費用	修繕費（費用）
保証料	支払手数料（費用）
保証料（翌期以降分）	前払費用・長期前払費用
保証金（返還される）	保証金（資産）
保証金（返還されない）	長期前払費用（資産）
ま行	
前払い金	前渡金（資産）
前払い金（建物）	建設仮勘定（資産）
名刺	事務用品費（費用）
メンテナンス代	修繕費（費用）
や行	
役員報酬	役員報酬（費用）
家賃	賃借料（費用）
家賃の受け取り	家賃収入（収益）
郵便代	通信費（費用）
郵便小包	運賃（費用）

摘　要	勘定科目（区分）
郵便為替証書	現金（資産）
用紙代	事務用品費（費用）
預金利息	受取利息（収益）
ら行	
リース料	賃借料（費用）
リース料(資産計上)	リース資産（資産）
リース料（資産）の支払	リース債務（負債）
冷蔵庫（少額消耗品）	消耗品費（費用）
冷蔵庫	什器・備品（資産）
冷暖房（少額消耗品）	消耗品費（費用）
冷暖房	建物付属設備（資産）
労災保険料	法定福利費（費用）
その他	
EMS（国際スピード郵便）代	通信費（費用）
EMS代（小包）	運賃（費用）
LAN環境設備（少額消耗品）	消耗品費（費用）
LAN環境設備	什器・備品（資産）

巻末

索 引

索引

【監修者紹介】

武田 守（たけだ まもる）

1974年生まれ。東京都出身。公認会計士・税理士。慶應義塾大学卒業後、中央青山監査法人、太陽有限責任監査法人、東証１部上場会社勤務等を経て、現在は武田公認会計士・税理士事務所代表。監査法人では金融商品取引法監査、会社法監査の他、株式上場準備会社向けのIPOコンサルティング業務、上場会社等では税金計算・申告実務に従事。会社の決算業務の流れを、監査などの会社外部の視点と、会社組織としての会社内部の視点という２つの側面から経験しているため、財務会計や税務に関する専門的なアドバイスだけでなく、これらを取り巻く決算体制の構築や経営管理のための実務に有用なサービスを提供している。

著作として『株式上場準備の実務』（中央経済社、共著）、『入門図解 会社の税金【法人税・消費税】しくみと手続き』『不動産税金【売買・賃貸・相続】の知識』『入門図解 消費税のしくみと申告書の書き方』『入門図解 会社の終わらせ方・譲り方【解散清算・事業承継・M＆A】の法律と手続き実践マニュアル』『図解で早わかり 会計の基本と実務』『個人開業・青色申告の基本と手続き 実践マニュアル』『図解で早わかり 会社の税金』『暮らしの税金しくみと手続き』『事業再編・M＆A【合併・会社分割・事業譲渡】の法律と手続き』（小社刊）がある。

図解
経理の基本と実務がわかる事典

2021年９月30日　第１刷発行

監修者	武田守
発行者	前田俊秀
発行所	株式会社三修社
	〒150-0001　東京都渋谷区神宮前2-2-22
	TEL　03-3405-4511　FAX　03-3405-4522
	振替　00190-9-72758
	https://www.sanshusha.co.jp
	編集担当　北村英治
印刷所	萩原印刷株式会社
製本所	牧製本印刷株式会社

©2021 M. Takeda Printed in Japan
ISBN978-4-384-04876-6 C2032